# 锦衣载道 立德树人
## "三全育人"的校本实践与探索

夏朝丰 编著

东华大学出版社
·上海·

图书在版编目（CIP）数据

锦衣载道　立德树人："三全育人"的校本实践与探索 / 夏朝丰编著. — 上海：东华大学出版社，2024.6
ISBN 978-7-5669-2364-6

Ⅰ.①锦… Ⅱ.①夏… Ⅲ.①高等教育－教育管理－研究－中国 Ⅳ.① G649.2

中国国家版本馆 CIP 数据核字（2024）第 092818 号

责 任 编 辑　高路路
封 面 设 计　程远文化

锦衣载道　立德树人："三全育人"的校本实践与探索
JINYI ZAIDAO LIDE SHUREN："SANQUAN YUREN" DE XIAOBEN SHIJIAN YU TANSUO

编　　　著　夏朝丰
出 版 发 行　东华大学出版社（上海市延安西路1882号　邮政编码：200051）
营 销 中 心　021-62193056　62379558
本 社 网 址　http://dhupress.dhu.edu.cn/
印　　　刷　上海盛通时代印刷有限公司
开　　　本　787mm×1092mm　1/16　印张　19.5　字数　497千字
版　　　次　2024年6月第1版　印次　2024年6月第1次印刷
书　　　号　ISBN 978-7-5669-2364-6
定　　　价　98.00元

·版权所有　侵权必究·

# 前言

"三全育人"综合改革是新时代高校践行"为党育人、为国育才"根本目标的重要举措,是一项战略工程、基础工程,是推进教育强国建设的关键。习近平总书记在全国高校思想政治工作会议上强调,"要坚持把立德树人作为中心环节,把思想政治工作贯穿教育教学全过程,实现全程育人、全方位育人,努力开创我国高等教育事业发展新局面"。

我校于 2019 年 10 月制定发布了《关于加强和改进"三全育人"工作的实施意见》,2020 年 11 月成立了由党委书记、校长为组长的学校"三全育人"工作领导小组,2020 年 12 月召开了"三全育人"工作推进会,2021 年 8 月制订发布了《学校"十大育人"体系建设方案》,2022 年 1 月发布了《关于申报思政工作培育项目的通知》,在全校范围内分两批次开展了思政工作(德育)特色经典案例、思政课教师研修基地、思想政治课教学创新团队、思想政治课示范课堂、"十大育人"体系建设优秀项目、思政工作重点品牌、思政工作特色资源开发、思政工作优秀平台、思政名师工作室、高校网络教育名师十个类别的校级思政工作项目培育的申报,经评审共有 52 个项目总计获得 40 万元资助培育。同时,2022 年学校党建与思政研究会的课题申报也聚焦"三全育人"这个主题。为进一步构建全员协同、全程覆盖、全方位渗透、职业教育特色突出的育人体系,探索"三全育人"工作新方法新途径,2023 年 1 月在校园网上发布《关于征集"十大育人"示范案例的通知》,学校面向各部门各学院启动了"十大育人"典型案例的征集,进行了评比表彰和研讨交流,充分发挥了典型案例的示范引领作用。

《锦衣载道 立德树人:"三全育人"的校本实践与探索》一书,以习近平新时代中国特色社会主义思想为指导,聚焦立德树人根本任务,适应新时代高校思想政治工作的新形势、新任务,凸显全员参与、全过程覆盖、全方位协同育人的要求,处理好点与面、共性与个性、规范与突破、继承与创新的关系,遴选了学校各部门各学院"十大育人"中有突破、有创新、有推广价值的案例30个,汇总了经过历时两年培育的20个有纺服特色、有辨识度的学校思想政治工作质量提升综合改革与精品建设项目,收录了20篇以"三全育人"为主题的突破思维局限、开创育人内容与方法研究的思想政治工作论文。

《锦衣载道 立德树人:"三全育人"的校本实践与探索》的成果,具有原创性、开拓性、时代性和前沿性,突出理论性、学术性、现实性,以时尚纺织服装职业教育为特色的高职院校——浙江纺织服装职业技术学院"三全育人"综合改革为视角,通过"十大育人"典型案例、思政项目培育成果、思政工作优秀论文的集中收录展示,将进一步激发我校广大思想政治教育工作者以此为经验借鉴学习,进一步推动和促进"三全育人"综合改革创新,教育和引导大学生树立正确的世界观、人生观和价值观,学用结合,知行合一,增强新时代大学生的中国特色社会主义道路自信、理论自信、制度自信、文化自信。同时,成果载体丰富,形式多样,注重理论研究和分析,贴近高职院校实际,具有很强的推广价值。成果观点鲜明,思想深刻,内涵丰富,具有很强的实践指导价值,将对提升高职院校思想政治教育工作水平,发挥"三全育人"工作典型示范作用,带动形成更多更好的经验、做法、成果产生积极的引领效果。

# 目录 CONTENTS

## 🍀 思政工作典型案例

003 【课程育人类案例】"三段六环"沉浸式育人实践

006 【课程育人类案例】在传承与变革中彰显音乐公共课育人价值与实践回应

009 【课程育人类案例】四轮驱动 相融并进：构建思政课立体化教学新体系

013 【课程育人类案例】育心明德 道术相济——构建信息化背景下的课程育人机制

016 【科研育人类案例】践行"科研育人"助力师生全面发展

020 【实践育人类案例】基于创新特色项目 打造实践育人新平台

023 【实践育人类案例】聚力"四大工程"画好实践育人"同心圆"

027 【实践育人类案例】整合资源搭建平台 为学生创业实践保驾护航

031 【实践育人类案例】依托专业特色 深化实践育人新模式

034 【实践育人类案例】构建"五聚五送"模式 探索志愿服务实践育人新路径

037 【实践育人类案例】以"四个课堂"构建创造性劳动育人体系

041 【文化育人类案例】经纬清韵 立德树人——基于传统服饰的廉洁文化实践与创新

044 【文化育人类案例】传承红帮文化 培育红帮新人

047 【文化育人类案例】"与阳光同行，和青春为伴"构建"135"特色晨学育人体系

051 【文化育人类案例】唱响"七彩经纬"铸魂曲 织密文化育人"立体网"

054 【文化育人类案例】"三维"启智强素养"三全"润心育新人

058 【文化育人类案例】红帮文化育人的实践——以非遗蓝印花布进校园为例

061 【网络育人类案例】构建"新媒体"网络育人平台 助力"新常态"平安校园建设

066 【网络育人类案例】让新时代思政教育"声"入人心

069 【心理育人类案例】艺术疗愈——心灵安放的居所

073 【心理育人类案例】"立足心理育人 浸润学生心灵"——高职院校心理育人的实践

077 【心理育人类案例】播撒希望 助力成长——学生积极心理品质提升教育实践

081 【管理育人类案例】深化"三三制"实训教学 凸现管理育人新成效

084 【服务育人类案例】服务育人显温情 启航教育新篇章

087 【服务育人类案例】探索浙纺服职院法治"枫桥经验"样板

091 【资助育人类案例】立足三全育人 培育励志人才——高职院校资助育人的实践

095 【资助育人类案例】夯实"同心·思源"强化资助育人实效

099 【组织育人类案例】师生联合党支部协同育人,实现 1+1>2

102 【组织育人类案例】聚焦"四史" 跟读甬城

105 【组织育人类案例】强国有我 党旗下的青春正闪耀——用百年党史为学生成长培根铸魂

## 思政工作培育项目

111 【辅导员工作室】"花 YOUNG 青社"思政工作室

115 【辅导员工作室】"朋辈"辅导员成长育人工作室

118 【辅导员工作室】"石榴花开"辅导员工作室

122 【辅导员工作室】"匠心甬动"辅导员工作室

125 【辅导员工作室】"鸿鹄励志"发展型资助育人工作室

130 【思政名师工作室】"毓人"岳莹班主任工作室

133 【高校网络教育名师】杨岩勇网络教育名师

136 【思政工作优秀平台】"启智润心"一站式学生社区中心建设

| | |
|---|---|
| 139 | 【思政工作优秀平台】"双平台"匠艺经纬工作室 |
| 142 | 【"十大育人"体系建设优秀项目】"助学·筑梦·铸人"高校发展性资助育人体系构建 |
| 145 | 【"十大育人"体系建设优秀项目】课程思政递进式融入课程育人体系建设 |
| 149 | 【思政工作重点品牌】"WE+"阳光校园建设 |
| 152 | 【思政工作重点品牌】精心打造红色舞台 |
| 154 | 【思政工作特色资源开发】基于VR的宁波红色事迹虚拟展馆建设 |
| 158 | 【思政工作特色资源开发】校本"红色文艺"课程思政特色资源库 |
| 160 | 【思政工作特色案例】评选"经纬之星" 发挥榜样力量 |
| 163 | 【思政工作特色案例】找准切入点 消除学生就业困惑 |
| 166 | 【思政工作特色案例】退伍复学大学生立体化培养模式探索与构建 |
| 170 | 【思政工作特色案例】"与阳光同行 和青春为伴"晨学模式探索与构建 |
| 173 | 【思政课示范课堂】"问题探究式"教学设计与实施 |

## 思政工作优秀论文

| | |
|---|---|
| 181 | 发挥社会主义核心价值观对当代大学生教育的引领作用 |
| 188 | 邓小平共同富裕思想及其指导价值 |
| 195 | 以"两山"理念引导大学生生态文明观培育 |
| 200 | "三全育人"理念下高校思想政治教育工作研究与实践 |
| 206 | "全人生指导"教育思想对开展当代大学生思想政治教育的启示 |
| 211 | "市场调查与预测"课程思政教学改革探讨 |
| 219 | 课程思政视角下高校创新创业实践育人教学研究 |
| 225 | 乡村振兴战略背景下高职院校"双创"人才培养的探索与实践 |
| 231 | "三全育人"理念下高职院校学生党员教育管理工作的对策研究 |
| 236 | 大学生全面发展要重视科学精神与人文素养的融合 |

242　以"思想实验"为中心的高校思政课实验教学体系研究

250　课程思政在高校心理健康课教学中的实践路径研究

255　劳动，与美同在，与时尚同行——以"四个课堂"构建创造性劳动育人体系

261　以就业能力提升为导向的高职职业生涯规划教育模式研究

266　人的自由全面发展视域下新时代大学生劳动价值观培育研究

272　高职院校劳动教育与创新创业教育协同育人路径研究

278　从"虚幻"到"真实"：马克思共同体思想的进化及其价值超越

287　高职院校入党积极分子党史认知现状研究

291　培养红色文化与劳动教育相融合的技术技能型人才研究

298　高职院校教师育人能力校本培养机制研究

# 思政工作典型案例

为深入推进我校"三全育人"工作,不断提升新时代高校思想政治工作成效,学校于2023年1月开展面向全校各部门各学院"三全育人"示范案例的征集活动。活动的总体思路是聚焦立德树人根本任务,凸显全员参与、全过程覆盖、全方位协同育人的特点,处理好点与面的关系、共性与个性的关系、规范与突破的关系、继承与创新的关系,把各部门各学院"三全育人"中有突破、有创新、有推广价值的案例遴选出来,为全面推进我校"三全育人"工作发挥典型示范作用,力争带动形成更多更好的经验、做法、成果。

遴选出的典型案例具有如下特点:一是有鲜明的政治导向。以习近平新时代中国特色社会主义思想为指导,围绕立德树人根本任务,适应新时代高校思政工作的新形势、新任务,遵循"三全育人"工作要求。二是强化创新探索。紧扣"三全育人"工作和"十大"育人体系建设中存在的突出问题,着眼加快构建高校思想政治工作体系,充分尊重基层首创精神,鼓励积极探索、敢于尝试,让一线的师生、专业教研室、基层党支部在具体路径、方法、载体等方面放开手脚、先行先试。三是注重可复制性。案例要基于业已成熟的实践做法,特别是重点推荐可复制可推广的工作模式,注重案例以点带面、点面结合、示范带动、整体推进的效果,形成管用的、可推广的做法、制度、规范、模式、经验。截至2023年5月,共征集到53个典型案例,经校内外专家评审,最后评选出一等奖5个,二等奖10个,三等奖15个,其余为优秀奖。现将部分获奖案例择优汇编。

★ 课程育人类案例 ★

# "三段六环"沉浸式育人实践

## 郭 霄

## 一、目的意义

"习近平新时代中国特色社会主义思想"课程是大学生学习和掌握马克思主义中国化理论成果基本知识的主渠道，有助于大学生掌握党的最新理论创新成果，坚定"四个自信"，运用马克思主义立场、观点和方法认识问题、分析问题和解决问题。然而，对于高职学生来说，他们更加注重专业课程的学习，大多忽视了思政课的价值所在，对于"习近平新时代中国特色社会主义思想"课程学习的重要性感触不深。

为解决学生学习不主动，教师教学方法较为简单、流于形式、过于娱乐等问题。教学团队遵循以学生为主体，以教师为主导的基本原则，将教学实施过程分为"课前—课中—课后"三个阶段，"预—导—交—悟—用—践"六个环节，尝试让学生沉浸于各类情境、展馆、游戏中探索理论问题，使学生更易接受和内化所学知识，发挥"习近平新时代中国特色社会主义思想"课程应有的育人作用。

## 二、主要做法

1. 专题化沉浸式教学模式，合力助推教学相长。坚持主导性与主体性相统一、灌输性与启发性相统一，在专题化教学的基础上增加沉浸式教学。即通过"复兴之路展览""时光穿越回2020""观看美国科幻大片"等情境创设，使学生"虚拟参观复兴之路新时代部分""感受我国2020创造的奇迹""体会美国科幻片中的意识形态输出"进入情境，引出内容"习近平经济思想""坚定中国特色社会主义政治发展道路""坚定文化自信"等，引导学生在教师不断总结、引导、启发中思考问题，水到渠成得出结论，达到教学相长的预期效果。

2. 灵活性多样化教学方法，巧妙攻破教学重难点。坚持统一性与多样性相统一，在思政理论课教学统一要求的基础上，与时俱进创新方法，利用"师生互换角色学生讲知识"的思政微课堂、"结合专业思考如何推动供给侧结构性改革？""为什么要牢牢掌握意识形态工作的领导权？"等小组研讨、《山海情》配音"学生自导自演《寝室风波》"等情景展示、"云游敦煌""击鼓传花"等游戏互动、"邀请社区工作者进课堂"人物访谈、"针对性辅导知识储备较弱学生"分众教学，以及案例分析、理论讲解等，帮助学生破解教学重难点。

3. 信息化多媒体教学手段，全面优化教学实施。运用问卷星及微信、微博、钉钉、QQ等平台，通过数据和互动分析学生学情；运用学习通考查学生到课率、参与度、作业完成情况等，完成线上评价；运用思维导图解决学生知识学习不系统问题；运用"学习强国"、人民日报增强学生对时事政治的了解，提高其政治鉴别力；运用学习通、中国大学慕课、智慧职教、爱课程等线上平台，找寻最佳教学资源。

4. 多平台多场所实践教学，增加体验促进成长。坚持理论性与实践性相统一，把思政小课堂与社会大课堂结合起来。结合教学内容，邀请先进人物、劳模工匠、社区工作者、兼职思政导师进课堂；组织学生到企业、农村、社区等实践基地参观学习；利用节假日做社会调查，帮助学生培养工匠、劳模精神，提高运用科学理论分析和解决问题的能力，了解社会、服务国家。

5. 多维度多主体增值评价，实时考察学习效果。采取"态度—思想—劳育—效果""线上—线下""学生—教师—社会"相结合的多维度增值评价，实时考查学生学习效果。

## 三、实际成效

运用"三段六环"沉浸式教学模式，多维度评价，"耳濡目染"了解时事新闻，"见缝插针"融入劳动教育，学生主动性和参与度提升，关注时事政治的积极性提高，职业认同度增强。

1. 学生政治认同感提升，是非判断力提高。将"学习强国"学习作为考核评价的一部分，促使学生养成每日观看新闻的习惯，了解国内外大事，增广见闻。引用新闻案例引发学生讨论，引导学生辨别是非。经过一段时间的坚持，学生能对新闻、事件发表一些自己的观点，政治认同感得到提升，是非判断力提高。

2. 学生知识掌握更系统，任务完成更主动。根据学生已有碎片化知识专题化教学，通过"三段六环"教学实施，学生知识的掌握更系统。针对学生动手能力强的特点，采取社会实践、制作手工艺品等方式，让学生体会任务完成后的成就感。在教师的不断鼓励和引导下，学生从被动告知逐渐转变为主动探索。

3. 学生职业认同感唤醒，使命担当感增强。寻找教学内容与专业的一切契合点，选用"著名服装设计师邓兆萍成功之路"等典型案例，引导学生结合专业思考自己能为行业、国家做什么？教学任务结束后，学生能够创造出具有中国特色的手工艺品，能主动问询参与志愿服务的渠道，职业认同感被唤醒，使命感和担当感明显增强。同时，在推广和运用上，利用该教学模式参加浙江省教学能力大赛获得三等奖，评选学校课堂革命典型案例获得一等奖。

## 四、经验启示

总结教学实施中的经验教训，认识到该育人模式进一步完善需注重以下几点。一是要"以点带面"，从小切口入手，真正让学生沉浸在情境中。根据专题化教学内容，选取虚拟展馆参观、基层干部访谈、时装走秀等情景，从与教学内容相符的契合点出发，使学生身临其境，思考模拟情境中引发的问题，自主探索答案，深化知识理解。二是要"以分促合"，通过不同维度、主体进行评价，促进学生学习的主动性。针对学生知识储备差异性，运用分众教学法，分为两个群体分别评价。同时注重从态度、思想、劳育等多维度，教师、学生、社会组织等多主体开展增值评价。三是要"以娱促学"，转变学生对课程枯燥的偏见，以娱乐性氛围的营造推动思想性的传递。融入"欢乐五子棋""支付宝种树"等游戏辅助教学，营造欢快轻松学习氛围，提高课堂参与度，让学生在游戏中深化理解大局意识、文化自信、环保意识等。

★ 课程育人类案例 ★

# 在传承与变革中彰显音乐公共课育人价值与实践回应

## 李 佳

## 一、目的意义

课程育人作为"十大育人"体系中的首要内容,具有十分重要的意义。课程"中外音乐鉴赏"是面向本校非艺术专业学生,旨在促进、拓宽本校学生的视野,培养学生的情感,提高学生的智力,增强他们的想象力和创造力,促进他们的全面发展。课程的开设对于大学教育十分重要,只有学生得到正确引导,他们才会得到综合素质的全面提高,同时也关乎大学素质教育的开展状况。

传承中国民族音乐本质,培育学生综合素养。植根于音乐公共课程的特质,坚持从鉴赏、评论、分析、实践等路径培养学生音乐学科核心素养,强化实践活动育人,发展学生具有理性与感性思维和行为特质的学科素养。

变革课程定位视界,培育终身发展能力。强化"衔接"课程思想,突出一体化的课程研究和教学的连贯性,结合"跨学科实践"课程内容,教师将日常生活、实践及社会热点问题等有机融入音乐教学,培养学生积极认真的学习态度和乐于实践、敢于创新的精神。

## 二、主要做法

从"中外音乐鉴赏"课程育人角度,明确课程育人的价值目标,挖掘课程育人的德育元素,重视哲学教育在课程育人中的作用和伦理学在课程思政中的影响,突出德育元素与红色资源。

本课程育人大致可以分为三个类别,第一类是音乐与思政课资源相结合,要提升质量,做好"三进",让学生掌握马克思主义立场观点,为学生的健康成长打下科学的思想基础;第二类是构建与利用民族音乐课程资源,达到民族文化自信与传承。新媒体时代,高校音乐课程资源已经呈现出多元化趋势。线下课程资源和线上课程资源,特别是线上课程资源,近年来呈指数爆炸式增长。微课、慕课、网课、直播、课堂等,如中国微课网站,定期举行优秀微课征集活动,并在网站上推出微课精品课程,方便教师与学生学习。慕课平台如中国大学MOOC(慕课)国家精品课程在线学习平台,在教学中也可以借鉴。线下课程资源包括教师的自编教材、教学设计、教学案例、教学用具等,实现线上线下课程资源的融合,是解决大学民族音乐应用与传承的必经之路;第三类是"讲好中国故事,传播好中国声音"的课程。习近平总书记在不同的场合都提出要讲好中国故事,传播好中国声音。就中国民族音乐的传承而言,在学校开展民族音乐教育是最好的方式之一。在课程中结合科学精神、奋斗精神、爱国精神、大国工匠讲授,要把一些爱国科学家的故事融入进去,把潜心专研、科学技术造福人类的故事融入进去。

根据音乐鉴赏的实践过程,本课程教学在反思传统教学存在弊端的基础上,以先进的教学理念为指导,本着"项目驱动、任务导向、工学结合、能力培养"的教学模式,根据课程内容和学生特点,灵活运用案例分析、分组讨论、角色扮演、启发引导等教学方法,引导学生积极思考、乐于实践,提高教学效果。拟在教学中采取多媒体教学、任务驱动法、项目教学法和角色扮演法等教学方法。

第一阶段:"课前探究",发生于课前,主要目的:让学生提前识概念——理解单元内容中的概念。分为三个环节:(1)教师创设情境,布置符合单元目标的任务,即任务对学生有一定的难度,但难度又不能过高;(2)学生自学课程中重难点知识;(3)教师把学习材料以微课、音频或文字等方式发布在慕课平台,学生在课前进行学习。

第二阶段:"课中提升",发生于课内,分为三个环节:(1)根据课前数据,梳理前置学习知识点,检验预习效果,发现存在的问题;(2)通过多样化的、循序渐进的课堂活动,如提问、汇报、小组讨论、角色扮演、实践等,实现知识的内化、深化和延伸;(3)学生以小组为单位,教师进行针对性的指导和检查。

第三阶段:"评价",分为两个环节,分别在课内和课外完成:(1)课内抽取部分学生小组展示研究成果,学生和教师分别给予重点点评,并要求其修改;(2)所有小组的产出成果在课后以视频的形式上传至平台,教师评价。

课程思政元素渗透在"驱动"和"促成"环节中。在"驱动"环节中,产出任务的设定融入思政目标;在"促成"环节,供学生课前学习的慕课资源中体现思政内容,从课堂活动如小组合作、讨论课程育人教育教学方法角度，以学生为本，自主学习与教师辅导相结合；突出现代技术与方法创新，线上线下教育相结合。

## 三、实际成效

1. 音乐审美的有效提高。通过课程思政视域下的音乐鉴赏教学方法对学生进行音乐教育，不仅可以使学生的心灵感受到熏陶，还能在欣赏音乐的同时了解一定的音乐背景知识，提高学生的文化素养。

2. 人文素养逐步提升。本课程也是一门艺术通识类课程，开设以审美和人文素养为核心、以创新能力培育为重点、以中华优秀传统文化发展和艺术经典教育为主要内容的公共艺术课程，强化学生文化主体意识，培养具有崇高审美追求、高尚人格修养的高素质人才。把"案例教学法""做中学、做中教"的思想贯穿于整个课程，具有"实用性、系统性和先进性"的特色。

3. 在传承与变革中彰显音乐公共课育人价值。在中国共产党成立一百周年的时代宏伟背景下，将歌曲的时代精神和民族风格紧密结合，以"唱红歌，讲红色故事"为主线，分别从"开天辟地""革命建设""改革开放""不忘初心"四个时间线来进行歌曲收集并进行鉴赏、教唱。歌曲是现实生活的艺术反映，人们的歌曲审美意识既有鲜明的时代性，又有强烈的民族性。歌曲的爱国主义民族风格，有很明显的积极意义，能达到思想教育目的。把健康、积极的思想内容和尽可能完美的艺术形成统一起来。

## 四、经验启示

从课程思政作为教学目标中的内在目标，与知识和能力的外在目标同向同行，落实到各个教学内容和具体任务的安排中，渗透于学习资源中，贯穿于学生完成任务的过程中，体现在任务结果上（汇报、讨论），实现"立德树人"的目标。教学内容围绕自省情怀、个人修养、文化自信三条思政主线，"以德育德"，"以文化人"，并结合知识技能目标，切实提高对艺术文化的理解和阐释能力。课程内容遵循"因时而进"的教育规律，将中国音乐文化和当下形势结合。课程中，学生鉴赏具有本民族特色和健康情感的音乐作品时，使学生唤起了情感的巨大能量，强化了文化主体意识，从而使课程教学更好地引导当代大学生凝聚中国力量、传播中国价值。这一教学实践，带有强烈的爱国主义特色，具有艺术价值和审美价值，是对高职院校学生进行美育的好教材。

★ 课程育人类案例 ★

# 四轮驱动 相融并进：
# 构建思政课立体化教学新体系

林 坚

## 一、目的意义

为深入学习贯彻习近平新时代中国特色社会主义思想和党的二十大精神，全面落实习近平总书记在学校思政课教师座谈会上的重要讲话精神，根据中共中央宣传部、教育部印发《新时代学校思想政治理论课改革创新实施方案》、教育部等十部门印发《全面推进"大思政课"建设的工作方案》和省市等文件精神，落实立德树人根本任务，牢固树立思政工作"一盘棋"观念，发挥思政课铸魂育人关键课程作用。近年来，我们通过"四轮驱动相融并进：构建思政课立体化教学新体系"，积极推动思政课改革创新，不断增强思政课的思想性、理论性与亲和力、针对性，努力培养堪当民族复兴重任的时代新人。

## 二、主要做法

1.理论实践同频共振。一是抓好思政课主课堂。创新课堂教学方法，以专题化教学讲深道理，以经典案例讲透道理，以多种形式讲活道理。在课堂教学中，结合小组研讨、情景模拟、课堂辩论、AI小助手等形式，发挥学生主体性作用，增强学生课堂参与度。"毛泽东思想和中国特色社会主义理论体系概论""思想道德与法治"列为学校匠艺课堂A类和B类课程，校级"课堂革命"典型案例评选一等奖1人。二是建设社会实践大课堂。围绕理论教学内容，精心设计思政课实践教学，搭建"课堂—竞赛—基地"模式，针对理论知识点，推动实践育人，实现理论实践同频共振，提升实践育人实效。深化课内外、校内外实践教学，马克思主义学院与宁波帮博物馆、宁波明州环境能源有限公司、永旺村、邓山理工作室四家单位共建思政课实践教学基地，与陈霞娜党代表工作室（劳模创新工作室）共建大思政课实践教学基地。通过把社会实践基地工作人员请进思政课堂，组织师生到基地参观学习、志愿讲解等，进一步增强了思政课的针对性和感染力，提升了思政课教学的实效性。在思政课中开展服务社会、微视频、社会调研、结合专业学思政等实践活动；开展"献礼建党百年""献礼党的二十大"为主题的学生作品展示活动；举办"辉煌百年"党史知识竞赛、党的二十大知识竞赛活动。每年举办"实践归来话成长"表彰大会，表彰先进个人、先进团队和优秀成果，将优秀成果汇编成册。

2. 双线混融同向发力。一是开展思政课现场教学。思政课的"移动课堂"已多次从校内课堂搬到了"浙东红村"——余姚梁弄横坎头村、宁波帮博物馆、镇海海防遗址纪念馆等地进行现场教学活动。二是创新网络教学云课堂。进一步推进信息化教学改革，结合疫情防控，做好线上线下混合式教学。各位老师通过超星平台建课，在钉钉、学习通等平台开展直播教学。教师在讲好课本知识的同时，聚焦疫情防控知识，努力讲好战"疫"故事，用伟大抗疫精神为引领，帮助学生提振抗疫信心。利用 AI 技术，创设虚拟情境，增强课堂活力，提高学生学习兴趣。教师参与市级"习近平新时代中国特色社会主义思想概论"课慕课建设，慕课已在 2022 级学生中使用。"毛泽东思想和中国特色社会主义理论体系概论"被学校认定为疫情防控下线上线下混合式教学优秀课程。通过线上线下共同发力，推进思政课教学改革。

3. 课程建设稳步提升。一是建强思政课课程群。加强以习近平新时代中国特色社会主义思想为核心内容的课程群建设，形成必修课加选修课的课程体系。开设"习近平新时代中国特色社会主义思想概论课""思想道德与法治""毛泽东思想和中国特色社会主义理论体系概论""形势与政策"。围绕党史、新中国史、改革开放史、社会主义发展史等开设选择性必修课。充实选修课课程，开设"课说浙江"等选修课。二是融合校本课程建设。学校围绕红帮文化设置校本课程，结合学校特色红帮文化，融入红帮精神，设计渗透具有纺服特色的思政教学内容，构建思政课程与校本课程同步提升的教学育人体系。

4. 思政格局有效构建。一是开展思政教师联络二级学院制度。参与各二级学院学生思想动态研判，思政教师根据课程教学掌握情况与二级学院日常学生思想教育相结合，与各二级学院专业教育相结合。着力增强思政育人合力，提升思政教育实效。二是协同推进课程思政形成协同效应。构建大思政课格局，推进思政课程与课程思政同向同行。思政教师和专业教师"同上一堂思政课"，根据学科专业特点，充分发挥思政课的主渠道作用，深入挖掘提炼其中蕴含的思政元素，讲好"专业故事"，实现"思政课程"与"课程思政"有机融合。围绕中国意识、中国精神和中国制度融入地方特色，做好课程思政资源库建设。三是深化大中小学思政课一体化建设。开展大中小学思政课一体化建设调研，与宁波镇海龙赛中学、镇海职教中心等学校开展中小学思政教师结合教学目标、教学方法和教学过程等方面，就如何切实推进一体化的教学思路和设计开展深入探讨和交流。开展大中小学思政课一体化建设理论研究，市局级课题立项一项。

## 三、实际成效

近年来，思政课教学改革卓有成效。一是学生对思政课满意度稳步提升。浙江省组织 2020 年毕业生进行调研，毕业生对思政课满意度 84.94%，2021 年毕业生对思政课满意度 90.17%，学校招生就业处针对 2022 年毕业学生进行调研，学生对思政课满意度达 98.17%。二是思政课教学改革做法得到广泛认可。

近几年思政课教学改革省部级课题立项 2 项，厅市级课题立项 7 项，市局级课题立项 9 项。连续两年教师团队获浙江省高职院校教学能力大赛三等奖、一位教师获浙江省高校思政微课大赛三等奖、一位教师获教育部"一省一策思政课""课说浙江"高校教学比赛三等奖、三位教师获得在甬高校"红色根脉"网络思政金课三等奖和优秀奖。3 位教师"思政有温度"微视频作品在宁波"学习强国"平台播出。一案例入选教育部"职业教育助力乡村振兴研究"课题典型案例。思政课教学改革多次获中国教育报、现代金报、新浪浙江、甬上等权威媒体报道。马克思主义学院负责人受邀代表学校在宁波市高校思政课教学改革创新专题研讨会上做典型发言，获得了上级部门的认可和良好的社会评价。

## 四、经验启示

思政课是立德树人的关键课程，办好思政治课，最根本的是要全面贯彻党的教育方针，解决好培养什么人、怎样培养人、为谁培养人这个根本问题。讲好用好思政课，培养有理想、敢担当、能吃苦、肯奋斗的新时代好青年，关键在四个"大"。一是培养时代新人，打开"大格局"。要着眼现在、放眼未来，把握思政课立德树人的核心定位。二是建强师资队伍，选好"大先生"。建强思政课师资队伍，拓展选拔视野，既要考核专业素养，也要重视思想品德。三是注重改革创新，讲活"大道理"。思政课把"大道理"讲深、讲透、讲活，要注重教学改革，打造立体生动的思政课程，让老师善于教、学生愿意听，从而达到启智润心、激昂斗志的效果。四是善用现实资源，激发"大能量"。把思政小课堂同社会大课堂结合起来，线上线下多渠道融合，将各方力量整合成一个大的思政育人"同心圆"，形成全员全程全方位的思政育人格局。

★ 课程育人类案例 ★

# 育心明德　道术相济

## ——构建信息化背景下的课程育人机制

### 徐　筱

## 一、目的意义

着力培养德智体美劳全面发展的社会主义建设者和接班人，能够担当起民族复兴大任的"有理想、有本领、有担当"的时代新人，是党和政府在关于"培养什么样的人、如何培养人以及为谁培养人"这个根本问题上对高校加强和改进思想政治教育和人才培养的新定位、新要求、新任务。而教育信息化是信息时代教育改革发展的必然要求，也是教育现代化的核心特征，信息化时代背景下的"课程思政"就是当前高校坚持立德树人的重要抓手，而专业教师则是课程思政建设的重要实施者，如何在信息化教学过程中贯彻执行价值塑造、能力培养、知识传授三位一体的教学目标，如何实现专业课程与思政课在价值引领和育人导向的深度融合，是一线教师必须深入思考的重要课题。

包装艺术设计专业涵盖了自然科学、社会科学、人文等多个领域，既具有人文学科的审美功能，也具有自然科学的技术理性素养，在我校育人体系中具有参考地位，因此，加强包装艺术设计专业课程思政建设工作，探索协同育人机制是专业教师坚持立德树人的应有之义。

为了提升包装艺术设计专业的思想文化素养及专业技能，作为专业带头人暨一线专业教师，既要科学系统地设计专业课程的思政内容及教学形式，又要学会借助信息化教学手段，构建线上教学平台，探索适合艺术类学生的文化植入方式、表现形态以及传播模式等，从而让学生树立正确的三观，坚定"四个自信"，自觉践行社会主义核心价值观。

纵观当下,"互联网+"时代的迅速发展对当代大学生的学习生活产生着前所未有的深刻影响,以微信公众平台、抖音、小红书为代表的网络媒体的不断发展,对整个社会信息系统产生了巨大影响,其中也对大学生的思想意识、生活方式、价值取向、社会行为等造成了冲击。大学生自主利用网络资源学习专业知识、捕捉社会热点的渠道正在无限拓宽,同时对大学生三观的养成起到潜移默化的重要作用。

综上分析,随着互联网技术与教育应用领域的深度融合,"互联网+"教育已成为新时代教育领域的重要服务形式,并以全新的方式改革着现有教与学的活动。高校教师不仅仅是做好教育工作,教好书,更要学会用新技术育好人。

## 二、主要做法

1.搭建在线开放课程平台,提高"课程思政"的育人效果。针对《纸包装结构设计》课堂教学学时有限、教学内容量大的特点,课程团队成员深挖本课程的思政元素,将思政教育从课堂延伸到线上。利用信息化技术、智慧职教慕课平台,从绿色材料、创新结构、绿色包装、工匠精神等入手,制作了一系列课程思政微视频,与线上教学资源有机融合,让学生随时随地能够学习到优秀的包装结构大师的先进事迹,了解包装行业最新的前沿动态,实现"时间+空间"无缝衔接的课程育人效果。

2.关注时事热点,培养社会责任感和使命感。针对"印刷工艺实训"这类实践类课程,成立了包括设计老师、工艺老师以及学工辅导员组成的教学团队,设计类老师负责印刷原稿的创新设计,工艺类老师负责丝印工序制作,思政辅导员老师负责对接社区。团队成员结合自身的专业知识背景,选定特定的时事热点话题,比如全民抗疫、科技强国、中国航天梦等,以印为媒,联合街道社区,进行文创产品的开发与制作,并免费送给社区相关人员。

3.身体力行,做课程思政的践行者。"筱说摄影"是一门培养学生摄影兴趣、提高学生团队协作能力的课程,学生在摄影实践中更易于领悟到课程思政的重要性。要想用手中的镜头记录时事热点,学生就要具有政治敏锐性和政治辨别力。在摄影实践课程中,学生意识到只有认真学习"思政课",才能具有更好的政治洞察力,从而拍摄出"有灵魂"的摄影作品,因此,学生越来越多地将镜头对准了新冠疫情下的志愿者、高温下的劳动者、乡村振兴的领头人、城市建设的日新月异等题材。

4.构建课程专属的微信公众号,拓展了课程思政的教学时间和空间维度。当前,以微信公众号为代表的网络媒体的不断发展,对整个社会信息系统产生了巨大影响,其中也对大学生的思想意识、生活方式、价值取向、社会行为等造成了冲击。本人作为一名高校教师，很早就开始利用微信公众平台来作为高校宣传教育的阵地，为我校搭建新的宣传教育传播平台、积极宣传学校新面貌、专业新技能等内容。目前，拥有两个课程专属的微信公众号：一是"筱说包装"，兼包装艺术设计专业宣传平台，一个专业的以包装设计为特色的小众平台；二是"风华495"，立足纺服校园，辐射全宁波，以分享摄影技巧、宣传美丽校园为主。

## 三、实际成效

1."印刷工艺实训"，浙江省、学校两级课程思政示范课，坚持每期选取当下热点话题，并以此为媒介，设计相关海报招贴，开展校社联动，以印为媒，共筑中国梦。学生既掌握了丝网印刷的工艺流程，又奉献了爱心，成为一名具备家国情怀、文化自信、职业素养，责任担当的优秀大学生。指导的学生在第七届全国印刷行业职业技术技能大赛浙江省选拔赛荣获一等奖，并获得浙江省印刷行业技术能手称号。

2."纸包装结构设计"，"十三五"职业教育国家规划教材同名课程、浙江省精品在线开放课程，智慧职教、中国大学慕课、学堂在线三大平台同步开放，累计服务高校近300所，选课人数2万余名。

3."筱说摄影"，校级精品在线开放课程，智慧职教平台开设，累计服务高校260所，选课人数1 600多名。课程坚持正确的艺术导向、用社会主义核心价值观武装课程内容，引导学生用摄影作品来展现中国传统文化的魅力。

4."筱说包装"订阅号，作为包装艺术设计专业的对外宣传平台和专业课程评展鉴赛的宣传窗口，受众粉丝遍布全国各地，先后发表过"丝印帆布袋，献礼二十大""浙里有料""课程展｜印刷工艺实训（叠印＋套印）""课程展｜包装设计x网页设计"等推文；"风华495"订阅号，立足纺服校园，辐射全国，如今成为宣传美丽校园、传授摄影技巧的重要平台，先后发表过"超燃闭幕式｜纺院学子勤磨砺，迷彩青春展芳华""一周图片｜镇海疫情回顾""一周图片｜致敬可爱的人—返校复学全记录"等推文。

## 四、经验启示

依托信息化手段实现高校专业课程领域的深化改革，落实立德树人的大学使命，是一线高校教师面临的重要课题和核心任务。以信息化为支撑，针对不同课程的特征，选择不同的课程育人手段，重构教学模式，创新教学资源和教材体系，建构以"微信订阅号＋在线开放课程"的新媒体融合平台，为学生打造具有吸引力的多维学习生态。

★ 科研育人类案例 ★

# 践行"科研育人" 助力师生全面发展

## 吕秀君

### 一、目的意义

社会发展需要高精尖人才,科研活动在培养此类人才中发挥着重要作用。人才的价值导向问题影响着社会的发展,科研活动的价值导向对人才的精神引领和思想引导起着重要作用。因此,高职院校科研活动的价值导向必须坚持以人才培养为中心,以实现教师和学生群体共同成长为目标,以服务地方经济发展为基本价值导向,贴合行业、企业的生产实际进行科研创新活动。科研与地方合作处(校友办)始终围绕学校办学战略规划,坚持学校时尚纺织服装 +"一体多元"办学理念,深化产教融合的办学战略,稳步推进科研与校企校地合作的各项育人工作,并取得了较好的成绩。

### 二、主要做法

(一)夯实"产业学院 + 产业园 + 研究院"产教融合综合体建设

为顺应浙江省及宁波市打造万亿级时尚产业集群建设要求,产教融合、校企合作促进时尚产业链、创新链、人才链"三链"协同,共同开展技术创新、人才培养和社会服务,浙江纺织服装职业技术学院与宁波博洋集团控股有限公司决定共建"博洋学院"。围绕纺织服装产业"十四五"科技、时尚、绿色发展新要求,本着"深度融合、重点突破、创新发展、互利共赢"原则,通过校企共同搭建"产业园 + 产业学院 + 研究院 + 创业园"产教融合综合体,打造"政行校企研"五位一体的国家级产教融合工程项目,实现产业发展的资源集聚，进一步提高学校纺织服装专业群集聚度和配套供给服务能力，共建兼具产品研发、工艺开发、技术推广、工匠大师培育功能的技术技能积累与创新平台，培养覆盖全产业链的人才储备以及具备龙头企业文化的创新创业人才。

博洋学院下设博洋产业学院和博洋创业学院，通过搭建三大平台，充分发挥高校和区域龙头企业在技术创新、人才培养和社会服务的主体作用，在促进产业链、创新链、人才链"三链"协同发展中发挥引领作用。

一是搭建技术研发与转化应用平台。共建纺织服装技术研发与成果转化中心，重点围绕植物染料技术、低扭矩超柔纱线技术、服装数字化智能化设备改造技术等高端纺织服装应用技术开展联合攻关，形成系列高端应用技术成果，从产业关键技术需求入手，开展科技创新，培育和聚集一批对接产业发展需求的科技创新成果，提升科技成果的技术增值量和转化量。

二是搭建人才培养培训平台。校企共同研制人才培养方案和课程标准，共建生产性实训基地，开展创新创业教育，实施双主体现代学徒制培养模式。开展职工职业培训和继续教育，开展国际化人才培养，共建教师队伍和企业技术骨干培养培训基地。

三是搭建时尚产业及文化创新平台。系统培养覆盖时尚产业链的储备人才和创新创业人才，提升学生就业竞争力和可持续发展力，以头部企业需求导向倒逼学校人才培养供给侧结构性改革，以新理念、新面向、新布局深化校企合作，推进学校德技并重培养"匠心匠艺"复合型技术技能人才。

下一步将致力于深化纺织服装行业产教深度融合，不断推进"岗课赛证"综合育人，完善产教融合办学体制，优化职业教育供给结构，搭建全国纺织服装行业服装数字化人才交流合作平台，将纺织服装行业的新技术、新工艺、新规范、典型生产案例及时纳入教学内容，实现校企资源共享、优势互补、融合育人、合作共赢，促进纺织服装职业教育发展，推动纺织服装行业转型升级、协同创新与数字技术的跨界融合与创新发展。

## （二）加强校地合作，拓展实践育人渠道

学校连续26年参与宁波时尚节暨宁波国际服装节（以下简称"双节"）。作为时尚节承办方之一，学校进一步整合资源，充分发挥自身突出优势，以更大的贡献度为全面深度参与。

2021年时尚节学校开设面积240平方米的时尚创意特色展区，全方位展示学校对纺织服装产业的技术引领与人才培育支撑。"双节"期间，400余名师生参与到时尚趋势发布会的策划、表演、造型、后台服务等工作，252名学生志愿者服务本次"双节"，3500余名师生通过观摩"双节"开展综合实践实习教学活动。

2022年时尚节学校设置独立展厅，以"启元"为主题，意为顺应纺织服装数字化趋

势，开启元宇宙数字化升级。以"启动键"+"网络信号塔"为灵感，以产教融合"时尚+专业链对接产业链"为主线，展示3D服装与面料设计、NFT数字藏品、服装动态机器人、智能化针织技术等校企合作成果。学校共计派出志愿者，志愿者参与总人数215人，参与总人次2 840人次，全程参与展会筹备、防疫、会务及保障工作。因疫情防控需要，在精简参观人数的情况下，全校共计2 300名师生参与学校活动或开展教学实践活动，被组委会授予"时尚引领奖"。

### （三）对标"未来工厂"，校企打造服装智能制造学习型工厂

学校联动各专业，与浙江壹布互联科技有限公司校企合作开展服装智能化设备的研发与应用，搭建了服装数字化"未来工厂"。"未来工厂"打通3D数字设计系统、智能化设备、生产制造执行系统、管理信息系统和供应链生态系统，实现服装数字化管控一体化，实现系统指挥人、机、物作业，实现系统规范人、机、物行为，完成基于"人联""机联""物联"技术，运用人机协同走向智能生产。同时通过导入企业真实项目化课程，创新实践教学模式，培养纺织服装智能化设备运维及技术应用人才。

"未来工厂"对于广大服装中小生产企业来说，是传统服装制造企业智能化改造升级的"数字化样板车间"；对于师生来说，是学校培养服装数字化智能制造人才的"学习型工厂"。数字化纺织服装研发汇总，创新培养体系模式，打造"标准引领、数字孪生"实训教学模式，不断深化产教融合的数字化人才培养，强化数字化师资队伍建设、数字化课程资源建设、数字化实训体系建设、行业一线的就业指导。以虚拟仿真和数字化技术赋能人才培养，助力纺织服装产业转型升级。

## 三、主要成效

1.学生科研意愿逐年上升。近年来，学校强调学生能够做到学以致用，注重培养学生运用知识、获取知识、共享知识、总结和传播知识的能力。学生主动参与科研的积极性不断高涨，学术科研能力逐步提升。2021及2022年度浙江省新苗人才计划项目立项分别收到17项和18项，主持专利每年20余项，和2020年比增长明显。在参与的过程中，学生不仅能进一步巩固所学专业理论知识，在实践能力、创新能力、心理素质、团队协作、动手能力等各个方面也得到了有效训练和提高。

2.教师科研能力稳步提升。近年来，学校科研工作不断加大纵向项目申报扶持力度，拓宽项目申报渠道，通过主动开设各类学术讲座、召开项目申报指导会议提高项目申报书质量，并针对省部级项目提供"一对一"申报辅导服务，项目申报质量逐步提高，近年来已获得多项省部级研究课题立项。

卢素梅老师申报的"新发展格局下浙江与中东欧国家科技创新合作的路径研究"获得2022年浙江省社科规划项目立项；陈健老师主持的"高档鞋面成套缝制设备关键技术研究及产业化"项目和毛才盛老师主持的"服务外包产业集群创新的机理模型及能力评价研究"项目，获得宁波市2021年度科技进步二等奖；冯杰老师主持的"新型超柔低扭矩纺纱技术"项目荣获2021年度宁波市海曙区"百创汇海"A类创新个人（资助经费100万元）以及宁波市"甬江引才计划"创业团队带头人荣誉称号（资助经费200万元）；姜丽丽老师"智能柔性抗冲击防护材料开发与应用"项目获宁波市江北区2021年度"北岸精英"计划，创业D类资助（资助经费100万元）；何元峰老师主持的《高端电火花加工装备研发及产业化》获得余姚市2021年度第二批姚江英才计划入选项目（资助经费超500万元）。

## 四、经验启示

1. 深化"三全育人"，提升科研育人能力。以省部级项目稳步增长为标志，确保高级别科研项目有提升；以协同创新为标志，力争"产学研合作科技平台"建设有成绩，科技工作的支撑、服务、辐射作用逐步彰显。通过逐步建立学校科学研究的稳定支持制度，加强创新团队建设，实施高级别项目培育工程，加快培育基金项目创新研究群体和创新团队，建立重大项目、重大平台和重大成果动态储备库，培植科研能力。

2. 加强高水平科研团队建设，优化科研队伍结构。目前高水平的科研团队较少，这对科研项目的持续申报、对教师能力的提升、对教学工作的反哺都是极为不利的。接下来，将实施优秀科研团队建设工程，促进团队交流与协作。为促进科研团队整体科研实力的提升，以学科科研平台和团队建设为载体，结合特色方向建设，鼓励方向交叉，提倡协作攻关，制定和完善更加有效的优秀科研团队建设办法，加大支持力度，带动双高建设和科研创新整体水平不断提高。

3. 加强科研人员队伍建设，优化科研队伍结构。省部级以上的科研项目其一是申报数量不足，与我校教授、博士数量不相适应；其二是申报质量不高，虽然管理部门也邀请相关专家进行了培训，但效果一般。接下来，将创新学科科研管理与运作机制，促进学科科研良性稳健长足发展。建立科研人员学习、培训、进修制度和业绩建档制度，加强科研管理，制定科研激励政策，产生一批优秀成果。建立和完善专业技术人才岗位津贴科研奖励与约束政策。扶持教师申报和承担各类国家级、省部级科研项目，适时出台重大科研项目单位支持经费鼓励政策。鼓励多学科、校内外团队协作，共同承担重大科研攻关项目，产出一批高质量的研究成果。

★ 实践育人类案例 ★

# 基于创新特色项目
# 打造实践育人新平台

## 胡秋儿

为进一步加强和改进大学生思想政治教育,纺织学院充分结合专业特色积极探索并创建基于大学生创新特色项目的实践育人新平台。经过多年的探索和实践,完善了项目的"3721"平台创新机制,形成了以大学生创新特色项目建设为主要载体的创新创业教育实践平台,培养和提高大学生创新意识与能力、专业技能和社会实践能力。

## 一、案例实施

大学生创新特色项目是学院在 2008 年染整技术研究所的学生创新小组基础上提出与试运行的创新研究型学习模式。此后,根据专业实际与特色、学生创新素养现状,进行了延伸与完善。提出项目建设与校园文化建设相结合、专业教学与创新素养培养相结合、项目建设与党建工作相结合的"三结合"建设理念,全面推行"班级特色工作项目化"和"创新研究型学习项目化"的研究、建设、管理模式。通过多年来的探索与实践,纺织学院逐步形成了以"3721"为项目建设特色的创新机制:

1. 传承和创新校园文化、专业文化、民族文化三种文化。大学生创新特色项目立足于专业特色、围绕民族文化教育体系开展学生教学、教育工作,将日常校园文化活动、专业文化活动、民族文化活动融入大学生创新特色项目建设工作,开展学生专业拓展教学、思想教育,开展爱国精神、民族精神教育,加强"校风""教风""学风"建设。

2. 利用资金、场地、设备、导师、技能、传媒以及校企合作平台等七大资源。大学生创新特色项目的建设工作，充分有效挖掘和利用了校园丰富的资源。充分利用学校现有实验实训中心、教师工作室等场地、设备开展项目建设工作。通过学生邀请教师、教师主动参与、学院有意向性地指定教师等途径，加强思政工作与科研教学工作的进一步融合。同时，项目的实施开展有效利用了学校良好的校企合作资源，拓宽项目发展视野。此外，学院充分利用校园传媒进行项目建设成果展示等报道宣传，进一步强化创新创业教育的舆论引导。

3. 结合教师指导和朋辈互助两种指导方式。在项目建设中除了教师指导力量外我们还引入心理健康教育中的"朋辈辅导"形式，充分发挥学生之间的朋辈互助辅导作用。通过项目成员内部的相互辅导、学习、研讨来加深对问题的理解，提出多种解决思路与方法，协作完成项目建设任务，有效改变了教师指导力量受限的状况，让更多的学生成为大学生创新创业项目的指导主体，充分发挥了学生的活动参与主动性，有效提升了学生的项目研究能力和综合组织管理能力。

4. 走出一条创新育人、实践育人之路。通过几年的建设，纺织学院结合自身实际，立足专业特色、积极转变育人观念、大力改革教育教学育人模式，拓展育人空间，通过大学生创新特色项目这个良好载体，走出了一条特色育人、实践育人之路。

## 二、主要成效

1. 参与师生人数多。作为该项目最大的受益群体，学生给予了积极回应。截至目前，大学生创新创业特色项目已成功开展到第14期，项目累计申报297项，获得立项234项，参与班级211班次，指导老师255人次，学院平均每位老师指导项目5.4项次，项目直接参与学生1 020位，项目影响学生几千人次，学生全面受益。

2. 参赛成果显著。大学生创新特色项目成员在项目建设基础上积极参加各级创新创业类专项竞赛，获得全国高职院校"挑战杯"竞赛特等奖1项、一等奖1项，浙江省高职院校"挑战杯"竞赛一等奖多项的好成绩。同时，在各个学科的专业竞赛中获得丰硕成果。

3. 舆论引导力增强。充分利用校园网等媒体，突出主题，加强宣传服务阵地建设，及时广泛宣传实践育人工作取得的突出成效，进一步加强宣传创新创业实践育人工作的新思路、新做法、新经验。在全校范围内起到了良好的氛围营造和理念行动引领作用。

## 三、经验启示

1. 注重团队建设，提高团队协作能力。大学生创新特色项目工作能稳定有序并富有成效地纵深发展，还得益于通过实践培育形成了多支优势互补、精诚团结的团队。项目团队成员取长补短发挥培增优势、提高工作效率。通过项目团队中指导教师、朋辈互助辅导学生的能力展示与发挥，带动学生向优秀看齐、向示范先进学习，实现良好的激励功能，有效增强了学生的团队意识与合作能力。

2. 依托专业特色，培养创新人才。创新始于问题，源于实践，强化实践育人意识，切实加强专业研究性实践教学，提高学生创新实践能力，要紧紧围绕专业特色和优势开展大学生创新创业教育与实践，培养学生的科技创新意识和能力，力求使学生专业学习得到进一步的延伸与提高。

基于大学生创新特色项目的实践育人新平台的探索、实践为我们创新人才的培养提供了新的途径与动力。在未来，我们将继续紧密结合专业背景与优势，在原有基础上努力突破发展瓶颈，不断提升学生创新创业意识与科研能力，努力推进学生成长成才。

★ 实践育人类案例 ★

# 聚力"四大工程"
# 画好实践育人"同心圆"

### 梁淋峰

## 一、基本理念

本案例以习近平总书记关于青年学生成长成才重要思想为指导，紧紧围绕立德树人根本任务，以"实践树德、实践增智、实践健体、实践育美、实践强劳"为育人理念，学校通过培育实践育人精品项目，打造特色品牌，构建德育实践、社会实践、创新创业实践、志愿服务"四位一体"实践育人体系，深入实施"榜样领航"工程，提升学生思想政治水平；深入实施"青春扬帆"工程，系统开展社会实践活动；深入实施"青春筑梦"工程，持续推进创新创业教育；深入实施"青衿志愿"工程，扎实推进志愿服务活动，形成特色鲜明、成效显著实践育人新格局，推动实践育人工作走深走实。

## 二、经验做法

1.深入实施"榜样领航"工程，提升学生思想政治水平。榜样教育与实践育人作为高校思想政治教育的重要内容之一，关系到怎样"育"人，为谁"育"人的问题。习近平总书记曾说："榜样的力量是无穷的，大家要把他们立为心中的标杆，向他们看齐"。学校深入实施"榜样领航"工程，树立实践育人榜样，以身边的标兵激励青年学子。一是组织开展宁波市系列优秀大学生、"先锋团员"和"先锋团干部"等评优，推荐优秀青年选树"大学生自强之星""志愿服务先进工作者""最美纺服人（学生）"等典型，组织受表彰的先进青年集体和个人开展故事分享活动，通过报告宣讲、文化产品推广等方式，大力宣传青年学子坚定跟党走、奋发向上、勇于开拓创新的青春故事，引导广大学生党员、共青团员坚定理想信念，牢记党的宗旨，进一步增强党性修养，切实发挥好学生党员的先锋模范作用。例如，积极宣传我校获"中国大学生自强之星标兵"位小风同学，传递榜样力量。二是做好发展团员工作，为党组织输送新鲜血液。严格发展团员标准、控制发展团员数量、规范发展团员程序、强化团员经常性教育，培养有信仰、讲政治、重品行、争先锋、守纪律的团员队伍，2022年新发展团员100人。三是深入实施青年马克思主义培养工程，通过理论培训、实践锻炼、课题研究、交流讨论、素质拓展五个环节加强对团干部的培养，提升学生骨干的政治素养和服务学生的能力，每期培养学员100到200人；实施"团干部上讲台"工程，开展青·语团干部沙龙，不断提升团干部思想政治素养，提高团干部引领广大青年团员汇聚青春之力成就青春之我的能力。

2. 深入实施"青春扬帆"工程，系统开展社会实践活动。大学生社会实践是培养和提高学生实践能力、实施大学生素质教育的有效途径。高校开展大学生社会实践活动是做好学生思想政治教育工作的重要抓手，是落实立德树人的重要环节。学校深入实施"青春扬帆"工程，以"品牌化策划、项目化运作、团队化组织、实效化考核、全面化覆盖"为理念，坚持将实践与提高学生思想政治素养、专业知识素养和服务地方经济建设能力相结合，系统开展社会实践活动，开设理论宣讲学习、国情社情观察、脱贫攻坚、乡村振兴、红色筑梦、生态文明、美丽中国、创新创业等多个专题板块，采取"团队+个人"组合模式有效地开展，实施过程紧紧围绕"主题确立紧跟社会热点、实践内容融合专业技能、公益服务立足社会需求"，不断完善实践内容，拓宽实践路线，提高社会实践育人的针对性和有效性，将实践育人从校内延伸至校外，做到"有所关注、有所感触、有所行动、有所促进"的实践效果和目标，引导学生在实践中"受教育、长才干、做贡献"。

3. 深入实施"青春筑梦"工程，持续推进创新创业教育。学校是育人的主阵地，为更大程度发挥大学生创新创业的潜力，将大学生创新创业教育贯穿人才培养全过程，学校结合学科优势以及办学特色，依托"挑战杯""振兴杯"等大学生创新创业赛事和系列学科赛事，深入推进创新创业教育实践，将实践育人落在比赛上，融入项目里，帮助更多青年学生涵育科学精神、接受科学启蒙、激发科创热情。构建"以赛促创"创新创业实践育人模式，分为赛前、赛中、赛后3个阶段。在赛前阶段，通过讲座、沙龙等形式开展培训，提升学生的创新创业意识，通过举办丰富多彩的特色创新创业教育实践活动，营造良好的校园文化氛围。在赛中阶段，通过举办创新创业赛事为学生提供平台锻炼，提升学生的组织管理能力、语言表达能力、团队协作能力等，以赛促学，进一步调动学生参与竞赛和学生科研项目的积极性,不断扩大学生的参与面,形成浓厚的校园科创氛围,深化实践育人的内涵。赛后阶段,推进学生创新创业项目孵化推广,进行总结交流,发挥优秀团队的示范引领作用。

4. 深入实施"青衿志愿"工程,扎实推进志愿服务活动。志愿服务承载了高校实践育人的重要使命,学校将志愿服务作为实践育人的重要载体,全力倡导"奉献、友爱、互助、进步"的志愿精神,围绕宁波地方发展大局和社会服务,搭建志愿服务平台、构筑志愿服务品牌、拓宽志愿服务项目,使服务领域不断拓展、服务体系不断完善、服务质量不断提高,全年志愿服务活动涵盖关爱弱势群体、环保宣传、大型赛会等方面。2022年度新增注册志愿者共计4 100人,共计开展50个志愿服务活动项目,500余场次志愿服务,参与总人数16 113人。

## 三、工作成效

近年来,实践育人工程成效显著。一是涌现一批优秀学子。我校位小风同学荣获"中国大学生自强之星标兵"称号,是全国10名获奖者中唯一的高职学生代表,也是我省高校唯一的代表。二是挑战杯等竞赛成绩显著。在浙江省第十三届"挑战杯"大学生创业计划竞赛中获得省级金奖1项(入围国赛终审答辩)、省级银奖4项、铜奖2项;在2022振兴杯青年职业技能大赛中荣获全国铜奖1项、省级金奖1项、银奖2项、铜奖2项;在2022年浙江省大学生艺术节中我校荣获省级一等奖2项、二等奖3项、三等奖1项。

## 四、经验启示

学校实践育人聚力"四大工程",通过德育实践、社会实践、创新创业实践、志愿服务构建实践育人体系,画好实践育人"同心圆"。一是以思想引领为核心,将能力培养与理想信念、价值理念、道德观念的教育有机结合,建立健全系统化实践育人长效机制;二是以素质提升为基石,引导学生全面接触社会,通过实践了解多元社会,发展团队意识和协作能力,形成以厚重为核心的意志品质;三是以能力发展为重点,引导学生在实践中学习真知识、发现真问题、开展真研究、提出真简洁,掌握理论联系实际为核心的方法论。

时有所需,必有所为,青年有担当,国家有力量。学校将实践育人作为思想政治教育体系的重要环节和落实立德树人根本任务的重要抓手,不断助力学生成为心中有爱、眼里有识、手上有技、脚下有行的新时代大学生，用实际行动肩负新时代使命，为全面建设社会主义现代化国家贡献青春力量。

★ 实践育人类案例 ★

# 整合资源搭建平台
# 为学生创业实践保驾护航

刘建长

## 一、目的意义

为了探索创新创业教育的途径和实践方法，致力于创新创业型人才的培养，学院努力从体制机制、校内外资源的整合、创新创业平台的搭建等诸多方面开展工作，大力支持学生参加创新创业大赛，成立创新创业协会、创业俱乐部等创新创业类社团，开展项目路演和资本对接活动，全方位扶持学生开展创新创业实践活动，营造了良好的创新创业氛围，锻炼了学生的创新创业思维，激发了学生的创新创业的热情和能力，孵化了一批优秀项目。

## 二、主要做法

（一）搭建了以"三个一"为核心的创业实践平台

1.建立一个时尚众创空间。自2017年以来，学校投资55万元，打造近2 000平方米的时尚众创空间，积极提升硬件设施条件，以满足大学生开展创新创业实践和技能提升的要求。自2018年至今，我校共有49位在校生在时尚众创空间创立了公司，年均营业总额超2 000万元。

2.建立一群校内创新创业指导工作室和创新实验室。各学院以专业为单位，每个专业建立1个及以上工作室，师生组建专业创新团队开展服务行业工作。经创业学院认定的有纺服智造团队创业基地和机器人创新实验室等30多个教师专业工作室，覆盖了所有专业。每年参与创新创业工作室实践活动的教师50余名，学生500余名。

3. 建立一批校外创新创业实践基地。2016年以来，学校与镇海大学生创业园、鄞州大学生创业园、宁波市大学科技园等相继签订战略协议，共建创新创业实践基地。近年来，学院还与博洋集团、太平鸟集团、恩凯集团、浙江赛伯乐宁波基金公司和329创业社区等单位共建了一批校外创业实践基地。

### （二）校企联合举办创业班和创新创业实践系列活动

1. 开设学校创业种子班和双创实验班。近年来，先后开设了5期创业种子班和2个双创实验班，打破学院、专业和年级的限制组建，对有创业潜质的学生进行系统训练，参训学员近300名，接受优秀创业校友和教练型企业家辅导和上课。同时，创业项目路演、创业比赛等创业实践活动常态化。

2. 举办创业训练营。创业学院和校外合作企业、二级学院合作在校内外举办的"从0到1"创业训练营和创业周末活动。与无中生有咖啡合作，组织时尚科技为主题的创业周末活动。2021、2022连续两年与宁波市妇女联合会合作主办女大学生优创优业训练活动，受到学生追捧。

3. 组织各类创业沙龙、讲座和论坛。一是依托创业学院共建单位和创业导师，定期举行创业讲座和沙龙。二是依托商业模式实验室开展项目头脑风暴会和项目路演等。三是依托宁波市民营企业家协会等举办系列创业论坛。如围绕时尚产业开展"互联网＋服装定制＋创业"高端论坛和时尚创客沙龙等，年均有1 500余人次参加以上各项活动。

4. 积极参与各类各级大赛。一是举办校内创业大赛，如"互联网＋"创新创业大赛和中国纺织服装类院校创业大赛校内预赛。二是积极参与国家各级大赛。2021年8月，我校学生的创业项目"电纺科技：柔性织物电极锻造体联网时代的'中国芯'"获第七届浙江省国际"互联网＋"创新创业大赛金奖，同时获第七届中国国际"互联网＋"创新创业大赛银奖。2022年，我校学生的创业项目"守护'深海蛟龙'DiveDream特种防护潜水服面料先行者"获第八届浙江省国际"互联网＋"创新创业大赛铜奖。

### （三）支持创新创业社团开展实践活动，宣传典型案例

1. 邀请优秀校友创业项目回校宣传。一是邀请学校创业成功的校友回校开展各类讲座、论坛分享创业经验，二是在校外导师中单列校友类型。

2. 树典型，利用各类媒体进行宣传报道。学校近年来涌现出诸多创业典型案例，学

校创业氛围愈加浓厚，校内外媒体对学校典型案例和创业实践活动进行宣传报道。

3.支持组建创新创业社团。创业协会接受创业学院、校团委的指导和管理。创业协会作为创新创业社团，在日常社团活动中以开展创业培训为基础，邀请校内外创业导师，每学期开展创新创业专题讲座10余次。社员积极参与校内创业大赛和创业训练营等活动。社团日益成为学生展现自我、充实自我、锻炼自我的广阔舞台。

## 三、实际成效

学校创新创业生态圈建设取得了初步成效，依托教师创业指导工作室制和创新实验室育人的模式同行评价高，起到示范引领作用。同时，学校创新性地开展校企校地合作，与大学生创业孵化园、校友企业和国际一流孵化器TechStars及宁波最大创业社区无中生有咖啡等合作，参与并引入其创业周末、Startup Grind等活动，极大地提升了校内创业实践活动水平及活力，更多学生参与到了创新创业中来。学生踊跃参与专创赛创融合实践活动，2022年参加参与学校创新创业实践活动的学生人数超过2 000人次。创业典型案例不断涌现，受到浙江教育报、浙江工人报、东南商报和宁波商帮杂志等媒体的报道。

近年来，学校以双创教育融入专业教育为理念，不断加强创新创业教育，提升学生创新创业能力，学生在各类创新创业大赛中成绩显著。创新创业比赛获得历史性突破。"顶层设计＋拔尖专项＋平台搭建"三措并举，培养高职卓越创新人才和"深度融合，辅以实战，以专业教学为核心的创新创业教育探索与实践"两个项目获得"纺织之光"中国纺织工业联合会纺织职业教育教学成果二等奖和三等奖。中英时尚学院创新创业案例"获全国大学生创业联盟优秀案例并由厦门大学出版社出版。学校获宁波市人力资源和社会保障局"宁波市技能创业孵化基地"认定和经费资助。

## 四、经验启示

创业学院作为专门开展创新创业教育工作的实体机构，是培养学生创新精神、创业意识和创新创业能力的重要载体，也是开展校地合作、校企合作和协同育人的主要实践平台。

1.通过"顶层设计＋资源整合＋平台搭建"三措并举，以专业教学为核心，结合学校"卓越技师"教学改革，开展创新创业教育探索与实践。

2.依托创新创业指导工作室、创新实验室、校友和企业家，通过创新创业实践和教学方法的创新,有力推动了专创融合,学生的创新、创意、创业意识和能力得到显著增强。

3.依托创业种子班和双创实验班,通过校企深度的融合,孵化创业项目的同时,教学成果服务企业,使学生的综合素质得到提高,进入企业的学生更好地站在企业的角度,为企业服务。

4.通过对学校典型案例和创业实践活动进行报道宣传激发学生的热情。通过组织学生团队参加项目路演和比赛,向社会展示学生作品,历练学生心理素质及与社会沟通的能力,深化了创新创业教育效果。

★ 实践育人类案例 ★

# 依托专业特色　深化实践育人新模式

## 沈佳燕

## 一、基本理念

案例项目依托艺术学院专业特色，让红色文化成为铸魂育人的精神动力，让学生在身临其境的实践磨砺中，产出红色文化成果。项目将专业实践教育、社会实践教育、红色文化教育和思想政治提升四者有机结合起来，融入助力当代青年学生成长成才的教育使命当中去，实现实践育人在时间维度上贯穿"课前—课内—课后"三课一线全过程，在空间维度上覆盖"课堂—校园—社会"三位一体全方位，在主体维度上扩展到"教、管、研、辅、社"专兼一并的全员，最终落脚于立德树人这一教育的中心环节，着力于培养德智体美全面发展的社会主义建设者和接班人。

## 二、经验做法

种树者必培其根，种德者必养其心。案例项目充分发挥青年学生的主体作用，引导青年学生坚持"内化于心、修己达人"，在崇尚中继承，自觉做红色文化的"学习者"；坚持"以文化人、文以载道"，在继承中弘扬，自觉做红色文化的"传播者"；坚持"躬身力行，笃行不怠"，在弘扬中发展，自觉做红色文化的"调研者"；坚持"学深悟透、外化于行"，在发展中创新，自觉做红色文化的"志愿者"；坚持"学以致用、知行合一"，在创新中成长，自觉做红色文化的"传承者"。

在红色文化的熏陶下，在红色精神的感染下，学生以"学习者""传播者""调研者""志愿者"和"传承者"的角色，"走线路、受启发、传精神"，以青春之"小我"

投身建设祖国之"大我",以实践行动激荡青年的光荣与梦想,增强建设祖国的信心与力量,展现青年学子的情怀与担当。

**1. 实施艺术+实践,厚植专业涵养**

一直以来,学院高度重视实践育人,坚持把思想政治教育与人才质量提升有机结合,将实践育人工作纳入人才培养方案和教学计划,探索具有专业特色和实际效果的实践育人模式。深入挖掘红色资源、讲好红色故事、传承红色基因,将"理论课堂"所"学"转化为文化性实践中的探究与创作,将社会事件、社会调研、人物故事等作品创作搬上舞台,增强学生学习主动性、创造性和集体性。通过反映建党百年历史的"光辉岁月"时装发布等红色秀场、反映党的诞生故事的《初心》红色话剧、反映宁波籍烈士朱凡革命事迹(《沙家浜》阿庆嫂原型之一)的《朱凡》红色舞蹈等作品,打造出身临其境、情融其中、触动灵魂的"艺苑红show"特色品牌。

**2. 凝聚行业+企业,拓宽育人平台**

一是统筹推进实践教学、职业规划协同发展。结合国家发展战略、学院优势学科和学生发展需要,产出高质量实践成果,打造"一专一品"格局。积极为宁波、台州、绍兴等地开展庆祝中华人民共和国成立70周年、庆祝中国共产党成立100周年等重大庆典提供艺术表演等重要社会服务,积极为金砖国家峰会、中东欧国家旅游推介会、宁波时尚节暨服装节等"重要活动"提供服装表演等服务,通过作品展、毕业展、时尚周、发布秀等"重要平台"集中展示产教融合、校企合作成果,得到政府、行业、企业和社会各界人士的充分肯定。

二是积极拓展校外实践基地。学院主动联系校外就业单位,开展基础认知实习、生产实习和毕业实习等。同时,学院也高度重视优质校友资源,并结合新生入学教育、毕业生就业指导等不同成长阶段的专业困惑和职业选择,开展专业认知讲座、行业发展专题报告,就业季积极联系校友单位入校招聘,搭建良好的发展平台和空间。每年有近40%的毕业生选择留甬就业,为社会输送各类文艺人才近3 000人,有效助推地方文化艺术繁荣发展。

**3. 丰富活动+竞赛,夯实育人实效**

一是统筹推进"第二课堂成绩单"制度,通过优化内容供给,组织兼具思想性、实践性、专业性和时代性,能支撑实现人才培养目标,有专业特色、有系统性的实践活动,实现实践育人活动减量提质增效。

二是充分发挥社会实践立德树人作用。社会实践让大学生有机会走出教室、走出学校、走进社会大课堂,在亲身经历中了解社会、感知民情、提升本领、厚植家国情怀。在强化学生社会实践体验的同时,也能更好地促进学生的全面发展。

三是坚持秉承"赛教融合、技能立业"的教育理念，着力抓好高素质技术技能人才培养的。以赛事为契机，以赛事为"试金石"，检验学生的专业理论基础和专业实操能力，从而凸显学院教学成效。

## 三、工作成效

近年来，艺术学院实践育人工程也取得了一定的成效。

一是助力"脱贫攻坚战"。学院人物形象专业师生为对口扶贫的贵州黔西南州册亨县绣娘土布作品做专场展，并赴贵州参加中华布依锦绣坊展厅布展活动。

二是完善"产业链条"。服装表演专业师生联合宁波日报报业集团成立"蓝天童模队"，促进慈溪市童装现代产业进一步完善，实现"专业扶贫"。

三是推动"乡村振兴"。师生团队设计的"余姚半岙村"项目荣获宁波市委宣传部与市教育局主办的"创意点亮乡村"行动计划"最佳设计奖"；"艺术点亮乡村"团队为2021年浙江省"共同富裕"暑期社会实践重点团队。

四是做好"文化惠民工程"。舞蹈、音乐专业多次问鼎国家、省市级艺术竞赛；美术、人物形象专业学生频频在专业竞赛中获得荣誉，"文艺轻骑兵"深入基层，以鲜活多样的文化形式，服务人民群众，繁荣文化生活。

## 四、经验启示

一是深化实践育人品牌。夯实学生团队建设，强化思想政治引领，着力强化学生团队的组织力和执行力，提升团队的凝聚力，形成良好的传帮带氛围。二是拓展实践育人维度。建立实践育人的综合性评价体系，把实践育人的内容拓展到学生的学习、生活、社会实践等方面，把实践育人的形式拓展到社会实践、学科竞赛、艺术展演等活动，把实践育人的层次拓展到校级、市级、省级、国家级等，推进实践育人工作扎实有效开展。

★ 实践育人类案例 ★

# 构建"五聚五送"模式
# 探索志愿服务实践育人新路径

翁海浩

## 一、目的意义

志愿服务是社会文明进步的重要标志，是加强精神文明建设、培育和践行社会主义核心价值观的重要内容。近年来，商学院成立"雅商·青诚"志愿服务品牌，由热爱公益事业的青年学子组成，目前共有大一至大三年级的 2 297 名成员。"雅商·青诚"始终以"奉献、友爱、互助、进步"为宗旨，积极开展校园美化、文明督导、爱心义卖、温暖捐衣、敬老慰问、助困帮学、以文化人、科技助农等一系列志愿服务活动，通过构建"五聚五送"模式深化志愿服务理念，加强志愿服务队伍建设，完善志愿服务工作机制，不断培育新时代新风尚的倡导者、传播者、实践者。

## 二、主要做法

1. 聚焦"青年宣讲"，把政策精神送到群众心坎。在"雅商·青诚"志愿者中遴选优秀团员、入党积极分子、预备党员等学生代表，组建"00后"宣讲团，通过学院口才社和辩论社举办培训班、介绍经验、演讲比赛等方式不断提升宣讲团的整体素养。"00后"宣讲员们通过身边人讲好身边事，身边事激励身边人的方式，走进乡镇社区、田间地头、红色列车开展理论宣讲，将新时代政治理论以更加生动、更加接地气的方式讲述出来。

2. 聚焦"朝夕美好",把特别关爱送给"一老一小"。"雅商·青诚"志愿者聚焦"朝夕美好",积极开展丰富多彩的文化活动,努力让老年人拥有幸福的晚年,让孩子们健康快乐地成长。志愿者们定期为对接的孤寡、空巢老人开展敲门、爱心餐、卫生整治、暖心陪聊、节日探访等服务,通过志愿者日常陪伴、关怀,缓解老人的孤独感和空虚感,丰富老人的生活,提高老人的生活品质。与此同时,围绕周边社区少儿课余活动少的问题,以书籍互助、公益课堂、红色教育等方式,在社区开展丰富多彩专题活动,推动打造儿童友好共享生态。

3. 聚焦"文明城市",把文明新风送至城乡各处。通过党建结对共建活动、街道净化活动、文明督导活动,积极投身文明典范城市创建,让"德"与"礼"的力量,浸润在灵魂里、落实在行动上、体现在细微处,为宁波展示更具亲和力、更有吸引力、更富有魅力的城市风范做贡献。如2021年以来,志愿者们身披红绶带、身着"雅商·青诚"马甲来到宁波城际铁路车站帮助旅客搬运大件行李、提醒旅客做好疫情防控,引导旅客文明乘车,以实际行动向乘客们宣扬文明精神以及文化力量,获得铁路部门和过往乘客的点赞。

4. 聚焦"文化传承",把传统文化送进千家万户。为进一步传承和弘扬优秀传统文化,培育和践行社会主义核心价值观,提高青年的民族自豪感、文化认同感,"雅商·青诚"志愿者聚焦"固定节日"开展了形式多样、内容丰富的新时代文明实践志愿服务活动,争做中华优秀传统文化的学习者、践行者、传播者,让参与者在生动有趣的活动中深感传统文化魅力,更加坚定爱家爱国的初心。如2022年7月,"雅商·青诚"到奉化区尚田街道实地调研当地的布龙、泥塑、木雕等非遗项目,并从这些优秀传统文化中汲取营养,通过团日活动带领更多的青年创作更多新作品,积极传播中华文化、讲好中国故事,让非遗"活"起来,不断在新时代发挥更广泛、更持久的力量。

5. 聚焦"专业特色",把科学技术送到田间地头。"雅商·青诚"志愿者积极进社区、进乡村、进基层,立足专业特色,开展宣传科技知识、弘扬科学精神,讲好科学故事、树立科学理想,利用科技成果进一步探索更多有效促进乡村振兴的方式方法,充分利用好、发挥好新时代文明实践志愿者力量为乡村振兴贡献积极力量,更加贴近乡村振兴需求,让更多农民朋友享受到科技进步的成果。如2021年10月,志愿者许立带领团队通过特色选育、技术研发、环境改造、饲料优化,科学防疫等养殖技术创新,培育优良的太湖土鸡,联合26家农户联合养殖,帮助13户有收入困难的农户实现增收60万。

## 三、实际成效

1. "品牌化"建设提升吸引力。"雅商·青诚"持续聚焦"青年宣讲""朝夕美好""文明城市""文化传承""专业特色"系列志愿行动和校园美化、文明督导、爱心义卖、温暖捐衣、敬老慰问、助困帮学、以文化人、科技助农八大志愿服务项目。自"雅商·青诚"创立以来,各类志愿服务活动举办300余次,累计发动2 000余名志愿者参与。

2. "菜单式"服务提升感染力。结合结对社区的群众需求推出了"菜单式"志愿服务模式,通过梳理群众"订单",结合实际情况及时"派单",精准"下单",充分满足群众需求,陆续推出理论宣讲、文艺服务、科学普及等30余场活动。

3. "云端式"宣讲提升影响力。"雅商·青诚"志愿者协会与宁波城际铁路合作开展"青春心向党 雅商传新声"志愿活动,征集一批优秀的红色短视频作品在宁波城际列车余姚站的候车厅播放,反响热烈,受到《甬上》《甬派》《宁波日报》"学习强国"平台等官媒纷纷报道宣传。

## 四、经验启示

1. 精神引领,树好"一面旗帜"。志愿服务精神与党的全心全意为人民服务宗旨一脉相承,"雅商·青诚"志愿者在新时代文明实践志愿服务活动中感受善的力量,服务他人,提升自我,将"行善立德"的志愿文化不断传递,使爱心得以延伸,文明得到彰显。

2. 精心培育,搭好"一支队伍"。学院领导重视志愿者队伍建设,建立常态化常设工作队伍和根据工作需要临时招募队伍的机制,不断吸收优秀团员、入党积极分子、学生党员等先锋模范加入志愿者队伍,通过学院口才社和辩论社举办培训班、介绍经验、演讲比赛等方式不断提升志愿者的整体素养,同时利用合作单位宁波市文化馆的资源优势,加大对志愿者的培训力度。

3. 数字赋能,依托"一个平台"。依托宁波市 WE 志愿服务管理平台,进一步规范学生志愿服务认定、评价等环节,实现服务需求与志愿服务双向匹配,促进学生志愿服务活动规范化、常态化建设。

★ 实践育人类案例 ★

# 以"四个课堂"构建创造性劳动育人体系

## 张 淼

## 一、目标思路

为贯彻落实《中共中央、国务院关于全面加强新时代大中小学劳动教育的意见》《国家职业教育改革实施方案》等文件精神，完善"大思政"工作格局，培养更多具有国际视野、家国情怀的"大国工匠""能工巧匠"，中英时尚设计学院围绕立德树人根本任务，始终秉持"劳动，与美同在，与时尚同行"的劳动美育教育理念，紧抓课堂育人主阵地，以"思政教育+专业培养""教师主导+学生自主""校内学习+校外实践"等多元模式进行探索，以思政课堂、专业课堂、自主课堂、企业课堂等"四个课堂"构建创造性劳动育人体系，以期形成树德、增智、强体、育美的综合育人价值，培养有劳动素养的国际化复合型时尚人才。

## 二、经验做法

1. 党建引领强化协同，让劳动教育"紧"起来。学院坚持以党建为统领，成立劳动教育工作领导小组，支部书记任组长，每学期召开支委会专题研究部署劳动教育工作。颁布《中英时尚设计学院劳动教育计划及实施方案》，制定劳动教育任务落实清单，明确各专业及部门劳动教育开展的分工及职责。配齐配强劳动教育工作队伍，涵盖教务、学工及专业骨干教师，落实经费保障，足额设立劳动教育专项经费。推行积分制学生劳动教育评价模式，全员全过程全方位地推进学院劳动教育工作。

2. "思政课堂"启发培养，让劳动教育"活"起来。学院坚持育人为本，促进德技并修，全面打造劳动教育的"大思政课"。一是创新劳动教育理念。学院打破传统思维定势，不断探索具有中外合作办学特色的劳动教育模式，将劳动精神、美育教育有机结合，让会劳动、爱劳动、乐劳动成为一种校园时尚。二是充分发挥思政课程主渠道作用。开足开好思政课程，以马克思主义劳动美学为理论基础，依托校史馆、经纬廉洁文化馆等场所开展劳动思政实践教学，引导大学生树立正确的劳动价值取向，着力培养学生的使命担当和家国情怀。三是创设劳动特色校园文化。坚持以文化人、以文育人，依托学院官方微信等媒体平台大力宣传劳动文化，定期召开"悦劳动·越时尚"主题班会及团日活动，固定每周一的早自修时间开展"劳动晨学"实践活动。颁布《实训室安全卫生管理条例》，实行上课班级卫生包干制度。引导同学们在亲身体验中涵养"劳动最光荣、劳动最美丽"的价值观念，从被动劳动变为主动劳动。

3. "专业课堂"教授技能，让劳动教育"实"起来。学院立足工匠精神，依托"专业课堂"提升强国技能。一是将劳动技能培育纳入人才培养方案。设置劳动教育必修课程 16 学时，在制定教学标准及课程实施环节时渗透劳动教育内容，深入开展课程思政，将专业课程知识点、技能点与劳动教育进行结合，设计开发与课程配套的特色劳动教育项目。二是将劳动教育融入专业实践性教学。学生专业教师带领学生赴宁波国际服装节、上海时装周、河姆渡文化遗址等地开展时尚文化调研，将调研成果应用于服装设计及文创产品。每年开展"One Day Project 快速创意设计项目"，3 个专业师生协同，在一天时间内与合作英方院校共同完成项目任务，让学生体验创造性劳动的乐趣。三是将劳动教育引入专业群实践基地。成立"空中苗圃劳动教育基地"，划分 6 块区域，分配给三个专业的学生耕种纺织类植物，引导学生用 Sketchbook 记录花草植物生长周期，了解纺织植物生长规律，让学生在潜移默化中深刻理解农耕知识、专业实践与传统文化。

4. "自主课堂"实践提升，让劳动教育"动"起来。以劳融美，开展丰富多彩的劳动教育实践活动，打造劳动教育"自主课堂"。一是打造"阳光助力团"青年志愿者品牌。常态化开展文明校园建设、爱心义卖、迎新及毕业季志愿服务，吸引 569 位中英学生注册志愿者，累计服务时间超过 1 500 小时。学院连续多年主动对接服务宁波国际服装节，累计选派 3 000 余名师生深度参与服装节的动态秀、静态秀筹办及服务工作，引导学生将时尚类专业知识与服务社会相结合，志愿活动得到央广网、人民日报媒体报道。二是成立传媒竞赛社团和时尚服装竞赛社团。聚焦服装行业数字化、摄影技能培训，积极开展学科竞赛活动，2022 年开展 TFS 杯 SINO-UK 院服设计大赛，参与学生达 3 000 余人。顺应产业行业需求，社团学生在导师的带领下利用专业知识服务企业，师生共同参与校企重大横向课题，进行产品开发与拍摄，帮助学生积累职业经验，提升学生就业创业能力。

5. "企业课堂"研学磨砺，让劳动教育"硬"起来。学院利用校企合作优势，积极创设劳动教育"企业课堂"。一是建立校企联合培养模式。充分发挥校企协同育人功能，深化"双线培养、校企共育"的育人机制改革，对标企业岗位需求，绘制岗位技能画像，与太平鸟集团等龙头服装企业合作开展现代学徒制，联合博洋服饰集团成立"服创麦田班"，首批选送 35 名优秀学员进企业进行课程实践锻炼，专业教师和企业老师"双导师"指导学生，实现学生劳动素质精准培养。二是打造"Share 学堂"榜样分享交流品牌。开展技能报国教育，强化榜样引领，邀请史柳军、王微波等全国纺织工业劳动模范及优秀企业家进校园，学生与能工巧匠近距离交流谈心，面对面倾听成长故事、见证精湛技艺，2022 年共举办分享会 11 场，参与师生 892 人次。三是引进校企合作技能工作室。积极拓展工匠精神培育途径，成立"史柳军大师工作室"，加强传统立体制裁与制作技艺的培养，工作室学生在省市和国家级技能大赛中多次摘金夺银。同宁波微小娘影视文化公司联合成立"传统服饰技艺与文化传承校企合作研究基地"，注重对旗袍制作等非物质文化遗产的传承和教育。

## 三、工作成效

1. 劳动育人体系日趋完善。学院在"三全育人"大思政教育背景下，重视劳动教育的综合育人功能，以"四个课堂"为抓手，不断健全劳动育人体系。2022 年学院党支部与镇海区庄市街道成立党建联盟，与博洋服饰集团成立"党建联创共建单位"。支部书记牵头完成"一带一路"国家职业教育合作发展三年行动计划首批重点建设项目。学院教师依托劳动教育实践体系，建成省级课程思政示范课程 2 门，市级创新创业教育特色示范课程 1 门。成立校级科研创新团队 1 支、教师教学创新团队 2 支。成立"WE+ 阳光校园"校级思政校园文化重点品牌，"'与阳光同行，和青春为伴'晨学模式探索"获得校思政工作特色案例。

2. 人才培养质量显著提升。学生综合竞争力进一步增强，学院毕业生就业率连续多年保持 100%（全校第一）。学生毕业一年的创新创业率 11.11%（全省第一梯队），毕业生留甬率 43%。根据第三方调研显示，毕业生用人单位满意度位列全校第一，毕业生对母校的推荐度全校第一。学生创新创业能力突出，毕业 1 年后创业率 9.6%，在校生创办公司数 5 家，发表多篇科研论文和实用新型专利。2022 年学生参加省市及国家各类职业技能竞赛获奖 40 多项，省级以上奖学金 16 人次。

3. 技术服务成效逐渐显现。学生职业技能不断提升，学院师生主动对接企业承接技术服务及产品研发，助力企业发展，仅 2022 年度立项纵向课题 25 项，其中省部级 1

项，市级 5 项，到账金额共 20 万；立项横向课题 15 项，到账金额共 35.1395 万元，各专业师生服务企业达 225 人次。积极响应大学生社区实践计划号召，组建 10 支暑期社会实践团队，其中校级重点团队 4 支，院级重点团队 6 支深入基层调研服务，鼓励学生在社会课堂中"受教育、长才干、作贡献"，共助乡村振兴。

## 四、经验启示

劳动教育是国民教育体系的重要环节，具有树德、增智、强体、育美的综合育人价值。新时代，高校在推进劳动教育的过程中，一要与时俱进，正确认识劳动教育的时代内涵。加强顶层设计，创新劳动育人理念，将劳动教育和新技术、新需求结合，根据时代需要改进劳动形态，打造创新式劳动、时尚式劳动，提高学生创造性劳动能力。二要敢于创新，把劳动教育搞得有声有色。各学院要结合人才培养目标和学院特色，寻找与劳动教育的契合点，进行劳动教育的方式、载体及"课堂"创新，积极拓展劳动教育育人平台，打造劳动教育特色品牌，营造劳动教育文化氛围。三要协同推进，积极打造劳动教育共同体。在发挥学校劳动教育主导作用的基础上，充分挖掘企业及社会的劳动教育功能及资源，加强统筹规划，探索多元化的劳动实践项目，构建全员协同、全程覆盖、全方位渗透、职业教育特色突出的劳动育人体系。

★ 文化育人类案例 ★

# 经纬清韵　立德树人

## ——基于传统服饰的廉洁文化实践与创新

### 曹燕华

## 一、目的意义

作为全省唯一一所以时尚纺织服装职业教育为特色和在全国纺织服装行业内具有重要影响的高水平高职院校，我校师生对博大精深的服饰文化和宁波独有的红帮文化的探索和研究从未间断。为贯彻落实中共中央《关于加强新时代廉洁文化建设的意见》精神，学校纪委联合党委宣传部、文化研究院，立足宁波纺织服装产业优势和本校纺织服装办学特色，在对服饰文化和红帮文化已有研究的基础上，深度挖掘提炼传统服饰文化中的廉洁内涵和红帮文化中的廉洁元素，打造建设极具宁波辨识度和学校办学特色的"经纬清韵"廉洁文化品牌，成为学校纵深推进"清廉纺服"建设和创新师生廉洁文化的生动实践。

## 二、主要做法

1. 立足本校办学特色，打造廉洁文化教育基地。一针一线，牵引出博大的服饰文化；一经一纬，蕴藏着廉洁的道德追求。2022年10月，在服饰廉洁文化研究的基础上，学校拨款30万元，打造建设经纬廉洁文化馆和"经纬清韵"廉洁文化长廊，与学校校史馆并称"两馆一廊"，共同组成集文化展示、学习交流、体验传承和宣传教育等功能于一体的廉洁文化教育基地，是学校师生开展廉洁教育和思政教育的重要阵地。其中，经纬廉洁文化馆是基地的核心，坐落于学校时尚设计大楼二楼大厅，占地面积206㎡，馆内现有"传统服饰文化中的'治国修身'理念""传统服饰文化蕴含的廉洁元素""衣冠礼仪规范实践"等3个服饰廉洁文化版面单元和1个师生廉洁主题创意作品展示单元，通过图文、视频、实物、仿制品等形式，生动、形象、立体地展示了博大精深的服饰廉洁文化。

2.发挥基地平台作用，拓展廉洁教育载体。一个好的展馆和基地，就是一堂精彩的"廉洁教育课"。学校党委把经纬廉洁文化馆作为本校师生廉洁教育、党员干部警示教育、师德师风教育的重要阵地，并逐步向全市党政机关、企事业单位的党员干部，以及高校、中小学师生开放，充分发挥其廉洁教育功能。同时，以廉洁文化教育基地为平台，适时推出清廉纺服"十个一"系列活动，进一步丰富拓展师生廉洁教育载体和形式，内容包括每年召开一次"清廉学校"建设推进会，每年举办一次校园廉洁文化周活动，每年举行一次新生廉洁文化知识测试，每年开展一次毕业生廉洁从业教育，每个学期上一次（2课时）廉洁主题思政课，每年开展一次党员干部集中警示教育活动，每年开展一次廉政风险排查，定期召开一次党风廉政建设情况分析会，每年开展一次团学干部任职前集体廉洁教育活动，打造一个服饰廉洁文化研究展示教育基地。

3.深化拓展"四个融合"，创新廉洁教育模式。文化是教育的根，廉洁文化包含的精神观念、价值取向和道德准则，会潜移默化地教育引导广大师生、党员干部作出正确的人生选择和价值判断，在思想上形成拒腐防变的自觉，在行动上做廉洁自律的表率。本案例紧紧围绕"以文化人"教育理念，主要做到"四个融合"：一是将廉洁文化建设与地方文化、优势产业融合，依托宁波作为纺织服装产业大市和红帮文化发源地的优势，打造具有宁波辨识度的廉洁文化品牌；二是将廉洁文化建设与办学特色、专业建设融合，聚焦本校纺织服装办学特色和专业特点，打造独具学校特色的廉洁文化教育精品；三是将廉洁文化建设与师生廉洁教育、"三全育人"融合，让廉洁文化在潜移默化中感染人、于心灵深处塑造人；四是将廉洁文化与优秀传统文化融合，在传承和弘扬传统服饰文化的同时，挖掘提炼其中蕴含的廉洁教育元素，以文化人，以德润心，给人美好的体验和深刻的启示。

## 三、实际成效

1.育人效果显著。经纬廉洁文化馆启用后，逐步成为校内师生廉洁教育的重要阵地。校内各二级单位纷纷组织党员干部、师生员工入馆接受廉洁文化熏陶和教育，从古圣先贤、清官廉吏的嘉言懿行中学习清廉理念，在品读"廉诗廉句"、廉吏故事中感受廉洁文化带来的正面激励。截至目前，本校师生入馆接受廉洁教育全覆盖，学校政治生态和育人环境更加风清气正，崇廉尚洁的校园风尚逐步形成。同时，经纬廉洁文化馆已向社会开放，让校园廉洁文化的影响力扩散到机关、企事业单位，在全社会营造以清为美、以廉为荣的浓厚氛围。

2.社会影响广泛。经纬廉洁文化馆建成后，宁波日报以《经纬清韵 立德树人——浙江纺织服装职业技术学院廉洁文化建设掠影》为题对我校廉洁文化建设予以专题报道，市委常委、市纪委书记市监委主任叶怀贯直接在当日报纸上作出肯定性批示，市纪委专门发文要求在全市纪检监察系统推广。宁波兄弟院校和企事业单位纷纷前来参观学习。2022年底，根据馆内故事制作的沙画艺术视频《两袖清风》，生动演绎了明代名臣于谦廉洁从政、清廉为官的故事，被中央纪委国家监委网站、清廉宁波等官网播放，深受广大群众喜爱，之后又在市内各大商业广场、公交地铁、居民小区等地同步播出，仅公交车日播放受众就有7万余人次，在全市干部群众中引发热议。2022年12月，经学校申报，市纪委、市委宣传部批准，经纬廉洁文化馆被正式命名为宁波市廉洁文化教育基地；2023年4月，该馆又被省委会挂牌为首批民革"同心同廉"教育基地，这些对于充分发挥场馆的廉洁教育功能具有重要意义。

## 四、经验启示

文化具有更基本、更深沉、更持久的力量，弘扬和传承廉洁文化对于增强廉洁教育效果意义重大。高校作为先进文化建设和传播的重要阵地，也应该成为新时代廉洁文化建设的高地。学校党委及二级学院党组织要紧紧围绕立德树人根本任务，紧密结合学院特色和专业特点，深入挖掘提炼廉洁文化教育元素，打造具有学院特色，且可复制、可推广的廉洁教育品牌，共同推动全校"三全育人"工作落实落细，取得实效。

★ 文化育人类案例 ★

# 传承红帮文化　培育红帮新人

## 陈思韵

## 一、目的意义

习近平总书记在党的二十大报告中鲜明指出,"推进文化自信自强、铸就社会主义文化新辉煌"。这为新时代新征程上社会主义文化强国建设进一步指明了前进方向。全面建设社会主义现代化国家,必须坚持中国特色社会主义文化发展道路,增强文化自信,围绕举旗帜、聚民心、育新人、兴文化、展形象建设社会主义文化强国,发展面向现代化、面向世界、面向未来的,民族的科学的大众的社会主义文化,激发全民族文化创新创造活力,增强实现中华民族伟大复兴的精神力量。学校文化育人工作牢牢把握文化育人的正确方向,坚持以习近平新时代中国特色社会主义思想为指导,把为党育人、为国育才贯穿学校发展的全过程,以社会主义核心价值观为引领,以"传承红帮文化、弘扬红帮精神、培育红帮新人"为目标,不断挖掘红帮文化、提炼红帮精神、确立育人目标,创设良好的人文环境,通过实施"七个一"项目,充分发挥"红帮文化"在学校人才培养中的引领作用,营造和谐健康的育人氛围,落实"立德树人"根本任务,促进师生员工与学校事业发展的全面进步。

## 二、主要做法

1. 创办"一所一店",研究传承红帮文化。"一所"即红帮文化研究所。该研究所自 2009 年 4 月起启动三大项目:即撰写一批专著(现已出版《红帮裁缝研究》《宁波服饰文化》《红帮裁缝评传》《当代红帮企业文化》等著作);举办红帮历史、红帮精神讲座;

课题《宁波红帮裁缝对辛亥革命的历史贡献研究》获省文化工程立项，发表论文多篇。

"一店"即红帮洋服店。以红帮第七、八代传人为核心，组织服装研究学者和技术人员，向学生传授红帮裁缝技术，使传统红帮裁缝精湛的工艺技术得以传承。

2. 创建"一廊一课"，展示光大红帮文化。"一廊"即红帮文化长廊。以"百年工匠红帮裁缝"为主题，以红帮人物、事件、历史资料为展示主线，在校园内创建了长达60米的双向红帮文化特色长廊。"一课"即红帮文化校本课。编写红帮文化校本教材，深入实施红帮文化教育教学，大力开发能有机融入红帮文化内容的文化类公共选修课，如"宁波服饰文化""中国服饰文化""传统文化"等课程，将红帮的发展历史、红帮文化的内涵、宁波区域文化等内容融入课程，重点阐释红帮的精神品质和文化精髓。开设"成长．成才．成功"红帮大讲堂，至今已举办41讲，覆盖学生近万名。

3. 创设"一院"，践行红帮创新创业精神。"一院"即红帮新人创业学院。创业学院以"红帮精神"为引领，在创新创业实践教育中，融入"勤劳、肯吃苦、敢于创新"的理念，开设"双创"实验班、举行创新创业讲座为学生的创新创业实践提供全方位的服务。

4. 打造"一节一工程"，推进红帮工匠精神培育。"一节"即举办红帮文化节。学校每年定期举办红帮文化节，至今已开展十四届，包含创新文化、技艺文化、诚信文化和尚美文化四大系列活动，相继举办"挑战杯"创业计划大赛、校园辩论赛、时尚达人秀、校园主持人大赛、创意DIY大赛等活动，每年参与规模近万人次。"一工程"即"卓越技师"工程。"卓越技师工程"旨在探索学校与行业企业联合培养人才创新机制，培养造就一批具有职业理想和精神、素质全面、专业技能扎实、能创造性运用专业知识和能力从事技术开发、产品设计、市场营销、管理经营等工作的高素质技术技能型人才。

## 三、实际成效

学校大力推进红帮文化育人工程，努力传承红帮文化，发扬红帮精神，取得了"发力于内""有形于外"的良好育人成效。

1. 学生创新创业能力显著增强。纺织专业学生参与打造红帮洋服高级定制品牌，在桐乡毛衫市场设立产品开发创意中心，直接运营品牌6个，完成项目11项，创造产值1.4亿元，引领了服装产业品牌转型的新方向。服装专业学生近三年开发新产品2 000余款，直接投入生产250余款，经济效益达1 000万元以上。学生项目"电纺柔性电极：开启体联网的金钥匙"获浙江省第十三届"挑战杯"大学生创业计划竞赛决赛金奖，涌现出一批成功创业学生典型，受到中国教育报、浙江日报等主流媒体的广泛报道。学校毕业生三年后"自主创业"的比例明显高于浙江省高职院校平均水平。

2. 学生专业技能大幅提升。近年来，在校学生的学科竞赛能力日益提升，参与人数、规模逐年增加，并取得优异成绩。2022年，学生技能竞赛获奖总数186项，国家级（含国家行业协会）获奖总数95项，其中一等奖21项。省级获奖总数91项，其中一等奖18项。

3. 社会各界普遍好评。麦可思调研报告显示，学校九成毕业生在校期间价值观得到提升，在"人生的乐观态度""积极努力、追求上进"等方面提升较明显，对此，社会各界十分认同。学生就业率逐年提高，2022年就业率98.9%，专业对口率85.5%，高于全省高职院校平均水平。用人单位满意度逐年提高，2022年的调查结果达到90%以上，毕业生的职业道德、工作态度、敬业精神、专业能力和可持续发展能力得到了用人单位的普遍好评。

4. 对外影响力不断扩大。红帮文化先后荣获全国高校校园文化建设优秀成果二等奖、浙江省高校校园文化品牌；2018年"红帮文化"入选浙江省高校文化育人示范载体；红帮文化育人工作在浙江省高校思政会议上做交流发言，育人成效在中国纺织科技人才战略发展大会上受到高度评价。"中日合作教学项目"以"基于工匠精神的中日合作服装设计专业333质控体系构建与实践"为主题，将本土红帮文化与现代职业人精神相融合，精准定位工匠型人才培养，获得2018中国纺织工业联合会教学成果一等奖。

## 四、经验启示

1. 建立文化育人机制，打造文化育人品牌。学校持续推进以红帮精神为内核的红帮文化建设，打造校园"红帮文化"品牌；校园文化建设与学校发展同步规划，将校园文化建设内容细化分解并纳入各专业人才培养方案中，将文化育人贯穿人才培养的全过程；构建多维度的学习培训、育人平台，举办红帮大讲堂，做好校史馆、文化墙、励志格言牌等环境建设，强化文化育人氛围。

2. 搭建校企合作载体，促进校企文化交流。共建校内外优秀企业文化教育基地、素质拓展基地。学校已有合作企业500余家，紧密型校外实训基地240余个，通过组织学生参观学习、开展职场指导培训和模拟沟通体验，让学生走进优秀企业，感受经营理念与企业精神，增强学生加强自身修养、努力学习、积极实践的自觉性，提升学生职业竞争力。

3. 固化文化育人活动，突显校园文化特色。学校将红帮文化和红帮精神贯穿于课堂内外，以校园活动和第二课堂学生社团活动为主，充分发挥学生的聪明才智，提供学生技能才华的展示平台，开展红帮主题文化节、社会实践、志愿服务、社团文化节等各类活动，形成了"月月有主题，周周有活动"的良好态势，进一步积淀校园育人文化底蕴，提升文化育人成效。

★ 文化育人类案例 ★

# "与阳光同行，和青春为伴"
# 构建"135"特色晨学育人体系

秦文正

## 一、目的意义

高校思想政治工作需要构建"大思政"格局，把"大思政"贯穿于育人的全过程和各个环节，形成育人的长效机制，是高校思想政治教育发展的方向。在大思政视野下，中英时尚设计学院以"晨学"为突破口，利用早晨碎片化时间，每周五天，结合中外合作办学特色，努力探索形成了"135 晨学 +"模式即讲政治、高站位，以"一个中心"培根铸魂；抓学习、深培养，以"三大合力"齐抓共管；全过程、多维度，以"五大板块"（崇德、乐智、强体、雅美、尚劳）同向同行的思政育人"同心圆"。以此实现德育铸基、智育启真、体育强身、美育浸润、劳育锻铸，提高思政教育的实效性和精准度，持续搭建碎片化学习"立交桥"，为国际化办学中培养"具有家国情怀、国际视野、专业技能，德智体美劳全面发展的国际化技术技能人才"提质增效。

## 二、主要做法

**1. 坚持党建领航，不断提升晨学活动组织力**

学院党支部在晨学活动开展过程中牢牢把准正确政治方向和育人导向，坚持党建引领，用社会主义核心价值观铸魂育人，搭建晨学系统内部大思政。一是坚持高位推进。学院成立党建思政工作领导小组，党政班子共同研究、部署工作，明确晨学活动工作目标、职责要求和考核内容，发挥"头雁"效应，推动基层党建与晨学活动深度融合，既做好党建工作"基本功"，又抓好人才培养"主业务"，形成"1+1>2"的放大效应。二是夯实基层基础。在每日的晨学活动中。最大限度地将党员师生组织起来，促进"关键少数"发挥"关键作用"，党员教师和入党积极分子积极投身晨学活动中的组织、服务工作，不断增强基层党组织的创造力、凝聚力、战斗力。

### 2. 凝聚三大合力，不断提升晨学活动支撑力

晨学活动坚持目标导向，着力构建一体化育人模式，整合资源同向同行，以"合"共绘同心圆，形成全员，全方位，全过程育人模式。围绕立德树人，以德为先，德才结合，德智并重，推动党建、教学、学工构建互联互动机制，深度融合形成一体化育人合力，进一步发挥融通融合效能，能够做到相互配合，从"自己一双手"到有无数"帮手"，从而实现真正的同向同行，形成育人育才的协同效应，牢牢把住人才培养的"方向盘"。

### 3. 对标"五育并举"，不断提升晨学活动融透力

德育铸基，固化"养成"，让活动立起来。晨学活动作为锻造学生良好思想品德的重要平台，在每周五以政治提升为主题，并形成了以政治思想、品德情操、行为养成、心理健康、民主法治、心理健康教育为主体，通过图片观看、直播讨论、案例教育、视频收看等形式开展的系列晨学活动。如开展"党的二十大精神主题宣讲""宪法晨读"等主题教育，培养学生爱国情怀和社会责任感。围绕"平安校园""文明交通""防电信网络诈骗"等专项活动，开展学习和答题活动共 23 次；征集选取贴近学生岗位、生活、时事并引发学生关注与思考的红色故事，新时代英雄故事、楷模故事，优秀毕业生等系列故事，真正寓'故事'于'学习'之中，将铸魂育心培能贯穿人才培养全过程。

智育启真，优化"学成"，让特色亮起来。为了体现中外合作办学特色，唱好"引进、融合、创新"三部曲，在每周二、周四早上以英语核心素养为切入点，创设了独具特色的"英语晨学"（Sino-UK Morning English），延伸至课堂之外，培养于趣味之间。将学院 1 楼咖啡厅打造成英语角，创设英语情境，拓宽语言空间。在了解学生所想、所需的基础上英语晨学形式多样，包括"英语达人秀""英语好声音""英文讲党史"等系列，涵盖 3 个专业，覆盖 6 个班级共 210 余名学生，通过学生喜闻乐见的方式和丰富扎实的内容将英语学习"沉下去""热起来"。其中，"英文讲党史"将视、听、说、读、写相结合，以学生英文配音和中英双语字幕介绍的形式呈现，共收到 54 个作品，156 余人次参加，重温建党百年的光辉历程，将学习压力转变为学习动力，使英语学习成为一种习惯，擦亮中英学生特色印记。

体育强身，深化"炼成"，让身体强起来。在每周三早上通过广泛开展普及性体育

活动，定期举办趣味性强、参与度高的常规体育运动项目，鼓励学生积极参与课余锻炼。在疫情期间通过举办"线上运动会"，推广防疫健康知识，学生线上打卡700余人次，促进学生养成终身锻炼的习惯。此外，共开展活力排球、欢乐跳绳、趣味毽子等系列体育活动共计45次，共3 812余人次参加，举办乒乓球比赛、篮球对抗赛、拔河比赛及跳绳比赛等团体对抗比赛共十二余次。目前，学院体育育人凝心聚力，协同育人的积极效应初步显现，有效促进学生刚健有为、自强不息。

美育浸润、美化"化成"，让文化润起来。在每周三早上，除了日常的体育运动以外，还注重发挥文化先导、引入国际前沿时尚资讯，开拓学生的国际化视野，强化美育资源供给，把美育融入晨学实践活动中。通过依托"传统服饰技艺与文化传承校企合作研究基地"，开展非遗技艺的综合实践，让学生在实践学习中推动非遗的传承与发展，感受时尚设计与旗袍所碰撞出的火花。通过组织开展创意口罩设计、"寻找身边的文明"摄影比赛、"中西差异我来说"等晨学活动吸引654余人次参与到对美的体验与创造中，培养理性思辨能力，坚定学生对中国特色社会主义的道路自信，回归中华民族历史进程积淀的文化背景中，让大学生自主参与对文化的理解、体验、批判和创造，以实现文化认同。

劳育锻铸、强化"干成"，让幸福走进来。每周一的劳动实践晨学活动中，一方面开展学生日常生活劳动如学院晨扫、班级值日、宿舍内务清扫、包干区劳动等多种组织形式，塑造劳动品格，涵养深厚的劳动情怀。另一方面开展专业探究性劳动、社会公益劳动教育，以"空中苗圃"劳动实践基地，两大专业竞赛社团为载体，引导学生崇尚劳动、尊重劳动，弘扬劳动精神和工匠精神，让学生在"做中学"和"学中做"，引导学生们形成良好劳动习惯，感受劳动乐趣，享受劳动成果，累计已有数千名学生参与到劳作服务当中，以实际行动践行青春担当。

## 三、实际成效

1.价值引领作用明显，育人质量全面提升。一是学生综合素质显著提升。2021届、2022届专升本成功率不断上升。2021年以来学生获各类省市级及以上荣誉60余项，近两年来，学生参加省职业技能竞赛共获奖21余项，市级及以上体育类竞赛获奖15余项。二是学生精神面貌显著改变。通过晨学与五育实践相结合，引导学生在鲜活生动的各类实践活动中形成了个性化多元的人才培养机制。学生中涌现出"最美纺服人"刘冉、"奋斗榜样"沈颖、"技能榜样"顾佳丹等一大批先进典型，在全院形成了"积极向上、你追我赶、创先争优"的学习劲头和干事创业的团队合力。三是学生就业竞争力显著增强。虽然疫情对学生就业均带来不同程度的影响，但学院2022届毕业生率先完成100%就业，且毕业生普遍受到用人单位的好评，很多毕业生工作不久就成为企业骨干，其工作能力，专业素养等均得到工作单位的充分肯定。

2. 战斗堡垒作用凸显，品牌效应充分发挥。学院党支部始终坚持"以党建促发展，以发展强党建"的理念，深入开展党性教育，不断激发全体师生干事创业热情，师生党员先锋模范作用凸显，在教学科研、疫情防控等各项工作中身先士卒，以身作则。学院党支部、团总支、团支部三级组织体系建设得到强化，战斗堡垒作用发挥更加充分。经过两年多的培育和支持，"WE阳光晨学社""WE阳光充电站""WE阳光助力团""WE阳光心语坊"等具有中英特色的思政项目品牌化建设已初具成效，进一步强化思政引领，引导广大中英青年坚定不移听党话、跟党走，立志做有理想、敢担当、能吃苦、肯奋斗的新时代好青年，让青春在全面建设社会主义现代化国家的火热实践中绽放绚丽之花。

## 四、经验启示

1. 创新学生参与机制。教育是自我生成，是引导和唤醒。学院在各类晨学活动中坚持以学生为中心，尊重学生个性，服务学生需求，通过放权限、给支持、送服务等方式，鼓励学生成为主人翁、生力军。如在"空中苗圃"劳动实践基地中，播种、施肥、育苗等每一个环节都由学生自主负责，同时引入第三方指导，以自然为教材，让学生在实践中获取知识，给予学生成长锻炼机会。鼓励学生围绕每日主题自办活动，推出活动审批制、特色活动长期支持制，大大提高了学生参与组织晨学活动积极性。

2. 完善动力生成机制。坚持一体化推进，强化党建在晨学活动中的政治核心作用，形成"党建＋晨学"双轮驱动"。同时，学院将行政老师、专任老师参与相关工作实绩纳入年度考核绩效指标，并对思政项目建设投入经费支持，学生参与有了机制和经费保障，达到预期成果便可获得第二课堂学分，教师指导增强了思政项目的实力，其辛勤付出在个人绩效考评中也得以体现，进一步激发了全院开展全员思政的热情和活力。

3. 转变人才培养方式。学校鼓励学生在晨学实践中开展体验式、探究式的自主学习，通过"清单式"细化任务，"链条式"传导压力，"倒逼式"跟进督导，把"大主题"转化为"小切口"，促进学生自我成长、全面发展，为学生提升综合素养创造条件。为保障晨学效果，营造质量氛围，开展晨学优秀班级评选，从先进典型身上汲取正能量，激发学习的内生动力。

★ 文化育人类案例 ★

# 唱响"七彩经纬"铸魂曲
# 织密文化育人"立体网"

## 殷 儿

## 一、目的意义

"七彩经纬"校园文化品牌自 2011 年创建至今，紧扣高等职业教育特点和纺织学院的自身特色，以"经纬"为关键词构建纺织学院特色校园文化品牌，结合纺织学院"纺出灿烂人生，织就绚丽画卷"的人才培养理念和"平台互动，科创结合"的人才培养模式，以七种颜色寓意高校教育管理的不同工作领域，让学生教育管理的各个领域不再各行其是，而是像经线、纬线一样有规律地交织，形成融合共促的立体育人新模式。"七彩经纬"校园文化品牌的建设融入学院整体办学目标、办学特色和人才培养目标中，发挥其教育、展示、激励、宣传、导向的功能，在潜移默化中将纺织学院特色文化渗透到师生内心，最终实现文化品牌的内化，助力培养纺织产业转型升级的综合性技术技能人才，最终实现学院战略发展与学生成长成才的互利共赢。十余年来，纺织学院总结"七彩经纬"校园文化品牌建设过程中的经验，以多元、立体的项目活动开展为主要抓手和实施路径，凝心聚力织密文化育人"立体网"，让学生在"七彩经纬"校园文化品牌的浸润下成长成才！

## 二、主要做法

1. 坚持高标准设计，培育校园文化亮品牌。高校校园文化品牌的核心价值是文化育人。纺织学院在科学调研、合理定位的基础上，构建理念先行机制，让"七彩经纬"校园文化品牌的建设与学生的素质拓展、能力提升和专业发展相结合，使学生在校园文化品牌的建设过程中得到收获，从而建立起对校园文化品牌的归属感与认同感，在品牌建设过程中形成互相促进的正向循环，实现品牌的跨越式发展。

2. 融合多领域工作，打造协同育人多载体。"七彩经纬"校园文化品牌以赤橙黄绿青蓝紫七种颜色为统领，将高校党建、高校团建、大学生志愿服务、大学生感恩诚信教育、大学生社区工作、大学生文明行为规范、各类学生活动、大学生心理健康教育、学院文化宣传工作、学风建设工作、大学生创新创业工作融于品牌建设全过程，通过1个工作领域+1-2个工作品牌+3个品牌子活动的建设模式将"七彩经纬"校园文化品牌落实、落细、落地。通过融合多领域工作，将"七彩经纬"校园文化品牌打造成为协同育人载体。

3. 启动亮品牌工程，唱响文化育人主旋律。习近平总书记在全国宣传思想工作会议上指出高校宣传思想工作的使命任务是"举旗帜，聚民心，育新人，兴文化，展形象"。新形势下纺织学院的宣传思想工作坚持以"围绕中心，服务大局"为原则，将学生活动宣传报道系列化，让宣传报道成为校园文化品牌建设中的重要内容，唱响主旋律，壮大正能量，以贴近大学生的方式增强学生对主流校园文化的认同感。根据"七彩经纬"校园文化品牌建设工作指向表，纺织学院围绕"经纬先锋""经纬薪火""经纬奉献""经纬温暖""经纬家园""经纬文明""经纬活力""经纬阳光""经纬形象""经纬时光""经纬学风""经纬双创"12个工作品牌形成系列报道，及时反映纺织学院校园文化活动的最新动态，营造积极向上的校园文化氛围，促进"七彩经纬"校园文化品牌的内涵发展。其中"经纬之星"年度人物评选十周年系列活动受央广网、人民资讯、腾讯网、搜狐网、网易新闻等联合报道。

## 三、实际成效

近年来，"七彩经纬"校园文化品牌的育人成效显著。一是个性化培育一大批学生先进集体和先进个人。纺织学院21环保团支部成为2022—2023年度宁波市五四红旗团支部创建单位，全市高校仅5个团支部入选；纺织学院辩论队、拼布社、19软装1、21环保1被评为宁波市先进大学生集体；纺织学院20染整位小风同学获"中国大学生自强之星标兵"称号，浙江省唯一；同时位小风获2022年"第八届贵州省道德模范"荣誉称号。二是立体化推进第二课堂系列活动。2022年度各类型活动累计开展400余次，年度总学分19 703.4分。学院暑期社会实践项目团队获浙江省暑期社会实践风采大赛优秀团队奖1项，宁波市大中学生"双百双进"暑期社会实践表现突出团队奖1项，宁波市大中学生"双百双进"暑期社会实践表现突出个人奖1项，"我和宁波这座城"社会实践大赛二等奖1项。三是全方位营造科研竞赛氛围。2015年至今浙江省新苗计划立项29项，获国家级创新创业奖项4项；省级创新创业类金奖12项，银奖3项，铜奖6项；省级及以上专业学科竞赛金奖23项，银奖32项，铜奖30项。四是系统化总结育人工作经验。工作案例《传好帮扶"接力棒"，助力就业"加速跑"》入选共青团中央基层团组织、团干部开展帮扶一般院校低收入家庭学生就业工作典型经验做法；工作案例《依事择时对症下药，多措并举资助育人》获第四届浙江省高校辅导员工作案例大赛三等奖；《三课堂·三融合·三衔接：高职纺织业专业思政育人体系的探索与实践》获宁波市高等教育教学突出成果一等奖。

## 四、经验启示

文化育人作为"十大育人"体系的重要组成要素，是高校落实全员、全过程、全方位育人理念的重要实践路径。一是要持续挖掘特色文化要素。结合学院文化特色，持续加强文化内涵挖掘，将特色文化内涵巧妙融入育人全过程，立体化、多维度推进文化育人工作。二是要完善文化育人机制。文化育人是一项综合性、实践性的工作，需要赋予师生一个鲜明的、共同的文化身份，将其凝聚起来并赋予向上的精神力量，同时，科学地从凝练特色文化内涵，搭建文化育人平台、创新文化育人载体、健全正向激励机制等多维度构建一个符合学院实际情况的育人机制，保障文化育人工作的顺利开展，实现文化的价值引领功能。

★ 文化育人类案例 ★

# "三维"启智强素养 "三全"润心育新人

## 余国良

## 一、目的意义

学校"文化育人"工作紧紧围绕立德树人目标，全面落实国家、省市《关于实施中华优秀传统文化传承发展工程的意见》政策文件，牢牢把握社会主义先进文化前进方向，将加强社会主义核心价值体系教育和完善中华优秀传统文化教育相结合，大力开展校园阅读活动、设计打造"中华文化"课程，引导教育学生学习、理解并领会中华文化的核心思想理念，增强文化自觉和文化自信，传承中华传统美德，弘扬中华人文精神，打牢中华文化底色，将全员育人、全程育人、全方位育人的"三全育人"和"文化育人"紧密结合起来，共同打造一个"三维融入·三全浸润"的育人工作格局，为学生的成长、成才、成功和可持续发展注入动能、奠定基础。

## 二、主要做法

### 1. 中华文化教育融入课程思政体系，实现第一课堂全过程浸润

学校设计打造"中华文化"通识模块课，引导教师们结合学校育人特色，在中华文化的教育方面进行积极探索与实践，挖掘课程中的思想政治教育资源，做好传承、发展中华传统文化的践行者和引领者，引导学生做好民族文化的传承者和坚守者，践行社会主义核心价值观。同时，"中华文化"课程组在推进中华优秀传统文化的教育工作上做了很多有益的教学探索。一是扎根"中华文化"课程的"第一课堂"，课内，教师通过讲述美德人物与故事、诵读经典诗文、挖掘著名戏曲表演家的爱国事迹来强化核心价

值观念，塑造健全人格；通过介绍传统建筑的高超技艺与斐然成就来培育工匠精神；通过回顾传统节日民俗来唤醒民族文化基因等，将中华传统文化教育与培育、践行社会主义核心价值观相结合，借助中华文化各章节的研读学习，培养学生的文化意识、文化自信，使他们在精神上达到文化自觉，树立积极向上的世界观、人生观和价值观，学会做人做事。二是解决学校以往本土优秀文化在课程体系中融入度不高、浸润第二课堂覆盖面不广，学生家国情怀不浓，校本资源挖掘与利用不充分，教师团队育人合力不强、育人方式单一等问题，基础部于2023年联合相关单位共同合作开发我校《中华文化》新形态教材，共同构建一个融入地方文化的"通识课+实践拓展课"的课程体系，进一步打造中华文化课程理实一体育人模式，同时学生将教师在第一课堂中传授的中华文化的思想、艺术、美学价值等知识，内化于心，加深对本土文化的认同，且自觉应用于日常学习实践活动，进一步加强对本土文化实践应用的认知，提升文化自信和家国情怀意识。

### 2. 中华文化融入实践活动，实现第二课堂全方位覆盖

文化的学习与浸染除了作为第一课堂的常规的文化课外，更多的还需要学习者的亲身的体验、参与及置身其中的耳濡目染。为了能够让学生在课堂之外从更多的角度和层面去感受中华文化，学校联合各部门共同构建校园"读书工程"平台，将中华文化融入学生的实践活动，实现第二课堂全方位覆盖。一是健全机制、协同联动。学校自2012年开始，陆续制订出台《"读书工程"活动实施方案》《浙江纺织服装职业技术学院"第二课堂"成绩单实施方案》等文件，同时成立了由基础教学部（体育部）（以下简称基础部）牵头的学校层面的"读书工程"活动领导小组，负责"读书工程"整体部署；各二级学院设立"读书工程"活动分小组，并指定一名辅导员专门负责本分院具体工作的开展，由此校内协同联动，责任层层落实、分解，形成了有计划、有部署、有检查、有总结的完整的阅读推广活动体系，确保了学校"读书工程"工作有效开展。二是明确目标、落实任务：量身定制在校学生的"六个一"读书任务，要求在校每个大学生每学期应完成的"六个一"读书任务：定制一个读书计划；精读一本课外书籍；参加一个读书社团；聆听一次读书讲座；参与一次展示交流；做好一本读书笔记。"六个一"读书活动，按照"计划—阅读—交流—思辨—感悟—笔记"过程进行，确保每个学生在校期间阅读20本纸质书籍，撰写了五个学期（最后一学期顶岗实习除外）的读书札记，获得"第二课堂"相应素质学分，提高自己的人文素养。三是督查考评，及时总结。为确保工作质量和实效，学校建立了读书工程工作的督查和考评制度。二级学院"读书工程"分小组负责检查核实本学院学生的"六个一"读书任务的完成情况并计算录入素质分。基础部作为"读书工程"项目牵头单位，则于每学期初组织开展校级层面的读书工程总

结工作，并对评选出的校级层面的"优秀读书札记"进行公示表彰。四是阅读悦读，丰富活动。通过形式多样的课外活动来进行中华文化的熏陶与教育，充分发挥第二课堂的文化育人功能。如利用学校、各二级学院的藏书资源，以漂流书籍、漂流智慧的形式，开展"漂书活动——分享、阅读、传播"图书，营造学院爱读书、读好书的氛围。举办各类读书讲座（报告）、邀请专家学者开展了读书讲座（报告）活动、举办中华经典诵读比赛、硬笔书法比赛等；开展"优秀读书札记"评选、师生"读书达人"评选、"朗读者"等活动。学校统筹资源，充分联动"第一课堂"与"第二课堂"，全员全过程全方位地鼓励、推荐、辅导学生去参加校内外各类各级比赛、参与活动，打造品质文化校园。

## 三、实际成效

我校将"三全育人"和"文化育人"紧密结合起来，共同打造的这个"三维融入·三全浸润"的育人工作格局，已产出多项标志性成果。一是学校通过制度化、规范化的管理实现了文化育人工作的广度和深度，成功构建了一个学校—二级学院—班级—学生四级网格化的中华文化育人体系。自工作开展以来，近五万名学生选修了"中华文化"系列课程获得了相应的学分、近十万名学生参与了"读书工程"系列活动并获得了相应的素质分，近500名学生撰写的读书札记及心得获得了校级"优秀读书札记"荣誉。二是以立德树人为目标，实现了学校文化育人工作的厚度。出版了文化专著十余部、教材5本，"中华文化"课程被评为校级"匠艺课堂"A级课程、创新示范课、优秀课程思政示范课、浙江省第一批课程思政示范课程等。我校多名教师获校级锋领教师、校级及以上优秀班主任、宁波市"四有"好老师、宁波市高校优秀课程思政教师、宁波市高校优秀辅导员、浙江省中华经典诵读赛优秀指导教师等荣誉。在"浙江省中华经典诵读竞赛中"，我校学子获得了5项一等奖、15项二等奖、21项三等奖的好成绩，育人成果丰硕。

## 四、经验启示

学校要深入推进"文化强校"的战略，需全面实施"中华文化品质提升计划"，进一步推动学校教风学风校风建设深入开展，促进学生成人、成才、成功，为学校省双高建设提供更强大的思想保证和精神动力。一是多方支持，通力合作。学校通过整合相关部门和各二级学院的资源，不断拓宽多方协同合作的途径，调动更多的人力物力，发挥各部门的资源优势,共同联动,共同构建起校园文化三维体系,使校园文化活动的参与度更高,影响面更广。二是借助新媒体,创新活动。作为一项持续性、系统性的中华文化建设工程,学校要充分挖掘发挥各类资源平台,丰富文化分享、传播、实践的形式和内容,吸引年轻学生开展自发的文化交流、鉴赏、实践活动,完善和引导正在发展中的校园新媒体文化,鼓励年轻学生尝试更多新鲜有益的活动方式,打造校园文化活动的引导、推介、教育、宣传和交流平台。三是学生团队,持续跟进。充分发挥学生主体作用,借助大一新生对中华文化活动参与的热爱和积极性,组织形式不拘的各类创意文化活动,做到有"形"更有"行",让越来越多的大学生能自觉自愿加入中华文化的阅读、传播、感悟、分享、实践的行列,共建"文化校园"。

★ 文化育人类案例 ★

# 红帮文化育人的实践

## ——以非遗蓝印花布进校园为例

张剑峰

## 一、目的意义

时装学院将地方红帮文化与学校办学特色、人才培养、校园文化充分紧密地融合起来。非遗蓝印花布进校园,不仅将技艺传承到人才的培育之中,更主要的是从技艺的传承与创新中延续文化的力量和非遗精神。

## 二、主要做法

（一）实施三位一体非遗进校园"全方位"育人举措

1.立足地方重链文化。非遗蓝印花布进校园让学生了解蓝印花布的历史文化,体验非遗蓝印花布技艺,进一步挖掘和认识地方文化,重链对地方的价值认同、文化认同和文化延续,这与学校红帮文化育人是一致的。

2.立足高校传承文化。非遗蓝印花布于2016年进入浙纺服院,通过工作室、科学研究、项目化、研讨会、参赛、参展、师资培训等多种路径传承。立足地方特色,坚定文化自信,坚守文化本根,共同提升文化自信,自觉传承文化,弘扬传统文化。

3.立足产业创新文化。非遗蓝印花布进校园,加强学校对地方特色文化的研究与创新,立足产业创新文化,形成非遗－高校－产业三位一体的非遗活态化传承与保护,培养出一批熟悉地方特色和文化底蕴的柔性人才。为宁波地方高质量和高水平创新型城市建设助力。

### （二）构建三位一体非遗进校园"全过程"育人路径

1. 非遗"引进来"，提升学校文化育人的力量。（1）引进非遗人才提升传统文化的团队师资力量，加强人才的培育。"引进来"，充实学校育人师资团队，以师徒制，高研班，工作室、社团、讲堂等多形式培育师生团体，传承老艺人的传统技艺、匠心品质、创新精神。（2）引进非遗项目加强传统文化的熏陶与实践，推动人才的培育。通过非遗研修班，研讨会，展览等多形式的项目引进，加强传统文化在专业领域的应用与实践，拓宽创新思维，丰富校园文化育人的特色，更好地营造特色校园文化。

2. 非遗"在校化"，加强学校红帮文化特色育人。一是成立非遗创新团队致力于文化传承与创新育人。成立了以在校教师宁波市级非物质文化遗产蓝印花布印染技艺代表性传承人张剑峰为带领的非遗创新团队，带领团队专项进行非遗传承、保护与应用研究。通过扬文化、报课题、做项目、带比赛、创作品、爱公益等途径开展形式多样研究与活动，树立非遗精神潜移默化地影响周遭。二是充分实施工作室第二课堂现代学徒制育人。组建师生团队，充分发挥团队优势、专业互补、取长补短、合作共赢，通过项目、参赛、活动等方式来实施育人。学生迭代传承，以研促产，以赛促创，以创促新，产学研赛创一体化的育人特色，提升了育人质量。三是实现文化引领课堂教学的全过程育人。将红帮文化、非遗精神融合在课堂、第二课堂、社团等，全面渗透贯穿于学校教书育人全过程，落实到教育、科研、管理各个环节，提升全院师生文化自信和文化自觉。

3. 非遗"走出去"，促进红帮文化输出，传承与创新并举。浙纺服院非遗走进其他学校、社区和乡村，实施非遗最大化传承、传播、创新、保护，实现非遗创造性发展和创新性转化。一是建立校外非遗传承基地，致力红帮文化推广与普及。迄今为止，将浙纺院"走出去"的"蓝印花布非遗项目"传承辐射浙江省100多所大中小学的教师，实现以点带面，以面辐射，多层次，多形式，多渠道地实现传播优秀传统文化。二是搭建立体化校外传承渠道，实现裂变效应的传承。非遗是中国文化的根与魂。通过公益和非公益体验培训、师徒传承、非遗进社区、非遗进学校、非遗进乡村、展览、市集、研讨会、分享会、线上线下推广、新媒体传播等，实现多元化，多层次，立体式的裂变效应式非遗蓝印花布传承与传播。三是创立乡村非遗工坊，助力乡村振兴实现共富。通过非遗创新团队在乡村建立非遗蓝印花布工坊，架起高校与地方服务桥梁，转化高校科研成果为生产力，探索非遗传承与创新的新路子。

## 三、实际成效

1. 推动二位一体的"双引领"育人。通过多年的红帮文化育人价值的实践与探索，推动非遗精神和美育教育二位一体的双引领育人，真正践行"修德、长技、求真、尚美"的校训。非遗精神引领，养成人才的职业素养。美育教育引领，提升人才的美学修养。

2. 主要成绩。教师被评为宁波级阿拉好老师，宁波市巾帼建功标兵，奉化区凤麓工匠，纺服最美人等荣誉。工作室被评为"党建引领共富工坊"。出版《奉化蓝印花布》专著1本，出版"十三五"规划教材2本，其中1本评为纺织类教材二等奖。获省部级成果奖1项，市局级科研论文三等奖1项，市级以上其他获奖10多项。省部级思政课题立项1项，厅市级课题立项2项，校级课题立项4项。指导学生获省A金奖一项，省B一等奖1项、二等奖1项，三等奖4项，省暑期优秀实践团队1项。

## 四、经验启示

红帮文化是中华优秀传统文化的组成部分，浙纺服院立足地方，立足高校，立足产业，服务社会，发挥自身优势，切实践行"传承文明服务社会"的初心与使命，通过非遗进校园解决了传统文化与学校办学脱钩现象，传统文化、地方特色文化融入人才培养及学生的综合素质培育之中。红帮文化育人，立德树人，培育了一批有文化自信和文化自觉，弘扬社会主义核心价值观，有着非遗精神和美育教育高度、开拓社会发展的新时代接班人。非遗蓝印花布进浙纺服院，探索出了一条传承与创新，红帮文化育人的模式。

★ 网络育人类案例 ★

# 构建"新媒体"网络育人平台 助力"新常态"平安校园建设

## 周 丹

## 一、目的意义

当今,新媒体已经渗透到大学生学习与生活的方方面面,高校育人工作面临着新媒体带来的机遇与挑战的双重影响。学校主动占领网络思想政治教育新阵地,积极建设和发展具有特色的校园新媒体,充分发掘校园新媒体的积极作用,规避新媒体的校级影响,从而实现校园新媒体的育人功能。

学校按照"总体布局,系统推进;搭建平台,强化队伍;立足服务,育人为本"的建设思路,由党委宣传部牵头,整合学校各方力量,安排专职人员,构建了以新浪官方微博、微信公众号为主体的网络新媒体工作平台,通过举办丰富多彩的网络文化活动,健全有效管用的新媒体管理办法,线上与线下结合,校内与校外整合,思政与教学融合,密切关注师生网上动态,积极探索网络思想政治工作,助力平安校园建设,取得了明显成效。

## 二、主要做法

（一）搭建微博体系,打造微信平台,成立新媒体联盟

一是搭建校园微博体系。宣传部于 2009 年底注册实验微博账号,尝试将校园论坛

迁移至新浪微博平台。通过实验账号的运营经验积累，2010年11月，在国内高校较早启用学校官方微博，主动探索微博在高校思想政治工作中的应用。学校率先提出"校园微博体系"设想并着手组织各二级学院，与学生事务相关的职能部门，校领导、中层干部、专业教师、辅导员等纷纷开通微博账号，各账号间互联互通，并及时通过转评点赞等功能，第一时间将重要信息进行扩散传播。2012年底，"一主双辅多专"校园核心微博群构建完毕。"一主"即学校官方微博，"双辅"即校园信息服务微平台和二级学院工作微博矩阵，"多专"为14个职能部门工作微博。校园核心微博群受众基本覆盖校园，初步形成了院内机构与师生扁平化、网络状、矩阵式的组织体系和信息化工作机制，提升了校园新媒体的整体影响力和联动性。

二是打造微信服务平台。2012年9月，学校于腾讯网推出微信公众平台服务的次月开通了微信公众账号。以思想引领为抓手，以服务学生成长为重点，分层次、分目标、分功能地开拓微信公众平台三级体系，立体化地开展信息的有效传播和对话式服务。三级体系包括：第一级为学校官方微信公众号，由党委宣传部负责运营，发出学校层面的声音，提供学校层面的服务；第二级为各个职能部门微信公众号，由各个职能部门负责运营，相继开设了纺服青年、国际交流、招生咨询、就业指导、智慧校园、校友服务、红帮研究、校园安全等功能微信账号，从本部门的工作职能和特色出发，为学生提供针对性的、专业的、权威的资讯和服务；第三级为院内各专业、各社团、自媒体微信公众号，由各专业和学院团委领导下的各社团来负责运营，发布社团相关信息和动态，展现不同社团的不同风貌，共塑校园文化的蓬勃生机。截至2023年3月，学校微信公众账号关注用户超6.2万，发布各类消息2 200余条，成为师生获取校园信息的重要平台。

三是成立校园新媒体联盟。按照学校网络文化建设的总体要求，2015年11月，党委宣传部牵头成立了浙江地区首个高校校内新媒体联盟。联盟首批成员单位包括开通工作微博或微信公众平台的二级学院和职能部门。联盟以"各具特色、资源共享、优势互补、形成合力"为建设思路，制定了"工作研究、内容供稿、联动推送、舆情应对、培训交流、评价评优"等六大工作机制。新媒体联盟的成立意味着学校在新媒体文化阵地建设方面又迈上了新的台阶，突出把引领方向作为关键目标，牢牢掌握舆论主导权，把握话语主动权，引领意识形态的正确方向。强调把丰富内涵作为主攻方向，聚焦重点、热点和难点问题，打造一批具有影响力、体现学校特色的新媒体精品。明确把协同互助作为战略基点，提升校园媒体聚合传播能力，构建新媒体宣传大格局。

### （二）完善机制保障，组建专业队伍，营造文化氛围

一是规范管理制度，完善机制保障。学校制订了《新媒体管理办法（试行）》《网络

舆情突发事件处置应急预案》《关于落实媒体信息发布"三审三校"制度的通知》等文件，建立校内机构申请新媒体账号审批备案制度，由宣传部门归口受理审批事项；建立校内机构新媒体账号评价制度，根据学校实际情况，创设"纺服微指数"，对二级微博微信账号开展综合排名，每月定期公布。严格执行院内机构新媒体账号"三专"要求，即专人负责、专人管理、专人维护。建立网络舆情分析研判制度，开展网络舆情研判，分为舆情专报、月报、季报、年报，及时了解师生动态，切实掌握校园舆情，有效引导网络舆论。结合学校重点工作，建立新媒体内容的推送机制，定期发布安全预警、安全常识和防诈骗注意事项等消息，时刻提醒全院师生树立安全意识，加强安全防范。新媒体平台和安全教育的巧妙组合，不仅缩短了安全教育的时空，切中了安全教育的难点，还让开展安全教育更"准确及时"。

二是组建专业队伍，提升网络素养。从2012年起，宣传部门动员了一批坚持正确导向、熟悉网络语言、了解传播技巧、具备专业背景的教师担任网络导师，组建了新媒体网络舆情管理团队，借助微博微信等新媒体，以青年人"听得进"的语言与之交流，与学生开展知识讨论与传播交流，引导大学生接受并形成正确的网络意识。学校在国内高校率先开设全院性微博公选课"微博与社交"，后又延伸出"微博与校园""微博与营销"课程。学生通过该些课程的选修，在个人的新媒体素养和辨别网络信息真伪的能力上有了较大提升，在微博上具备了自有的传播圈和影响力，在做好校园网络宣传、舆情引导等方面成为一名有力的传播者、倡导者和实践者。学校组建了大学生网络文化工作室——"微风工作室"，培养了近百人的校园网络骨干学生，在提升网络舆情危机的化解能力，营造清朗的网络环境中发挥了积极的作用。

三是举办系列活动，营造文化氛围。2011年起，学校定期举办校园微博文化节，2012年升级为网络文化节。近年来，已举办微讲座、校园微博峰会、微博盛典、微小说创作等形式多样、内容丰富的活动。由学生创办、极具校园影响力的微博自媒体账号通过微博收集同学关注的热点问题，定期反馈给院领导，并组织院领导与粉丝们的交流活动。宣传部因势利导，在此基础上打造了一个线上线下结合的学情交流新平台——"真时间"活动。"真时间"包含三层含义：一是学生真实表达意愿，二是领导真诚回应诉求，三是学校真正解决问题。活动通过微博及微信平台征集到学生意见共八大类1 000多件，其中不少是涉及平安校园建设的建议，校领导从学生最关心、最直接、最现实的问题入手，解决了一批学生关切的困难，受到学生点赞。通过这些项目活动，创新了网络文化传播的内容载体、形式手段，树立了积极向上的网络道德风尚，探索网络新媒体在高校思想政治工作中的作用，满足了全院师生日益增长的精神文化需求。

## 三、实际成效

以微博、微信为代表的学校"新媒体"建设工程实施以来，校园新媒体已成为及时把握师生民意开辟了新通道，为加强舆论引导提供了新阵地，为服务师生搭建了新平台，为接受师生监督打造了新利器。同时开辟了高校思想政治工作的新途径，为平安校园建设发挥了积极作用。

1.开辟了师生互动交流的新平台。学校在党委的坚强领导下，党政群团利用多个网络平台齐抓共管把党的思想贯穿学校教书育人全过程，做到即时、及时、全时学习和传达新思想、落实新任务，密切配合做好网络育人工作，筑牢师生思想根基。新媒体的开放性和互动性，进一步拓展了服务师生的空间和渠道，成为了解师生情况、倾听师生民意、化解师生忧愁的"最短路径"。近年来，学校积极探索新媒体环境下服务师生的方式方法，形成了新媒体提供优质服务、听取校园呼声，增加师生互动，化解校园矛盾的局面工作机制。学校领导带头开通微博，组建朋友圈，通过在网上与受众互动沟通交流和心理咨询，解决思想认识和心理问题，使酝酿中的负面情绪及时得以疏导，畅通基层诉求表达渠道、倾听师生呼声、解决师生困难，进一步密切党群干群师生关系。

2.把握了网络舆论引导的主动权。近年来，学校把关注网络舆情当作一种工作常态来坚持，把引导网络舆情作为一种能力来锻炼，前瞻性地做好思想政治工作。与宁波中青华云新媒体科技有限公司签订合作协议，购买"中青华云舆情数据库"，加强网络舆情监控工作，准确把握网络舆情的存在空间，及时搜索发现影响校园稳定的苗头性、倾向性问题。注重舆情表象背后本质的分析研判，不断提高网络舆情处置引导能力。各二级学院、职能部门通过开设的工作微博，及时在网络平台获取学生对学校日常事务、基础设施、发展建设等方面的意见和建议，掌握学生的思想动态和解决学生提出的问题，促进学校的和谐发展，化解潜在的危机事件，有效地避免突发性舆情事件的发生。同时，积极传播网络上的校园正能量，大力宣传社会主流价值，用正确、积极、健康的思想文化信息来引领网络阵地，结合社会和广大师生的关注热点，挖掘和宣传身边的典型人物和事件，引导学生树立正确的人生观、世界观和价值观。

3.增强了师生平安校园的意识。学校从校园安全的全局高度出发，吸收运用新媒体的文化，建立新媒体思维，融入平安校园建设工作，积极探索新媒体视野下的高校安全教育管理，依托校园网站、官方微博、微信公众号的优势，在广大师生中进行宣传安全常识，播报安全动态，并充分发挥新媒体快速交互的特点与师生第一时间针对安全问题进行信息交流，从而形成具有积极意义的安全氛围。通过新媒体这种最深入内心的媒介传播正面信息，介绍安全常识，解读法律法规、剖析经典案例，扩大宣传广度，提升教育效果，在潜移默化中提高师生明辨是非、决断选择的安全守法意识，把师生打造成一个个平安的使者，走进社会，走进千家万户。

4.凸显了校园网络品牌效应。由于在国内高校，尤其是高职院校中率先自觉利用、系统开发网络思想政治工作，学校网络新媒体相关建设工作和成效受到上级部门、主流媒体及国内高校的强烈关注和充分肯定，为进一步做好网络思政和助力平安校园工作打下夯实基础。学校新媒体建设工作和成效受到浙江省委组织部、浙江省教育厅、宁波市委宣传部、宁波市教育局的高度关注和充分肯定，"构建微博育人平台"荣获2011年度宁波市宣传思想文化工作创新奖，2013年"微博育人平台"项目荣获第七届高校校园文化建设优秀成果二等奖。2014年，官方新浪微博被评为"宁波市优秀教育官微"，微信公众平台荣获"宁波市十佳微信公众平台"。时任浙江省委常委、组织部部长蔡奇专门批示：浙江纺织服装职业技术学院利用微博构建育人平台，并延伸至班级，这是高校党建工作的有益尝试，可供其他高校借鉴。

5.吸引了媒体持续关注。学校新媒体建设成效也引起了新闻媒体的高度关注。中国青年报刊发《校园微博使高校管理驶上快车道》一文，认为学校主动利用微博率先打造校园交互新平台，力促师生关系的良性发展，使院校走上了微博管理的快车道。

## 四、经验启示

一是完善线上线下相结合的立体网络育人格局，充分发挥好党组织战斗堡垒作用；充分发挥党员的先锋模范作用，尤其是党员在网络上的发声亮剑，影响、带动学生群众树立良好用网习惯，营造清朗的校园网络空间，增强思想政治教育获得感。

二是逐步健全和完善学校网络思想政治工作队伍建设，提高政治素养和网络育人水平，丰富线上育人载体，克服本领恐慌，通过学生喜闻乐见的方式，让思想政治教育"活"起来，形式生动，组织灵活，引导学生积极参与思想政治教育。

三是不断适应新时代"00后"大学生的特点与需求，针对性地开展精神文明教育，加强以"党史＋思想政治教育"为主的宣传教育，学校通过每学期认定网络优秀文化成果的举措，鼓励在校师生自主创新、自主生产，继续加大力度产出一批有思想引领作用，有广泛传播热度的新媒体作品，将大学生理想信念教育、爱国主义教育等深入结合，巩固、增强网络育人效果。

★ 网络育人类案例 ★

# 让新时代思政教育"声"入人心

## 杨岩勇

## 一、目的意义

习近平总书记在全国高校思想政治工作会议上的重要讲话中指出:"做好高校思想政治工作,要因事而化、因时而进、因势而新。"作为宁波市第二批高校辅导员工作室培育对象,"岩勇有声思政工作室"始终坚持立德树人的根本任务,以"融+"为理念,以"围绕学生、关照学生、服务学生"为原则,以社会主义核心价值观为引领,以"青听风华"微信公众号为载体,积极打造基于新媒体开发的、面向青年学生的"有声杂志",通过内容输出、情感诉求、价值共鸣等建设举措,创新思政工作新话语、运用思政工作新方法,向青年学生弘扬主旋律、传播正能量、传递好声音,旨在建成互动性强、高效高产、声入人心的"网络育人共同体"。

## 二、主要做法及成效

1.内容上达到"抽象概念"和"具象呈现"的兼容。在内容输出上追求"有意义、有意思",设有晚听、视听以及听闻、听音等栏目,不同栏目注意不同的播音风格或呈现方式,力求将理想信念等具象化在大学生身边。

(1)服务青年有热度,讲好百年大党的故事。工作室策划推出《青听党史》栏目100期,以党的发展历程为顺序,以党的重大事件为线索,以不同时期的典型事例、历史人物、精彩故事为主干,通过播音推送的形式,全面回顾党的伟大历程和辉煌成就;同时推出《我想对党说》《唱首红歌给党听》等栏目,创作《我和我的祖国》等快闪

MV，以声音的力量凝聚青年、引导青年，得到中国教育新闻网、浙江电视台、宁波日报、宁波教育公众号等多家主流媒体报道和播出，扩大了党史学习教育的覆盖面和有效性，达到学史明理、学史增信、学史崇德、学史力行。

（2）关照青年有温度，聚焦学生的思想生活。"晚听"栏目注重对社会及校园的热点事件和现象进行搜集、解读，让枯燥呆板的文字跃然纸上，提升内容黏性和实效性。先后发布袁隆平院士的《妈妈，稻子熟了》、博士论文致谢词《这一路、信念很简单》，以及《跨越海峡的爱》《在校时，你会想家吗？》等优秀音频，栏目固定在晚上10点左右推送，符合大多数受众需要阅读、交流的心理需求，而主播娓娓道来的倾诉口吻如同面对面的私密交谈，犹如一支深夜"强心剂"；部分优秀作品得到共青团中央"青听"栏目和"夜听""晚听"等自媒体大号的转载和转发。

2. 平台上达到"刚性要求"与"弹性供给"的通融。传统校园广播曾被赋予校园文化建设的重要职能，因势而新创作"导向正确、内容生动、形式多样的网络文化产品"，形成具有新媒体交互性和个性化的传播平台，方能满足学生对美好校园生活的向往。

（1）以点带面健全思想政治工作网络。发挥传统思政的优势，把发现的问题通过线上线下结合的方式分类来解决，使"云端相约"成为一种习惯，有效处理"面对面"和"键对键"的关系。谈心谈话是辅导员的基础工作，也是基本素养。团队在工作中特别注重做好谈心过程、谈心技巧、谈心效果等内容的收集整理和归纳分析，对于共性或个性的问题，再通过"晚听"或者是"听说"等栏目，以对话或倾听的形式予以面上呈现，策划推出《大学生活百问百答》专栏，比如针对学生因为经常熬夜推出《早起是最高级的自律！》、针对学生因恋爱苦恼推出《谈恋爱、麻烦吗？》、针对宿舍人际关系问题推出《理解万岁》等，让身边人讲身边事，让身边事影响身边人。

（2）以小见大创新网络思政工作视角。通过分析深入研判当前学生群体特征与需求，提供分众化的定制服务，用一把钥匙开一把锁，真正做到因势利导，有效处理"大众化"与"分众化"的关系。比如在新冠疫苗接种上，很多学生一开始抱有很强的观望情绪，一度把"大家都打了，我也就免疫了"作为不接种疫苗的说辞。在学校首次组织集中接种疫苗当天一早，工作室组织策划了《Vlog| 接种新冠疫苗什么感觉？主播出镜全程记录》，让同学们清晰了解了登记、预检、接种、留观等全过程，也打消了部分学生接种疫苗后的种种顾虑，并带动了一批不想接种的学生前来接种，起到了良好的示范效应；相关视频得到宁波晚报、学校官微的转发，为扩大下一批次的疫苗接种受众面奠定了良好的基础。

3. 方法上达到"深度漫灌"及"精准滴灌"的互融。工作室充分发挥团队学生专业优势和艺术特长，积极构建"思政＋艺术"模式，用喜闻乐见的形式或高雅通俗的风格形成价值共鸣，实现大道无形、润物无声。

（1）注重有声有色，实现思想教育入耳入眼入脑。播音作为一门艺术，可以将思政教育的各种抽象内容，用具体、生动而真实的意境表现出来，消解大学生对思政教育的抵触情绪。工作室主创学生参演了庆祝中国共产党成立100周年的大型话剧《初心》演出，分别在剧中饰演李达、王会悟等主要角色，声情并茂地展现了共产党员敢为人先、继往开来的奋斗故事。团队学生在参与中体验，在体验中成长，获浙江省大学生中华诵读经典竞赛一等奖等累计6项，并获浙江省青年职业技能竞赛专项赛金奖、宁波市曲艺擂台赛二等奖、宁波市优秀大学生等省市级以上荣誉。

（2）注重有滋有味，实现思想教育入口入胃入心。融合艺术的思政元素，可以充实思政教育的内容美、彰显思政教育的形式美，学生在潜移默化中获得情感和思想的提升。团队学生充分发挥舞蹈、音乐、服装表演等专业优势，通过打造"红色舞台"，积极参与到"视听""听音"等栏目中来，参与表演了舞蹈《红船》、红歌大合唱、"光辉岁月"时装设计发布秀等系列红色作品，舞蹈《朱凡》获浙江省大学生艺术节舞蹈类一等奖，舞蹈《江北印象》在CCTV3《了不起的地方》栏目播出，工作室主持人负责撰写的《"红色舞台"绽放青春芳华》获宁波市教育系统党建工作精品案例，并发布在全国高校思想政治工作网的"典型经验"栏目。

## 三、经验启示

工作室从内容输出、情感诉求和价值共鸣等三个方面努力推进，初步实现"声声不息、声入人心"的建设目标。

1. 以内容输出为本，进一步与校园文化独特性相适应，实现以文化人更加有力。坚持问题导向、内容为王。求近是一种重要的心理定势，着力注重传播内容的本土化、校园化、生活化，掌握校园生活更加全面、生动的素材，提升吸引力和黏合度，打造项目品牌、栏目品牌和活动品牌。

2. 以情感诉求为先，进一步与服务大学生成长相促进，实现共建共融更加有效。采用第一人称讲述，温柔的声音伴以舒缓的音乐，使推文具备强烈的真实感和对话感，建立互动交流和情感连接，保持新鲜感和敏锐性，通过满足学生的情感诉求让社会主义核心价值观深入人心，满足学生对精神文化的需求。

3. 以价值共鸣为要，进一步与社会主义核心价值观相融，实现育人体系更加完善。始终把握住青年的需求点，塑造更为轻量化、碎片化的阅读模式，"声优"的性格既有温柔又坚强的女声，也有温暖而深沉的男声，以触动内心的方式引发共鸣，提升学生对美好生活的追求动力和感受能力。

★ 心理育人类案例 ★

# 艺术疗愈——心灵安放的居所

陈锡林　沙日娜

## 一、目的意义

随着社会发展，人们对个体精神状态日渐重视，特别是新冠病毒疫情之后，面对经济衰退、社会停摆和身体病痛，人易因持续的无助感而产生忧虑、低落消极情绪，人们对心理建设方面的诉求将越来越普遍。当代大学生产生了一系列的心理健康问题。

艺术疗愈以音乐、绘画、舞蹈或者戏剧为媒体，表达人们内心的思绪、感受和经验。对于大学生的心理健康教育来说，艺术疗愈有着独到的优势。一方面，大学生经常不愿意直接性地沟通表达自己的内心情感，而艺术疗愈可以让情感表达方式变成非语言沟通交流的方式，因为大学生可以通过画一幅画、唱一首歌或者是跳一段舞来含蓄表达自己的内心情感，这样心理健康教育工作者即使不沟通交流也能够体会到学生想要表述的情感内容。另一方面，艺术疗愈还为一些性格较为内向的大学生群体提供了一种心理问题治疗方案。传统的心理治疗都需要做好与大学生之间的沟通交流工作才能够有效进行，但是对于不善于表达的这类学生群体来说，心理咨询专家就无法依据学生的话语来判断学生的心理情感状态，进而就找不出心理问题的"并发原因"，也就无法采取针对性的心理治疗方案，而艺术疗愈恰巧能够弥补传统的心理治疗的不足之处，让性格内向、不善言辞的大学生也能够得到有效的心理疗愈。

## 二、主要做法

我校艺术学院公共艺术教研室自于2019年成立了艺术疗愈研究团队，开设"艺术疗愈"美育课程，积极探索实践具有特色的心理服务体系建设。从2020年起，至今已开设"艺术疗愈"课程6个学期，受益学生500余名。

### （一）团队组建

团队成员由艺术学院5名教师组成。其中包括1名舞动疗愈、2名音乐疗愈、1名瑜伽、1名芳香四个艺术领域的教师。

沙日娜：艺术学院院长，国家一级导演。多年来，潜心研究现代舞学科训练技术，探索与钻研舞动疗愈的根源和发展，近年来深入社会实践得到认可与好评。陈锡林：艺术学院公共艺术主任。2020年在美国音乐协会和中国音乐治疗师协会指定的临床点工作一年，国家二级心理咨询师。着力研究青少年减压团体辅导。2021年起开展中学生团体音乐治疗项目。陈凤丽：艺术学院人物形象专业教师。中西医执业医师、美国NAHA芳香协会认定芳疗师。注重临床实践。现主攻芳香疗法，着力研究芳香疗法对亚健康人群的身心疗愈作用。李佳：艺术学院公共艺术年轻教师，获得厅市级课题2项。开展音乐疗愈（声乐）方向的研究。俞维维：艺术学院舞蹈专业教师，主攻艺术疗愈（瑜伽）。通过瑜伽体式训练，呼吸训练以及冥想练习，提升学生身体的灵活与力量感，加强外在身体与内在心灵的联系，获得平静与专注。

### （二）课程设置

"艺术疗愈"课程以"营造心灵安放的居所"为主旨，将艺术与心理学科融合；借助艺术的表达方式和疗愈作用、将舞动疗愈、音乐疗愈、芳香疗法等多种载体相结合，是美育的一项创新性举措，为大学生带来专业的疗愈指导，疏导工作和生活压力，丰富业余生活，引导人们正确认识和提升自我。课程每学期开设30课时，开设三年以来，前两年各板块融合在一门课程中；2022—2023学年开始该课程按侧重点，分为2个教学班。

## （三）教学内容的设计

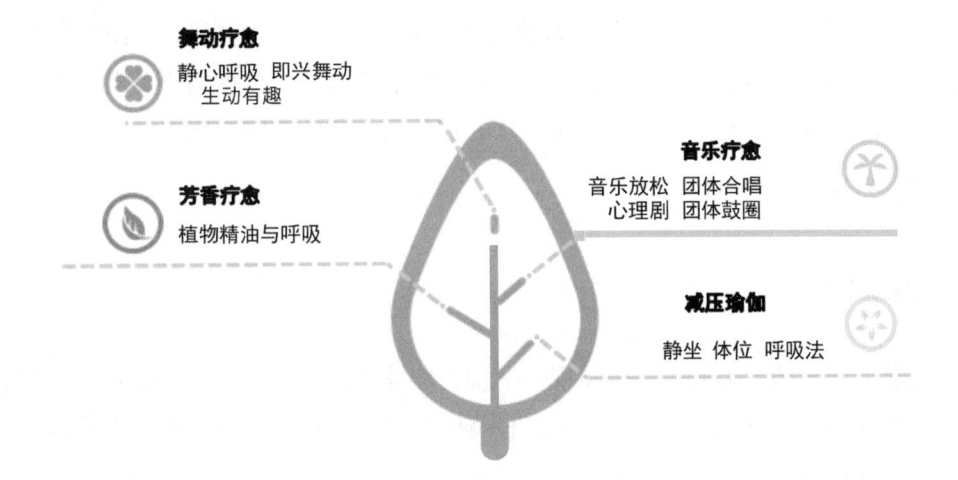

**舞动疗愈**
静心呼吸 即兴舞动
生动有趣

**芳香疗愈**
植物精油与呼吸

**音乐疗愈**
音乐放松 团体合唱
心理剧 团体鼓圈

**减压瑜伽**
静坐 体位 呼吸法

# 三、实际成效

## （一）提高了学生对于公共艺术选修课程的主动参与度

在每学期课堂反馈中，90%的学生反馈选择此课程出于调节情绪、学会自我疗愈方法的目的。只有10%的学生反馈因为拿学分或者陪伴同学而来。在教学进程中，对于学生的艺术表达不带主观态度的评判，每一堂课呈现出良好的教学氛围。比如，教师要求在音乐背景下，学生构建一幅自画像。每位学生非常投入地选择色彩、线条、形状勾勒心目中的自己。自画像不仅要表现出自己的外貌特征，还要能够表现出当下的一个情绪状态，学生通过这样的教学引导能够充分感受到心理健康课程的乐趣所在，并将会积极参与到自画像的构建中去。教师和其他的学生根据自画像来判断出学生当前的心理状态和情感起伏，从而针对性地为学生作一个有效的心理辅导。

## （二）帮助学生形成积极健康的心理与正确的价值观

根据大学生心理健康标准：情绪健康、意志健全、人格完善、自我评价正确、人际关系和谐、社会适应正常、心理行为符合大学生特点等方面，每个艺术板块选择最擅长的结合点进行干预。芳香疗愈，通过植物精油来分析性格，通过疗愈精油的调制，改善情绪问题。舞动疗愈中，让学生体验不同的肢体动作和自由即兴的舞动，从而感知身心及觉察潜意识中隐藏的情绪。初步地探索自己与周围环境的关系，与他人，以及所在团体的关系。

## （三）提升学校美育知名度，打造特色美育

2022年4月2日，宁波市教育局到我校进行了心理工作实地调研，宁波市中小学成长指导中心（宁波市教育局直属机构）的领导一同前来考察。根据调研反馈，中小学成长指导中心明确了与学校关于艺术疗愈工作开展项目合作的意向。至今，课程团队已完成横向合作多个疗愈项目。

# 四、经验启示

1. 对艺术疗愈研究方向的多方重视。学院心理健康教育中心将艺术疗愈纳入心理实践课程的教学计划，学校领导明确指示学校将做好艺术疗愈课程开发的支持工作，特别是"艺术疗愈研发中心"的场地建设、课程开发、教材建设和师资培训工作。

2. 建设有一定规模的"艺术疗愈"师生团队。除了五名专业师资，我院音乐表演专业、表演艺术（舞蹈表演）、人物形象（美容方向）学生以及纺服心理协会、大学生艺术团（话剧社团、器乐社团、舞蹈社团）学生组织对接音乐疗愈、舞动疗愈、芳香疗愈各领域，在校内协助教师开展高校团体心理拓展、减压等活动，营造积极向上的高校心理氛围。

3. 已建成了一定规模的艺术疗愈空间。当前，已建设有专属艺术疗愈空间（小空间）1个，舞蹈实训室3个，古琴实训室1个，器乐排练室1个，电钢琴实训室1个，瑜伽实训室1个，可用于芳香疗愈的美容实训室2间。2022年立项15号楼504为艺术疗愈空间（大空间）1间。

4. 依托公共艺术活动，扩大艺术疗愈项目辐射面。2022年，将大学生艺术团原创心理剧的创作嫁接到第六届校舞台剧优秀作品展演活动中。2022年9月开始剧本创作，因疫情，原定2022年12月录播的作品延迟到2023年2月录播，《青》《密探》《牛奶》《傲雪凌霜》四部原创心理剧已经录制完成，四部剧60名学生在指导教师陈锡林引领下，从编剧、导演、妆造、演员、道具、音乐总监分工合作，横跨艺术与心理进行集体创作，心灵情感悄然释放，带来新春消寒时节的温暖和安详。三月初将推出录播作品推文宣传，为2023年3—6月艺术疗愈系列活动造势。大学生艺术社团2022年创作原创心理剧作品《方向》经过多次打磨，获得宁波市曲艺擂台赛二等奖（2022.11），宁波市高校心理剧大赛优秀奖（2022.5），2022省大艺节戏剧专场二等奖（2022.11）。

英国哲学家阿兰·德波顿说："如果将艺术视为一种疗愈，可以为人生的许多问题找到解决的办法。"愿我院《艺术疗愈》项目成为更多年轻人心之所往的休憩之所、照亮心灵、抚慰心灵、疗愈心灵。

★ 心理育人类案例 ★

# "立足心理育人　浸润学生心灵"

## ——高职院校心理育人的实践

### 秦亚伟

## 一、目的意义

大学是人生非常重要的时期，它将奠定人一生发展的基础。这一时期，大学生的自我意识仍不完善，价值观容易受到社会多元思潮的冲击，他们可能面临认识自我、人际交往、情绪管理、环境适应等方面的困惑，通过多层面心理育人措施，促进大学生客观认识个人心理发展过程中的挑战和困惑，学习心理技能去应对心理发展中的问题，从而达到促进大学生身心健康，培养积极乐观心理品质的目标。

## 二、主要做法

学院多措并举，通过开展科学的心理评估、提供心理咨询与支持服务、开展灵活多样的心理实践活动、完善心理危机干预机制等方式，开展心理健康工作，促进学生心理健康的发展。

### （一）坚持点面结合，做好心理问题评估

为全面掌握学生心理健康状况，通过点面结合的方式对学生心理情况开展评估。首先开展心理普查，采用专业心理健康评估量表，对全体学生实施心理测试。针对系统显示需要干预的学生，开展逐一回访，建立心理档案，确定心理关注级别。其次，发挥班

主任作用。班主任是学生管理的一线人员，加强班主任心理相关知识培训，重点关注家庭困难学生、毕业生群体、经历家庭变故、学习困难学生等群体。再次，充分发挥班长、心理委员、寝室长等骨干学生力量，填报《班级心理状态晴雨表》，切实摸清班级需要关注学生。在多维度评估摸排后，对所有关注学生进行汇总建档，开展后续重点关注。

### （二）坚持育心与育德相结合，做好心理支持

分院通过育心与育德相结合的方式，做好心理问题学生的心理支持与服务。

一方面，开展心理咨询和辅导。针对重点关注学生，心理辅导员会建立心理档案，并分为一级、二级、三级关注三个级别，针对一级关注学生开展一周一次谈心谈话，二级关注学生一个月谈心谈话一次，三级关注学生谈心谈话一次。让其心理问题达到有效的缓解，针对严重心理的学生，及时联系心理健康中心的教师，开展专业咨询或及时就医。

另一方面，开展心理帮扶和支持。发挥专职辅导员的育人力量，每个辅导员对接4-5个班级，定期走访寝室，了解寝室同学的思想状况，做到及时研判，促进同学们寝室关系的和谐。加强对各类困难学生的关注。如针对家庭困难学生，开展"鸿鹄励志"助人沙龙，帮助其正确认识自己，接纳自己，树立自信，开展职业规划；针对毕业困难学生，开展一对一指导，帮助其面对困难，解决问题。

### （三）寓教于乐，开展灵活多样的实践活动

利用好心理健康月，学期初末等重点事件节点，开展一系列心理健康教育活动，促进学生心理健康。

首先，定期开展心理讲座，普及心理健康相关知识。如开展心理委员助人能力培训、正念训练、如何科学睡眠、"心理画聊"等多种类型讲座，宣传心理健康的知识同时，提高学生自我调节的能力。

其次，开展灵活多样的心理实践活动，让学生在趣味中获得心理支持。如，开展"心灵树洞"活动，为学生提供心理发泄及疏解渠道。疫情期间，举办晚安短信活动，同学之间互发正能量的短信，短信覆盖机电学院600余在校生，开展朋辈心理支持，共度封校时期。拍摄心理剧《迷失羔羊》，组建团队，普及心理知识。积极组织学生参加"口罩设计大赛"等。

再次，坚持"育体"和"育心"相结合，通过运动促进身心健康。每年举办机电体能素质挑战赛，评选"体能之星"，举办学生篮球赛等，强健学生体魄，增强学生意志

力，健全学生的人格，提高其应对挫折的能力。

### （四）完善心理危机干预机制，及时开展危机干预

第一，优化重点关注学生分级处置方案。对重点关注学生实行分级分类管理，重视季节交替、毕业季等关键节点，强化学生动态管理，及时更新重点学生信息；对于高危学生群体，要及时启动危机干预程序，避免极端事件发生。畅通班级—学院—学校三级相关信息反馈机制。

第二，完善四级危机干预网络。充分发挥好学校、学院、班级、寝室四级心理健康网络工作体系在心理健康教育及心理健康问题排摸处置等工作中的作用；加强对班级心理委员、寝室长等学生骨干的培训和教育工作。同时发挥好心理教师、心理咨询师、辅导员、专业课教师等群体的作用，形成心理育人工作的合力。

第三，加强家校联动、医校联动。大学生心理健康教育与危机干预，离不开学生家庭的支持以及医院的协助。对于经排查发现的重点群体，及时联系家长，了解学生情况，争取家长的理解和支持。针对需要就医的学生，要及时反馈心理健康中心，畅通就医和转介的渠道，让学生得到及时有效的帮助。

## 三、实际成效

学院坚持以人为本的育人理念，多措并举，开展心理健康工作，取得了一定成效。三年来，学院未发生一例严重心理危机事件，针对重点关注学生，定期开展心理回访，帮助其合理就医，保持心理处于稳定状态。针对二级三级关注学生进行心理干预和心理帮扶，提升其面对挫折的能力，心理调节的技能，提升其心理健康的整体水平。

## 四、经验启示

学院多措并举，通过心理排查、心理咨询、心理实践活动，危机干预等方式，建立工作联盟，坚持以生为本，促进学生的身心健康全面和谐发展。

1. 坚持预防为主，完善心理危机干预机制。坚持预防为主，未雨绸缪，减少心理危机事件的发生。做好学院心理普查干预工作，完善心理危机干预机制；此外，发挥心理健康课程的作用，让学生学习心理知识，掌握自我调节能力，提高自己的心理健康水平。

2. 建立工作联盟，汇聚协同育人合力。心理工作要发挥工作联盟作用，协同班级、

班主任、家长、心理咨询中心、医院等开展心理帮扶工作，形成育人合力。提升班级、班主任的心理问题的识别能力，争取家长在学生治疗中的配合，积极联系学校心理中心和医院，搭建心理育人的桥梁，汇聚合力，开展心理帮扶工作。

3. 坚持以生为本，注重学生的发展性。心理健康状态并非固定不变，而是一个动态变化过程，随着学生的成长会有所改变。教师要坚持以人为本，不能乱贴标签，要以发展性的眼光看待学生，注重其身心健康全面和谐发展。我们不仅要解决学生当下的心理问题，还要培养他解决问题适应社会的能力，包括人际交往的能力，保持身心健康的能力等，帮助其更好地适应未来的学习、工作和生活。

★ 心理育人类案例 ★

# 播撒希望　助力成长

## ——学生积极心理品质提升教育实践

尤海燕

## 一、目的意义

积极心理学关心人的优秀品质和美好心灵，认为美德和力量是个体积极品质的核心，是战胜心理疾病的有力武器。2021年教育部召开的全国高校学生心理健康教育工作推进会上强调，教育是培养人的事业，让广大学生更加健康阳光，是落实立德树人根本任务的应有之义，要加强源头治理，全面培育学生的积极心理品质。从现实情况来看，学校近几年的心理普查数据显示近70%～80%的学生心理是健康的，他们也更加需要提高自己的积极心理品质而不是仅仅知道如何被动地防治心理问题的方法。基于育人初心和立德树人的宗旨，学校心理健康教育中心提出了"播撒希望，助力成长"的心理育人目标，从"知情意行"四个层面构建学生积极心理品质提升教育实践活动体系。

## 二、主要做法

学生积极心理品质提升教育实践活动体系按照发展性、助人自助和家校协同合作的原则，培养学生能够具备积极的思维活动、情绪情感体验、积极的意志品质和积极的习惯养成。

## （一）教育实践活动体系一：形成品牌化的第二课堂实践活动

根据学生心理发展特点，积极心理品质培养计划以第二课堂活动的形式开展，逐渐形成一系列品牌化的心理宣传教育活动。

1. 心理适应篇：面向大一新生，培养目标是新生的适应性教育、自我意识训练和情商管理。特色项目载体包括新生班级凝聚力建设系列团辅，"守护青春"女生专题教育，以"悦纳自我"为主题的心理健康宣传月活动，"每天1小时"阳光体育活动等，培养学生形成积极乐观的心态，养成良好的作息习惯，增强自信。

2. 面向大二学生，培养目标是学生的个性塑造、交往指导、意志培养，项目载体包括21天不抱怨活动，素质拓展训练营，人际交往和情绪管理主题宣传月活动，"正念减压"体验课，心理情景剧（宿舍篇）等，培养学生学会合作，乐于交往，养成不屈不挠的意志，提升抗逆力。

3. 面向大三学生，培养目标是学生的良好的就业心理和感恩教育，项目载体包括"情绪母校，展望未来"毕业生寄语和感言征集，就业心理调适系列讲座，毕业季暖心小贴士等，引导学生带着感恩父母、母校和生命的心走入社会，勇敢向前。

## （二）教育实践活动体系二：建立心理健康教育实践活动评价体系

心理健康教育实践活动采用项目记分的方式进行考核，具体通过"心理实践课时＋团学第二课堂"两方通道进行活动追踪和记录。

"心理成长档案"：向每位新生发放"心理成长档案"，实施一人一档。学生在校三年期间，每年一次参加心理普查并进行自我记录，内容包括成长背景、心理健康状况评估、人际支持系统、性格特点和职业倾向性等。学生心理成长档案实行自我管理制，学生根据"心智练习清单"记录自己的活动轨迹、心路历程和成长感言，作为心理健康实践课程的学习记录。

第二课堂成绩单：依托学校团委的第二课堂分，指导学生参加各类心理健康教育实践活动，由校团委统一做好活动追踪和学分登记工作。学生可根据菜单式的第二课堂心理活动，结合个人的实际情况和需求，合理分配时间，并达到第二课堂学分要求。

## （三）教育实践活动体系三：建立心理健康教育四级工作体系，发挥朋辈心理互助功能

心理健康教育活动为了使更多的学生参与和获益，关键在于整合资源，全校联动。建立起"心理健康教育中心—二级心理辅导站—班级—社区"四级工作体系是一个有效

的尝试。心理。除心理健康教育中心外，各二级学院成立特色心理辅导站。比如艺术学院的艺术疗愈空间，设计理念为"静心、复原、蜕变"，具体引入舞动疗愈、音乐疗愈和芳香疗愈，为学生提供放松减压和自我关怀的场所；纺织学院结合专业特色，打造"织心DIY"疗愈室等。

另外，班级心理委员和宿舍心理互助员是心理健康教育工作的学生骨干队伍，能有效发挥朋辈心理助人互助的作用。班级心理委员的主要工作职责在于了解班级整体的心理状况，传播积极心理学的理念，营造班级的心理育人氛围；宿舍心理互助员的职责主要是组织开展"小宿舍，大生活"系列健心活动，比如宿舍心理情景剧排演、寝室环境美化、作息时间公约、美食大比拼等，共同营造积极阳光的集体生活氛围。

## 三、实际成效

通过丰富多彩的心理健康教育活动，实现了学生素质提升心理健康教育的全覆盖。通过三年来积累和推广优质的心理活动项目，已形成较完备的心理素质提升活动方案集。多数心理活动能追踪学生的练习情况和成长感悟，能更好地引起学生内心的共鸣和蜕变。

推进心理育人工作的全员参与性。一方面重视师资培养，不仅仅是专职心理教师和心理辅导员的业务水平和职业素养，同时注重辅导员、班主任的心理辅导实务技能，以及安保和后勤人员的心理科普教育，使更多的教师和工作人员参与到心理育人工作中来。另一方面指导学生心理协会和心理信息员队伍用好网络媒介，形成自己的宣传教育平台，涌现了"动听985""纺服阳光心理""经纬心理频道"等多个具各具特色的心理微信公众号。

## 四、经验启示

学生积极心理品质培养的育人本源是"以生为本、助力成长"，重点是倡导学生以阳光积极的心态，树立自我发展的目标，能直面问题，主动解决问题，在参与和体验的过程中自我感悟。因此心理活动育人应贯彻于学生发展的全过程，服务于学生学习、生活和成长的方方面面。知、情、意、行是学生心智成熟的基本构成元素，是心理教育的四个层级。但目前构建的心理健康教育素质提升活动体系主要是从工作经验出发，还不可能做到学生心理品质发展方方面面的渗透。因此下一阶段工作的重点是在原有工作经验的基础上，通过调研、活动反馈和学生评价，优化心理第二课堂活动项目，注重各类实践活动的专业性和有效性。

另外,还需深挖心理品牌活动的育人功能。结合学校专业资源,用好家校合作和社会支持两大资源,做实做强现有的心理育人品牌活动。在传承活动形式的同时,让学生能直观感受到心理教育活动的助力成长功能,能主动参与设计各类心理活动,转化为自身发展的"内驱力"和"软实力",实现学生心理素质的提升。

★ 管理育人类案例 ★

# 深化"三三制"实训教学
# 凸现管理育人新成效

## 唐 铮

## 一、目的意义

商学院深化与各类企业产教融合,从大学生发展的实际需求出发,在实训教学管理的过程中将自我教育、社会教育以及学校教育三方紧密融合到一起,鼓励和推动大学生自我价值与社会价值的全面实现。从 2011 年起商学院积极寻求与各类电商企业的合作,组织学生参与电商企业双十一等大型电商活动,截至 2022 年双十一,累计 77 741 名学生参与实践活动,为企业创造经济效益逾 100 亿元。学校连续三年被评为宁波市大中专院校双十一活动优秀组织奖,中国教育报等 20 余家媒体对我院"双十一"企业实训进行了宣传报道。

## 二、主要做法

1. 构建"三三制"管理模式,探索协同育人路径。商学院出台了《大型活动实战训练工作方案》《学生实训相关管理办法》等制度 6 项,落实安全教育与实习安全管理工作责任人、工作内容和具体要求。将实践作为课程植入人才培养方案,探索建立实习实践"三三制"管理模式,抓好实训前、实训期间、实训后三个过程管理,以及双导师指导、动态管理、企业现场管理三个关键点控制。

2. 学生实践安全教育,筑牢安全思想基础。实训前召开动员大会,要求全体学生参会，对实训要求、实训内容、实训安全等进行宣讲强调。学院与每位实习学生签订安全责任书，有效达到安全教育要求。同时要求相关专业教师到企业现场对学生进行实训指导，全天候到岗且24小时保持通信畅通。

3. 健全动态管理措施，保障教学正常进行。一是学院依托钉钉"智慧学工"模块，每天早中晚打卡、定位。二是实训期间全程安排值班老师，要求全天指导、巡查实训现场。三是企业提供车辆接送，学院安排辅导员进行上下车的组织工作，每车设立组长进行点名和安全管理。四是建立信息联络员制度，每个班级设4-5名联络员，主动了解班级同学实训情况和思想动态，及时向老师汇报。五是利用学工系统落实执行请假制度，学生提出请假经与企业、家长、班主任三方沟通后，摸清具体情况再履行请假手续，系统里审批提交。

4. 加强实习保险力度，为平安实训保驾护航。实训前，学院为全体参加实习学生购买了安全保险，同时要求实习企业对每一个学生购买相应的"意外保险"或"雇主责任保险"。

5. 强化基地考察选择，建立良性互动教学基地。学院实地走访企业50余家，最终择优选择太平鸟、雅戈尔等行业龙头、合作紧密、管理规范的企业进行合作。校企双方共同制定人才培养方案，开发实训课程内容，整个活动过程中有企业专家和校内教师共同授课与指导。

6. 注重心理健康教育，促进身心全面发展。学校建立专门的心理咨询中心，学院设有专职心理咨询教师，双十一期间累计咨询量达120余次，帮助学生优化心理素质，增强心理调适能力和社会生活的适应能力，预防和缓解心理问题。

## 三、实际成效

1. 产教融合培养大批电商人才。为了给社会和行业企业培养大批急需的电商人才，为宁波"电商换市"做出积极贡献，商学院实施了人才培养方案改革，搭建电商人才培养共享平台，专业协同参与双十一真实电商项目实战，给学生提供众多实践机会，在为企业创造了可观的经济效益的同时，也为社会和行业企业输送优秀的电商人才，为电商行业的发展做出了积极贡献。

2. 实战演练提升学生实战技能。商学院学生除在课堂开展实训实践和参与电商日常实战训练外，均有机会到企业现场参与年中大促、双十一等企业大型电商活动。在参与企业大型活动中，学生主要从事网上前台销售、售后服务、运营策划、数据分析、仓储与配送、电子扫描等工作。活动过程中由企业专家和校内教师共同授课与指导，把专业核心课程从模拟实训室搬到企业实战现场，学生电商实战能力得以提升。

3. 文化共融提升学生职业素养。通过产教融合，为学生创造了众多提前接触企业文化、切身感受企业文化的机会，为此形成了校企文化共融机制。在弘扬学校红帮文化"敢为人先、精于技艺、诚信重诺、勤奋敬业"精神的基础上，注重把"诚信、务实、责任、爱岗敬业、团队合作"等企业文化的精髓融入专业教学、实习实训、校园活动和学生管理中，让学生了解立企之本、经营风格和传统美德，加强学生职业精神和职业道德培养，实现企业文化与学校文化的共融，为走向职场打下了良好的基础。

4. 实训教学管理育人做法得到广泛认可。商学院大型实践活动已成功开展 10 年，形成了完善、标准的工作管理程序，学生实习安全意识得到提高，未发生一起安全事故。同时，通过实战活动我院"课堂＋基地＋公司"人才培养模式得以巩固和完善，企业现场实战演练提升了学生实战技能，校企文化共融提升了学生职业素养和综合素质。近年来，已为合作企业输送高技能人才 100 余名，相关成果获省、市教学成果奖 3 项，获全国纺织服装产业校企合作优秀案例 3 项，实践教学成果显著。

## 四、经验启示

1. 创新管理模式突破教学"瓶颈"。将实践课程植入人才培养方案，使实习安全管理和安全教育工作融入日常教学和课堂思政。同时在实训过程中，通过深度挖掘实践教学元素、综合利用实践教学资源、高效整合实践教学功能，实现实践育人的全员、全方位和全过程。

2. 信息化管理赋能教学相长。引入"智慧学工"云平台，实现了实时、动态的管理，老师可以在第一时间发现问题，并采取相对应的管理办法，利用信息化管理平台更好地完成实训教学任务，更好地做到管理的标准化和规范化。

3. 校企联动实践"以学生为中心"。通过校企合作引入企业力量共同开展安全管理工作，校企双方协同正确引导学生，加强学生的安全教育，夯实学生的生命防线，提升了实训过程中应对紧急突发事件处理的能力，在促进学生职业能力发展的同时为其安全成长保驾护航。

★ 服务育人类案例 ★

# 服务育人显温情　启航教育新篇章

## 柳佳利

## 一、目的意义

艺术学院"聊一聊"学生工作平台建设一年来，开展活动十六次，内容涉及专业建设、学科竞赛、创新创业、学生党建、学生管理等，搭建了学校与学生交流的平台，取得了较好的效果。

1. 建一种思政深入处理机制。我国高校已进入思政热点的高发期，突发事件频发，高校如何及时有效处置潜伏或处于爆发期，甚至已经爆发了的高校思政危机，艺术学院建立"聊一聊"平台，第一是建立一种网络思政监测机制，通过学生信息员、心理晴雨表等信息统计和汇总，做好高校网络思政预警工作，提升对负面信息的预警能力，做到早发现、早行动、早解决，不给思政危机发酵的时间和空间。第二是营造网上主流舆论，大学生思政直接反映出当下学生正在关注或可能关注的热点、焦点话题，思政管理有助于研判大学生的思想动态。特别是对那些负面的思政进行深入剖析，有助于把握问题的实质，提早开展思想政治教育工作，避免大学生被负面思政所误导，营造主流舆论。第三可以加强网络道德建设，"聊一聊"平台可以成为维护信息安全、引导社会舆论的重要力量，通过一正面报道，产生思想引导的积极效应，以此影响学生的价值取向，把学生的思想统一到中央的大政方针和学校的决策部署上，把学生的注意力吸引到关心学校建设发展的大事上，使他们树立正确的价值观和世界观，不做有损于学校形象的事情，降低高校网络思政危机风险。

2. 搭一座师生平等沟通桥梁。情感是调节师生关系的重要桥梁，大学生思想教育工作是否成功，很大程度上取决于师生感情的好坏，"聊一聊"平台在师生之间搭起感情交流的桥梁，建立新型师生关系，老师、学生之间针对思政进行面对面、平等的、及时的沟通与交流，不仅能拉近距离，让学生体会到师生之间的平等，还可以让学生得到及时的回复，提出学生工作的建设性的举措和建议，加强了交流的实效性。

3. 创一片幸福和谐校园氛围。构建和谐校园，必须在校园营造一种良好的环境氛围，"聊一聊"平台具有"自由、民主、人文、开放"四大特征，这种精神会对学生产生潜移默化的影响，通过大学生参与，让老师、学生在这种氛围中去思考、理解、感悟，净化灵魂，升华人格，完善自己，不断熏陶形成正面向上的价值观。通过"聊一聊"主题活动，沟通了思想，联系了感情，促进形成幸福和谐的校园氛围。

## 二、主要做法

1. 思政分析融于"情"。通过"聊一聊"平台进行思政分析处理，首先应"情"字当先，情深方能意切，感人全在真情，师生情感的交流，心灵的沟通是思政管理取得成功的关键。只有怀有一颗爱心，热爱学生，才能缩短师生之间的心理距离。

2. 思政处理融于"章"。"绳以规矩，始成方圆"，艺术学院制定"班级发展指数""优秀班集体"，用大数据对班级进行监控和管理，通过"聊一聊"平台化解学生矛盾，要根据《学生手册》中的规章制度与学生沟通，这样的才有"章"可依。另外，通过班级自治，实现学生自我管理，提高班干部管理班级的积极性和主动性，由于班级管理渗透了学生的愿望，增强了学生的班级凝聚力，也能使学生感觉到自己是班级的主人，有利于营造良好和健康的班级舆论氛围。

3. 思政化解融于"理"。每个人都渴望得到别人的理解与尊重，这是人性中最根深蒂固的本性。通过"聊一聊"平台面对面沟通处理思政，做到多民主、少强制，多激励、少批评，多用情、少用气，公平公正，充分利用同理心对待思政，善于发现学生的长处，抓住每一个教育的良机，培养他们的自信心、自尊心，用道理化解思政。

## 三、实际成效

1. 思政信息平台已经建立。艺术学院定制召开大学生思政会议，结合信息员反馈、班级心理晴雨表、班级发展指数、学长导师、微信公众号等平台的信息，掌握大量学生学习、生活的数据，学工办对相关信息进行汇总、分析，针对普遍性问题和重要信息进行逐级上报，适时开展有针对性的"聊一聊"主题活动。

2. 思政处理机制逐步完善。"聊一聊"思政管理平台已经建立申报机制，二级学院党政领导、行政负责人、专业教师、辅导员等都可以针对相关主题申报"聊一聊"思政管理活动，学院也专门成立有关学生宣传部针对该活动进行专项宣传报道，引导形成积极向上的思政氛围。

3.思政处理初见成效。艺术学院开展"聊一聊"管理活动多期，内容涉及专业调研、学科竞赛、创新创业、阳光体育活动、矛盾化解等，每次活动都达到甚至超过预期活动目标，"聊一聊"管理活动不仅化解了矛盾，很多学生通过对活动主题的思考和认知，提出了很多建设性的举措，为解决学生工作中的重点和难点问题提供了很好的建议和参考。

## 四、经验启示

"聊一聊"学生工作平台建设是学校教育教学工作的重要组成部分，强化服务育人工作，既是构建幸福和谐校园的必然要求，也是高等教育发展的必然选择。希望通过开展"聊一聊"的各项工作与活动，能够提高教师队伍对服务育人的认识，提升服务育人能力，结合自身实际，做好相关工作，为培养德智体美劳全面发展的社会主义建设者和接班人作出应有的贡献。

★ 服务育人类案例 ★

# 探索浙纺服职院法治"枫桥经验"样板

邬红波

## 一、目的意义

为深入学习贯彻落实习近平法治思想，全面推进依法治教、依法办学、依法治校工作。2020年9月7日，浙江纺织服装职业技术学院联合镇海区庄市街道、镇海区公安分局庄市派出所、庄市司法所正式成立北高教园区首个法律服务中心（浙纺服站）。形成综合警务、法治宣传、民事调解、法律援助、法律咨询于一体的一站式法律服务中心，探索推动了法治"枫桥经验"在浙纺服落地生根。

## 二、主要做法

### （一）强化警校联动工作体系

一是配强专业团队。法律服务中心（浙纺服站）整合纺院原有的警务室人员，联合庄市派出所派遣的驻点民警和辅警形成了宣传、巡逻的两支专管队伍，形成安全业务团队。由学校、街道司法所、康宁医院、律师事务所等部门，组成人民调解团队、心理健康团队和法律援助团队，与安全业务团队形成"五位一体"的校园服务体系架构，为学生提供矛盾调节、心理疏导和法律咨询等服务。

二是完善通报机制。建立"纺院钉钉警事群"，固定"民警—老师"的点对点联系人员，由中心对涉校警情进行每日一报，让学校老师第一时间了解详细情况，学校针对警情情况能快速明确处置方案，同时健全警校联防联动机制，加强警校之间的信息沟通、安全防范、应急处置等方面协作。

### （二）强化校园安全教育机制

"关键点"——中心将创造平安校园环境、提高校内人员综合素质作为宣传教育工作的出发点和落脚点，有效拓展安全教育的宣传广度与深度，形成以日常工作、课程培训、大型宣讲、主题活动、团体指导以及社交媒体传播等多途径、多主题、多形式的宣传教育格局，正确引导在校师生认知法律底线和行为边界，强化规则意识，强化法律意识。

"突破口"——中心突破传统"重说教、轻互动、手段单一"的宣传方式，吸纳学校社团协助宣传，鼓励学生以志愿者、实习生身份参与中心工作，实现法治宣传和校园活动有机结合。邀请五大团队（宣传、巡逻、人民调解团队、心理健康团队和法律援助团队）中的优秀民警、资深律师、调解高手、心理医生组成专业讲师团队，精细化打磨授课内容，注重现实案例讲解，增强讲师学员间互动，提升课程质量，强化宣传效果。

"融媒体"——中心拓展"融媒体+"宣传思路，在学校官方微信公众号、微博、短视频账号，增设法律服务中心宣传栏目，播放由学生社团参与拍摄、制作的普法宣传作品。同时中心自主开发了一系列品牌课程，如以法律应用系列为主的普法课程"规矩"，以反诈为主的主题讲座"天上掉下的馅饼"等。目前为止，已开展各类主题普法课50余课时，教职工技能培训12次，反诈系列讲座50余次，各类法律讲座10次。

### （三）提升警校共融服务质量

一是提升服务质量。以师生为中心，充分利用地理优势，主动为师生提供优质服务。开设校内报警电话86321110，直接在纺院警务室内接待报警师生，节约师生从报警到处理的时间。中心聘请了市优秀调解员黄利明、有多年学生工作经验的学校保卫处老师程云作为中心的人民调解团队成员，为学生提供日常矛盾化解。成功参与处置校内各类案事件50余起，组织调解团队调解学生纠纷30余起。

二是提升服务效率。依托"纺院钉钉警事群"，学校老师可以在群里直接分享和咨询相关信息，加快学校保卫处与各二级学院和派出所之间沟通速度。

三是转变服务方式。法律服务中心（浙纺服站）的"五大团队"各司其职，实现专门问题专人解决，安全业务团队每周进行两次有主题的扫楼活动，深入学生宿舍，改被动宣教为主动宣传，提升中心工作的亲民度。建立律师、心理医生联校制度，分专业、学院对接专门的律师、心理医生，每周三到中心"坐诊"，为学生提供便捷的法律援助和心理健康咨询服务。截至目前，中心共计接待学生及校内人员累计三千余人次。

### （四）优化校园安全环境治理

一是校内隐患排查治理。中心协助学校保卫部经常性开展校园安全风险隐患排查，加强校内及校园周边风险隐患常态化排查，落实安全风险隐患排查、化解、处置工作机制，切实把涉校矛盾风险化解在萌芽状态。

二是校园周边治安治理。中心的安全业务团队针对校园周边存在的突出治安问题，联合学校保卫部开展专项整治，切实维护校园周边良好的治安秩序。加大对校园周边出租房屋等重点部位，步行街周边的网吧、KTV、酒吧等重点行业场所的清理整治，及时发现查处违法违规行为，净化校园周边安全环境。

## 三、实际成效

法律服务中心（浙纺服站）自成立以来，受到各级领导的重视和密切关注，并多次莅临中心进行工作指导，中心不仅是维护校园治安、调解学生纠纷的安全之窗，是高校法治教育的宣传之窗，更是引导学生群体主动肩负展示中国特色社会主义制度优越性责任的使命之窗。

1. 普法宣传更加深入。法律服务中心（浙纺服站）成立后，积极挖掘周边资源，在红帮公园镇海民法典广场组织师生开展现场教学。联合学校宣传部每月开展普法专题讲座，并通过学校身边的一例交通肇事案子开展案例研讨。普法宣传的形式更加多样，普法活动的频率大幅度增大，受到广大师生好评。

2. 案件咨询更加有效。中心形成了较为完善的法律咨询流程，开通电话咨询专线0574-86321110，并搭建警事群、微信、钉钉等自媒体平台，运用线上线下的模式，扩大受众范围，更好服务师生。目前法律服务中心（浙纺服站）已成功受理学生矛盾纠纷30起，都已调解完成。

3. 反诈防骗更加落地。中心主动承担防骗反诈宣传任务，联合街道司法所、派出所、学校和社会组织，在校内广泛开展防骗反诈教育，通过挂横幅、课前五分钟播放反诈视频，面对面"扫楼"，师生签订反诈承诺书等有效载体，实现了反诈教育全覆盖，反诈视频高频次，反诈宣传无死角。成功劝阻师生拟被骗案10余起，为师生挽回经济损失10万余元。自2020年以来，被骗案件量逐年递减，现已保持在校师生人数的1‰以内。

4. 校园安全更加凸显。法律服务中心的设立，为校园安全稳定起到了保驾护航的作用。每日驻校民警和辅警除中心工作外还开展校内日常巡逻和安全宣传任务，多年来，校内未发生政治性和群体性事件，没有发生安全责任事故，提升了师生在校园的安全感，为学校安全稳定工作交出了高分答卷。

5. 资源对接更加便捷。中心与街道、司法部门、公安等部门紧密合作，整合法律资源，开展联动办公，实现了校内有危难打校园专线，师生解纠纷打校园专线的一站式服务，打造了一站式解决一揽子法律问题的高校"枫桥样板"。

## 四、经验启示

法律服务中心（浙纺服站）的成立，不仅成为创新探索法治高校版"枫桥经验"的重要窗口，创新了大学生一站式法律服务模式。通过与镇海司法局庄市司法所、镇海公安分局庄市派出所的合作共建，为在校师生提供集综合警务、法治宣传、人民调解、法律援助、法律咨询于一体的一站式法律服务，在帮助大学生学习法律知识、增强法治意识以及解决他们在生活中遇到的相关法律问题发挥了重要作用。同时强化了学校联防联动应急处置，健全完善了校园安全教育机制，推进了校园"三防"建设，强化了校园安全风险隐患排查整改，加强了校园周边重点巡防，强化了校园周边社会治安综合治理，严厉打击了涉校违法犯罪，对进一步完善高校安全管理、加强校园周边社会治安综合治理、健全风险预警和应急处置机制、有效防范各类安全事件发生、营造良好的校园法治环境、建设平安校园起到了非常重要的促进作用。在创新高校社会治安综合治理机制方面进行了有益的探索实践。

★ 资助育人类案例 ★

# 立足三全育人 培育励志人才

## ——高职院校资助育人的实践

马绍辉 胡 畔

## 一、目的意义

"三全育人"是国家根据现代社会发展形势提出的新育人政策，意在开展全方位育人活动，使学生得到全面培养的同时，实现人才强国与人才兴国发展战略目标。而在高校教育中，资助帮扶对于家庭经济困难大学生育人实效的有效提升有重要作用，其主要作用是帮助贫困生解决学习中遇到各项困难，负责资助帮扶等工作，因此必须要做好基本工作安排，积极参与到三全育人实践活动中，不断创新发展策略，为人才培养做贡献。在开展相关工作时，应根据贫困生群的实际需求选择合适的工作方式，在保证其身心健康成长的同时，助其成为国家发展的栋梁之材。

## 二、主要做法

### （一）精准扶贫，进行高质量育人

精准扶贫是高校为更好地鼓励与解决贫困生群学习和生活中诸多困难而开展的教育扶贫工作，有明显激励作用。在机电与轨道交通学院开展精准扶贫工作时，按照学生实际学习需求选择合适的资助方式，这样才可以将精准扶贫的价值发挥到最大。

1.重视工作体制创新。在机电与轨道交通学院的创新工作体系上，积极落实精准扶贫政策，借助不同形式资助活动开展，推动全面教育目标实现。比如，机电与轨道交通学院在开展学生资助工作时，通常会将资助分成几个形式，如学生奖学金、助学金、免收学杂费、生活补助、就业补助等。学生资助形式多样，可以较好扩展补助范围，让学生有更多努力的机会，进而起到激励作用。除此之外，在社会大环境影响下，信息技术已经成为人们获取信息与传递信息的一个重要途径，因此在开展资助工作时，也可以借助信息技术进行精准资助。比如，机电与轨道交通学院教育人员借助互联网技术对来自不同地区学生生活环境进行了解，如果了解中发现这个学生所在地区受到疫情、自然灾害或者是其他因素影响，可以通过减免学杂费的方式进行资助活动，也可以进行学习资金补助，为这部分学生申请助学贷款开通绿色通道，让学生上学无忧。

2.开展迁移资助工作。机电与轨道交通学院为更好地发挥育人价值，适当将资助工作计划开展时间向前移动，这样可以更好地提升育人有效性。比如，在给学生下发录取通知书后，机电与轨道交通学院对学生家庭经济情况进行走访与调查，而后再进行入学资助计划。如，学院团学干部、班主任、辅导员等可以与学生所在地区相关负责人进行联系，让其协助其进行实际走访工作，对于有需要的学生，进行困难学生一对一送政策、送关怀帮助活动。在确定需要资助学生名单后，可以在招生会上为让这部分学生上台发言，而后为学生颁发奖励。奖励可以是图书，可以是资金或者是其他学生需要的东西。学校第一时间了解学生学习与家庭情况，在学生正式入学那一刻起，就根据学生实际需求进行精准资助活动，让学生在进入学校那一刻起就对学校充满情感，积极努力学习，树立正确价值观念与远大理想，既可以进一步落实三全育人政策，也可以让学校教学工作开展更具灵活性。

3.优化资助氛围。精准扶贫工作开展过程中，机电与轨道交通学院既重视精准性落实，还要重视氛围优化，为学生创造良好学习环境，对其世界观、人生观、价值观以及德育素养等进行培养。经常与学生接触的教育工作人员会发现，在学生进入大学后，受到多种因素影响，部分学生会出现心理不稳定情绪，再加上学生还在逐渐成长与成熟阶段，在思考与处理问题时，也缺少辩证与全面性等特点。为此在开展精准资助时，一定要关注学生变化，重视良好氛围创建，借助氛围优化让学生更健康的成长。比如，学院将金钱资助转变成学生心理资助，为学生聘请心理教师，对学生心理进行辅导，让学生正确看待周围事物变化与彼此间不同，懂得相互尊重，逐渐消除学生心里的自卑感、焦虑以及紧张感等。此外，学院也经常组织一些活动，例如让各地区学生分别针对自己的家乡做演讲，对家乡的人民进行普及，这样既可以扩展学生视野，加快学生之间的了解速度，对学生自信心的提升也有利。在每一次演讲活动举办时，可以对参与活动的学生给予奖励。同时，每个专业的专项奖学金或者是其他助学金达到全覆盖，学院可以要求各专业、各年级学生轮番进行演讲活动，并在演讲结束后，根据每个地区学生家庭实际情况选择奖励方式，比如对于喜欢阅读图书的学生，可以给学生采购一批图书，作为演讲的奖励。对于需要生活补助的学生，也可以选择生活补助的形式进行奖励。这样学生可以通过自己的努力获得补助，既可以起到激励作用，也可以让学生明确努力的重要性，感受通过自己努力获得成果的满足与开心，并在日后学习中积极努力与进取。

### （二）智能帮学，开展三全育人工作

机电与轨道交通学院将贫困生群学业作为一个切入点，据其学业完成情况进行帮扶工作，不断促进育人有效性提升。例如，机电与轨道交通学院构建学业帮扶课堂，根据学生优势与不足设定帮助计划。比如，贫困生学习中需要"励志领头羊"，而学院可以将"励志领头羊"作为榜样，发挥朋辈引领之用。同时，鼓励贫困生群的相互帮助，共同进步。此外，多设计一些团辅活动，培养贫困生群的互助意识，以期不断提升学业成绩与质量。

### （三）实践联动，创造美好校园环境

学校学习环境好，对学生身心健康成长与学习都有利。机电与轨道交通学院积极对接校园管理处优化校园环境。学校校园管理处和机电与轨道交通学院在开展学生服务工作时，可以充分发挥自己的社会服务功能，借助校企合作育人活动开展，为学生创造更多学习机会。因为每个高校都是由十几个甚至几十个教育专业组成，并且每个专业教学都有自己的特点与优势，所以在开展校企合作时，要根据学校专业选择合作企业，这样才可以让学生有更多实践机会。比如，把不同专业的学生安排到不同管理活动中，比如说参与学校卫生管理、健康安全管理与其他管理等，这样可以有效扩展校企合作范围，也可以让学生在学校就充分得到练习，为学生就业竞争力提升做好准备。除此之外，还可以参与学院的招生、校园环境优化与管理、教学条件改善、学生生活管理等，这些都可以成为校企合作活动的开展首要选择。比如，学校可以和社会中环境管理企业合作，邀请其担任学校外在环境建设与保护的管理人员，而后学生作为相关活动开展主要成员，通过学生加入对学生环保意识进行培养。对于宿舍管理与校园相关活动管理，同样可以选择与企业合作，将学生宿舍管理企业化，让学生提前进入社会生活状态，学习自我约束与管理的同时，树立正确价值观念，懂得用辩证思维看待与解决问题等。这样既可以让学校从内到外都形成教育特点，也与三全育人要求相符，使学生无时无刻不在接受教育。

### （四）依托平台，推进发展型资助育人长效机制

"鸿鹄励志"发展型资助育人工作室以习近平新时代中国特色社会主义思想为指导，

深刻把握当代大学生的性格特点、成长规律与成才需求，持久推进"经济帮扶、道德浸润、能力拓展、健全人格"的资助育人长效机制，以期实现"助困与强能、志育与心育"交互融合的发展型资助创新模式，助力高职贫困生群"立鸿鹄远大之志，赋飞跃千里之能"。

"鸿鹄励志"发展型资助育人工作室密切围绕六个沙龙主题，全线贯穿"两涯"（生涯—学涯）引领，凝心聚力"三成"（成长—成才—成功）帮扶，具体探索举措如下：

1. "受助身份"主题沙龙：阐释资助初心 践行育人使命；励志成长座谈会，谈心谈话润心田。

2. "学业规划"主题沙龙：SMART目标管理；绘制手掌型学业图谱。

3. "社交情感"主题沙龙：条条大道通罗马，感悟漫漫人生真谛；知人知己创建友谊，自信他信成就幸福。

4. "技能梳理"主题沙龙：成就故事分享会，察觉生命高光时刻；分类梳理自我技能，模拟面试未雨绸缪。

5. "生涯思维"主题沙龙：生涯概念溯源，生涯思维养成；DIY我的生涯愿景板，站在未来遇见自己。

6. "成果复盘"主题沙龙：立足当下，学业图谱诊断；胸怀未来，手绘菱形之花。

## 三、实际成效

经过不断努力，机电与轨道交通学院工作成效明显。在家庭经济困难学生群的资助工作中，开展多样化资助活动，切实做到全面与精准资助，这不仅为贫困生群创造良好的学习环境，解决学习中诸多问题，也让贫困生群学会感恩，懂得通过不断努力与进步的方式反哺学校、回报社会，励志报国。

## 四、经验启示

机电与轨道交通学院为学校开展相关工作的基础，在进行资助育人的工作时，主动落实三全育人工作，并将这一工作渗透到学生学习、校园生活、学工管理等方方面面，在充分发挥施教主体育人职能的同时，与不同育人部门进行联动，利用资助育人的创新活动，将高校重点关注群体——贫困生群培养成德智体美劳全面发展的高素质技能型人才，力争为社会发展作出更多贡献。

★ 资助育人类案例 ★

# 夯实"同心·思源" 强化资助育人实效

毛传花

## 一、目的意义

学生资助工作是学校学生管理工作的重要内容。学院紧紧围绕立德树人根本任务，将育人作为资助工作的出发点和落脚点，不断加强精准资助，大力推进资助育人，全面落实国家、省市级学生资助政策。围绕"精准、励志、感恩、育人"的资助理念，既助学，又筑梦，更铸人，实现把资助过程变成育人的过程，引导受助学生感恩于心、励志于行，积极传递正能量，促进学生全面发展。一直以来艺术学院通过健全资助体系、搭建资助平台、厚植感恩情怀、加强思想引领，促进学生全面成长成才。

## 二、主要做法

### （一）加强制度建设，健全资助体系

一是学生资助工作制度有保障。学院高度重视学生资助工作，依据国家和学校有关政策和文件精神，成立学生资助工作领导小组，将资助育人工作摆在学院工作的突出位置。建立健全国家资助、学校奖助、社会捐助、学生自助相结合的立体资助网络，畅通奖、贷、助、补、勤、免、偿，多元资助"绿色通道"，全面落实国家资助政策，着力构建"体系全、范围广、力度大、关怀浓、服务优"的资助育人工作格局。二是学生资助政策宣传有力度。加大学生资助政策宣传力度，通过新生入学专题教育、主题班会、资助信息推送、绿色通道咨询等多种渠道，不断扩大国家、省市及学校资助政策传播覆

盖，帮助学生及家长全面了解相关资助政策，让家庭经济困难学生切实感受到党和国家的深切关怀。前置资助工作，在新生入学报到前，辅导员（班主任）建立新生微信群，及时发布、讲解国家资助政策，指导家庭经济困难学生办理助学贷款，进一步提升资助工作主动性。

### （二）加强平台搭建，精准资助学生

"同心·思源"绿茵创新基金作为艺术学院在校贫困、创业和科研的学生和优秀团队的慈善基金，是由宁波市绿茵市政园林股份有限公司、民建宁波市委员会定向捐赠，绿茵基金自2017年成立以来，累计资助学生300余人次，共计资助金额60万元。

2016级毕业生邵同学因后天性的听力障碍，家庭经济本不富裕的她想要重获"新声"简直就是不可能，学院在得知情况后，通过"绿茵基金"一次性资助学生10万元，使其顺利完成"人工耳蜗"植入；2015级何学生因患急性淋巴细胞白血病，学院也通过"绿茵基金"资助学生3万余元，解了燃眉之急。2016级舒同学父母双亡，让本该安心学习的他想要辍学，学院在了解情况后，资助学生1万余元等。通过资助平台搭建，予学生以希望。

### （三）加强思想引领，厚植感恩情怀

坚持学生资助与思想政治教育相结合，教育引导学生树立远大理想。一是加强诚信教育。开展覆盖所有班级的主题班会等系列诚信主题教育活动，培养学生诚实守信的良好品质。二是强化感恩教育。每年召开"感恩、励志、诚信"资助会议，全体受助学生参加，旨在着力培养受助学生自立自强、诚实守信、知恩感恩、勇于担当的优良品质。开展毕业季"感恩母校、奉献爱心"主题教育、感恩季征文活动和爱心捐赠活动，据不完全统计，近年来共捐款"弘帮基金"45 378.2元。设置"文明督察岗"，引导受助学生积极参与文明督察和学校垃圾分类等志愿服务活动，开展"文艺轻骑兵"走进乡村助力乡村振兴，组织舞蹈团队走进民建宁波市委会送新春祝福等特色活动，引导受助学生以实际行动感恩和回报社会。

### （四）加强学风建设，发挥榜样力量

一是深化励志教育，选树先进典型，发挥榜样力量。连续举办"同心 思源 绿茵基金"颁奖典礼，表彰省政府奖学金、特等奖等奖学金获得者，表彰学业共进、生活互助、团结友爱的文明集体、表彰积极参与各项活动的素拓之星、表彰勇攀技能高峰的学科竞技之星等。二是制作"国奖风采展——榜样在身边"等活动。充分展示励志学子和

优秀团队的风采,激励广大学生奋发进取、自立自强。引导广大学生向先进看齐,进一步促进学风建设,提高育人质量。

### (五)加强能力提升,促进全面发展

一是坚持帮困与扶智、助学与扶志相结合。聚焦家庭经济困难学生能力培养、素质拓展,开展内容丰富、形式多样的培训活动,增强学生自信心,培养学生诚信意识、感恩意识、励志精神和健康人格,促进学生全面成长成才。引导学生做规划、定目标、讲诚信、懂感恩、讲奉献。二是组织勤工俭学岗前面试和培训等,着力培养学生文字写作、语言表达等基本技能。三是通过微信公众号和职业生涯规划、就业指导等课程从职业规划、简历制作、面试、自我介绍、职场商务礼仪、就业安全等模块进行答疑解惑,帮助就业困难的受助毕业生提高职业素养和就业能力。

## 三、实际成效

近年来,"同心·思源"绿茵创新基金受助群体中涌现出一批优秀的学生。创业之星陈先权的"木艺又"工作室项目荣获教育部主办的全国第五届大学生艺术展演活动大学生艺术实践工作坊三等奖;程佳璐、应子怡、胡晓芬、童梦圆等人获得国家奖学金;沈颖钒等人通过专升本目前升入研究生学习阶段;18舞蹈、19舞蹈2班获得省大学生艺术节多项一等奖及宁波市大学生先进集体等荣誉;李千姿创业大赛团队获得浙江省第十二届"挑战杯"大学生创业计划大赛二等奖;张琰获得浙江省大学生中华经典诵读竞赛一等奖;应子怡获"红星会展杯"全国商科院技能大赛一等奖。另外还有一大批受助学生积极参与时尚节、毕业季、中国共产党建党100周年等大型活动的志愿服务和各级各类的学科竞赛中,成绩突出,屡屡获奖。学院1人获得宁波市学生资助优秀工作者。

## 四、经验启示

资助育人是促进教育公平,构建社会主义和谐社会的重要举措,是高校思想政治工作的生动实践。要加强正向引导,加大对家庭经济困难学生自立自强品格的培养,要精准掌握学生的思想动态和心理特点,将解决思想问题、心理问题与实际问题相结合。一是要充分发挥国家奖学金、国家励志奖学金的导向作用,积极挖掘受助学生优秀事迹,加大宣传力度,强化示范效应。二是要对家庭经济困难学生进行科学有效的心理疏导,培育受助学生健康的心理品质。根据心理普测、谈心谈话等,发现问题并及时有效解

决。发挥心理健康课程和校园活动的教育疏导功能,帮助困难学生消除心理困惑,缓解心理压力,引导学生积极乐观地面对生活。三要加强对家庭经济困难学生的诚信和感恩教育,饮水思源、乌鸦反哺,强化学生感恩和诚信意识,努力践行"敢为人先、精于技艺、诚信重诺、勤奋敬业"的红帮精神。

★ 组织育人类案例 ★

# 师生联合党支部协同育人，实现 1+1>2

## 丁 冬

## 一、目的意义

高校学生党支部作为高校的基层党组织，是思想政治工作的核心主体，是实践育人最基本的单位和途径，是对大学生党员进行教育管理最直接的组织。自 2015 年始，学校党委指导支持二级学院根据各自实际，依托自身优势，以师生联合组建党支部的形式，逐步开展各具特色又富有成效的基层党组织调整，努力实现党建工作与育人工作有机结合。

## 二、主要做法

为了克服党建与育人"两张皮"，避免党建活动与业务工作脱节，化解师生党员互动不足、教师党员引领学生不够等问题，学校党委开始找准"痛点、堵点"，从党支部教师党员与学生党员"混编破冰"出发，积极探索总结支部工作法，推动教师党建与学生党建组织融合、思想融合、业务融合，推进师生联合党支部建设。

1.混编方式多样化。首个师生联合党支部由纺织学院创建，纺织学院依托网络组建在甬高校首个网络党支部——e 党支部。随后，以中外合作办学项目为单位新建中日、中英、中韩项目 3 个联合党支部。机电与轨道交通学院在大学生创新协会党小组基础上升格组建师生联合党支部——创新党支部。时装学院以专业（群）为单位分别组建服装设计、服装工艺、针服陈列营销 3 个师生联合党支部。信息技术学院（原信息媒体学院）以专业群为单位组建信息设计师生联合党支部。目前二级学院党委下属党支部已基本实现师生联合党支部。

2.师生联系更密切。在师生联合党支部内，每位专业教师党员每年会承担2-3名入党积极分子培养和考察任务，有党员教师表示，教师以育人为荣，与学生谈话虽然付出了时间成本，但教育意义重大，通过与同学一对一的谈话，可以真正了解学生的思想，能够有针对性地对学生进行指导。

3.促进了"党"与"教"融合共建。专业骨干教师担任党支部书记，辅导员担任组织委员，学生党员担任宣传委员，党建工作与教学工作紧紧凝结在一起，开创了党建育人融合新路径，实现了师生共同成长新局面。

## 三、实际成效

师生联合党支部特色鲜明，组织育人作用发挥明显。创新支部设置方式，落实"五个有利于"原则，不断提高党支部的发展活力和创新能力，有效打通了组织育人"最后一公里"。

1.师生合编共融，巩固组织育人平台。既有纺织学院依托网络组建的e党支部，又有中外合作办学项目为单位的项目联合支部；既有以专业（群）为纽带组建，又有在学生社团上设置支部。纺织学院党支部通过把合格党员标尺立起来，使党员成为群众身边最具活力的"红色细胞"。充分发挥组织育人作用，学生党员获中国自强之星奖学金标兵、国奖奖学金、浙江省"挑战杯"创业计划竞赛金奖、宁波市励志标兵等荣誉。

2.融合专业实践，突出组织育人实效。艺术学院抓准"文化育人促成才"着力点，探索形成"党建统领、思政引领、美育提领"三位一体育人模式，以党建"有形化"为特色，推进红色舞台、艺苑红课堂等系列党建品牌，入选由中国职业技术教育学会党建工作委员会主编的《全国职业院校宣传工作案例汇编》。

3.践行国家战略，创新组织育人载体。商学院党委践行乡村振兴战略，师生支部结合学院电商学科优势，成立"侬知"电商助农志愿服务团队，融入直播元素，通过直播，帮助欠发达地区、对口支援地区销售农产品，获共同富裕实践团省级重点项目。累计助农社会实践31次，销售金额达24.5万元，志愿服务时数累计近400小时，受惠人群2 054人次。

## 四、经验启示

采取师生联合构建党支部的方式，首先，有利于加强基层党组织建设，支部内党员相互沟通、相互交流、互通有无，实现优势互补，取得 1+1>2 的整合效应。其次，有利于增进师生感情，一方面能够使教师党员全面了解学生需求、思想动态，及时调整教学工作和思想政治教育方式，切实提高教学质量和科研管理水平，着力在学习上指导、生活上帮扶、思想上引领学生成长，成为学生的良师益友；另一方面，学生党员通过与教师党员的亲密接触，能够深刻理解教师在教学科研、理论学习等方面的付出，切实体会教师教书育人的用心，增强对教师工作的理解和支持，有助于化解师生在日常管理中的冲突，实现被动管理变主动自律的转换，形成尊师重教的良好氛围，最终构建和谐的师生关系。再次，有利于形成思想政治教育工作合力，党建是思想政治教育的核心和灵魂，思想政治教育是党建的主要内容和有效途径。党中央明确提出"要动员和组织更多的党员教师参加到学生党建和思想政治工作队伍中来。"组建师生联合党支部目的是促进党建工作和思想政治工作形成合力，全面提高育人效果。同时将支部党员扩大到积极分子、入党申请人等更多的群体，充分发挥专业教师优势，实现学生的全面发展，更好地达到育人的效果。

在师生联合支部建设过程中，我们也遇到一些困难，比如个别支部书记对师生联合支部的认识有待进一步提高，在一些支部活动中，还保有单纯教工支部的痕迹，有忽略学生党员的情况。因此，对于师生联合党支部的构建，需要进一步加强制度建设，增强机制的长效性。要加强顶层设计，要建立健全激励机制；选优配强党支部书记，加强领导核心建设。一支党建业务双强的"双带头人"党支部书记队伍，有利于提升党支部党建工作水平，强化育人实效；创新支部活动形式，提升育人质量、要充分发挥教师党员和学生党员的不同特点，创新党支部活动形式，提高支部内党员参与度，激发其积极性和主观能动性；教师党员要充分发挥自身学科专业优势，助推育人实效。

★组织育人类案例★

# 聚焦"四史" 跟读甬城

## 董云辉

聚焦"四史"学习教育,培育"跟读甬城"活动,坚持开放式报名,活动主题化,实施沉浸式教学,游学一体化,开展体验式学习,课堂实境化,力推思政教育接地气,厚植青年爱党爱国情。活动已历时5年举办29期,直接参与学生800余人,参与线上互动3万余人次,受到新闻媒体的关注,入选2020年宁波市教育系统优秀党建工作品牌案例。

## 一、目的意义

习近平总书记指出,历史是最好的教科书。开展党史学习教育,是坚定信仰信念、在新时代坚持和发展中国特色社会主义的必然要求,要在全社会广泛开展党史、新中国史、改革开放史、社会主义发展史宣传教育,普及党史知识,推动党史学习教育深入群众、深入基层、深入人心,引导广大人民群众特别是青少年弄清楚中国共产党为什么"能"、马克思主义为什么"行"、中国特色社会主义为什么"好"等基本道理,坚定不移听党话、跟党走,在全面建设社会主义现代化国家伟大实践中建功立业。

党委组织部深入学习习近平总书记关于"四史"的重要论述,坚持落细落小落实,着力优化党课教学方式,丰富党课讲授内容,提升党课教育时效,把加强新时代大学生的思想政治引领和开展"四史"学习教育、弘扬宁波精神结合起来,加强和改进新时期爱国主义教育,结合宁波特色与学校实际,于2018年10月推出"跟读甬城"系列游学活动,由教学名师带领,寓历史文化学习、思想道德教育于参观游览、实践体悟之中,将"游"与"学"有机结合,让同学们在学思践悟中进一步坚定理想信念,引领青年学生学史知史悟史,自觉培养爱国之情、砥砺强国之志、实践报国之行,促进青年学生对宁波历史文化的情感认同，推动宁波文化、宁波气质、宁波精神的传承发扬。

## 二、主要做法

聚焦"四史"学习教育，培育"跟读甬城"活动，引领青年知史悟史，厚植爱党爱国情怀，活动已历时5年，举办29期，直接参与学生800余人，参与线上互动3万余人次，得到在校生的点赞认可，成为毕业生的纺服记忆。

1.坚持高标准设计，培育校园文化品牌。由跨部门学院多专业领域的教师组建风华工作室，负责品牌设计和活动策划。活动分春、秋两季定期开展，由风华工作室确定每季学习主题，如"三江揽胜""海上丝路""服装名城"等。每季活动固定为5期，均安排在双休日举行，方便学生参与。活动通过校园微信公众号发布信息，面向全体大一学生开放，接受网络报名。风华工作室从中选取20名左右学生组成每期游学团，并指定学生助理2名，承担活动组织协助工作。

2.优聘高水平名师，发挥思想引领作用。风华工作室邀请师德过硬、业务精湛、学生喜爱的教学名师、教坛新秀、青年博士、海归教师担任"跟读甬城"游学活动导师，得到纺服名师的热情响应和倾情支持，全省高校优秀党员张辉教授、市劳动模范张芝萍教授、市高校育人奖获得者夏建明教授、市美协副主席吴威教授等一批纺服名师、校园大咖欣然应邀，现身活动，在与学生面对面的轻松自由交流中传道解惑，紧紧围绕立德树人，充分发挥人格魅力，落实青年学生的思想引领。

3.甄选高品质地标，开展沉浸体验教学。宁波作为历史文化名城，有着开展"四史"学习教育得天独厚的条件。导师紧扣教育目的，揣摩青年心理，把实境课堂开设到月湖、三江口、招宝山、宁波港、和丰创意广场、宁波帮博物馆等体现城市历史文化的代表性地标，用"沉浸式体验式社交式"教学，让青年学生"愿意来、听得进、记得住"。通过"问题导入、情景带入、团体浸入、思想深入"的实境课堂讲授，学生在潜移默化中接受洗礼，在春风化雨中受到教育，推动思政课堂"动"了起来、"四史"教育"活"了起来。

## 三、实际成效

提升思政教育的亲和力与针对性，把有意义的事做得又有意思，实现广大青年学子在游学中汲取文化营养，推动大学生在学思践悟中进一步坚定理想信念，得到中国教育在线、浙江在线、新浪教育、浙报浙江融媒体等新闻媒体的关注与报道，2020年入选宁波市教育系统优秀党建工作品牌案例。

1.深挖文化资源绘就新篇。从宁波深厚的历史文化资源中细挖、精选青年学生乐于倾听、易于吸收的丰富养料，变地域文史素材为优质教材，把名城历史文化的价值力量转化成了青年学子的情感认同、理性思考和行动自觉，促进了宁波文化、宁波气质、宁波精神的传承发扬。

2.力推思政教育紧接地气。借甬城文化地标为实境课堂，紧扣"管用有效"，创新方式方法，将真实的文化地标与抽象的"四史"知识有机结合起来，提升思政教育的亲和力与针对性，接地气且入人心，有意义且有意思，推动广大青年学子在实境中汲取文化营养，补上精神之"钙"。

3.厚植青年爱党爱国情怀。通过游学，学生对时代进步有更为深切的体会，对宁波未来有了更为直观的认识，对国家发展有更为强烈的认同，在学思践悟中进一步坚定理想信念，在奋发有为中践行初心使命，为当好"重要窗口"模范生汇聚硬核青春力量、体现使命担当。

## 四、经验启示

倡导师生"同心、同力、同行"，体现品牌"共建、共育、共享"，运用"问题导入、情景带入、团体浸入、思想深入"的教学方法，展开"沉浸式体验式社交式"的实境教学，让青年学生"愿意来、听得进、记得住"，推动思政课堂"动"起来、"四史"教育"活"起来。

1.在策划上需要走心。活动注重策划，教学设计充分考虑大学生群体的特点，合理安排，有机串联，游学一体，劳逸结合。交通出行坚持公交、共享单车和步行，既体现绿色环保，同时又是毅行健身。游学团设立师生微信群，及时发布教学安排和授课课件，随时分享游学感悟和师生合影。

2.在互动间需要交心。活动强调互动，在教学点有导师专业讲解，在行程中有师生自由交流。导师自掏腰包，请游学团成员共进午餐。导师请吃饭，亮点不在吃，而在交流；重点不在餐，而在倾听。导师将餐桌上听到的学生自由表达的意见建议，转交相关部门以求改进学校的教育教学工作。

3.在吸引中需要育心。活动力求吸引，由名师、新秀、博士、海归担任导师，正是借由他们对学生业缘上的天然亲近感，在吸引中得以靠近，在靠近中加以引导。导师结合生动的案例、亲身的经历，把"四史"故事娓娓道来，引发学生共鸣，实现学生自我教育、自我完善、自我成长。

★组织育人类案例★

# 强国有我　党旗下的青春正闪耀
## ——用百年党史为学生成长培根铸魂

何平平

## 一、目的与意义

党史学习教育作为思想政治教育的重要组成部分，对健全大学生人格具有不可替代的价值，是培养德智体美劳全面发展的社会主义建设者和接班人的重要基石。通过研究发现，当前高校大学生党史学习教育遭遇困境，首先是大学生缺乏对党史学习的积极性、自觉性，其次是高校党史学习教育缺少实践性活动，最后是影视剧、微博、微信等网络媒介对党史学习教育的不利影响。如何引领青年大学生学史明理、学史增信、学史崇德、学史力行，辅导员应主动因势利导，在党史学习教育中发挥积极作用，为青年学生成长培根铸魂。

## 二、做法与成效

如何多措并举，用党的百年奋斗精神涵养学生，培养爱党爱国的一代新人，是高校辅导员的崇高使命和重大责任，现就两年来党史学习教育中的特色亮点工作分析如下。

1.组建一个党史宣讲团，让学习氛围"火起来"。经过选拔推荐，审核培训一批党性观念强、政治觉悟高、理想信念坚定的师生党员加入党性·匠心——"和合"党史宣讲团。围绕党史、新中国史、改革开放史、社会主义发展史，以青春视角和青年人的话语体系阐释习近平总书记关于党的历史的重要论述，宣讲中国共产党为国家和民族作出的伟大贡献。截至目前，共计开展30余场党史宣讲，受众师生达3 000余人。今后，党史宣讲团还会进社区、进学校、进企事业单位，将主动权交给对方，根据学习需求，开启"点单式"宣讲，让党史学习教育更接地气更入人心，切实提升青年学生在党史学习教育中守初心、担使命的思想自觉和行动自觉。

2.组织两场党史大赛，让专业技能"练起来"。结合服装设计专业特色、发挥学科优势，以线上宣传、师生互选、线下走秀的形式展示设计作品。2021年2月至6月，组织献礼建党百年——"红"创意作品发布会，共展示60套童装；组织庆祝建党百年——"光辉岁月"主题服装设计大赛，共展示67套服装。其中庆祝建党百年——"光辉岁月"主题服装设计大赛于6月23日在江北文创港首秀发布，先后被央广网、中国新闻网、宁波日报、"学习强国"等多家主流媒体报道，获得各界一致好评。这类活动，有效帮助学生们将专业技能实践与党史学习融为一体，学生们可以用设计再现中国共产党党史事件和革命英雄的光辉事迹，用设计诠释中国共产党百年间波澜壮阔的光辉历程和巨大成就，寓教于乐，更是激发了大学生学党史、知党情、跟党走的热情。

3.开展三个文化展览，让第二课堂"活起来"。将党史学习教育与学生活动充分融合，因材施教开展三个党史文化展览。观党史、颂党史——"红色记忆"文化展，共收到学生作品80余份，学生们以绘画、书法、剪纸、手工艺品等参与比赛，并将获奖作品在学院及学生社区展览，打造党史学习阵地；流光记忆——"红色记忆"电影展，《建党伟业》《金刚川》《我和我的祖国》《建军大业》《智取威虎山》等优秀影片轮番播放，从光影中帮助学生走进百年党史，回顾党的光辉历程；"追寻"——红色时尚之旅微视频展，聚焦弘扬践行浙东革命精神，学生们用多期微视频讲述革命故事，阐释革命精神，宣传红色文化。

4.实现四个全面覆盖，让党史育人"融起来"。班级教学全覆盖，围绕党史学习教育重点内容开展班级日常教学工作，专业老师在课前邀请学生进行时事政治评论、课间设置思政微课堂；社区教育全覆盖，社区宣传橱窗、标志等两周更新一次，丰富党史学习载体，营造学习氛围；实践学习全覆盖，围绕党史重要事件、重要活动和重要遗址旧址等组织开展丰富多彩的实践学习活动，2021、2022年共计开展主题暑期社会实践、社区志愿活动、主题党（团）日活动等700余场，帮助学生将党史理论知识内化于心，外化为实际行动。

## 三、经验启示

1.提高政治站位，做好党史学习教育的"排头兵"。辅导员作为高校思想政治工作的骨干力量,给学生一碗水,首先自己要有一桶水。辅导员需要进一步提高政治站位,深刻认识到党史学习的重要性,以身作则,着力提升政治判断力、政治领悟力、政治执行力;躬身力行,用深厚的理论知识武装头脑,立足岗位为学生办实事、办好事、解难事。把党史学习教育与育人工作紧密结合,激发出干事创业的强大力量,推动学生思想政治工作不断实现重大突破。

2.创新工作方法,做好党史学习教育的"勤务兵"。青年大学生朝气蓬勃、充满活力,学习接受新鲜事物能力较强。在党史学习教育中,可以结合青年大学生的特点,设置一些他们感兴趣的活动,寓教于乐,在活动中潜移默化达到育人的目的。例如,利用快闪唱红歌、微视频录制等方式表达对中国共产党、对伟大祖国的热爱,这类活动既符合学生的兴趣又在无形之中强化了大学生的爱党爱国之情。

3.融合专业培养,做好党史学习教育的"工程兵"。不同学科背景的学生有其独特的思维模式和行为习惯,作为辅导员要精准把握学生的共性与个性,了解各专业学生的需求与特质,方可"对症下药"。党史学习教育也应结合专业特色、发挥学科优势,注重在专业教学和实践中挖掘思政元素,融合党史学习教育,真正将党史学习教育落到实处、融入生活,确保学习教育卓有成效。

4.打造"互联网+党史"模式,做好党史学习教育的"通信兵"。大数据时代,互联网已成为意识形态领域的重要阵地。首先,辅导员要充分利用网络媒介介绍、还原真实的历史事件,密切关注网络动态,帮助大学生去伪存真。其次,辅导员要重视互联网中以手机为代表的现代媒体的影响力,微信、QQ、抖音、微博、"学习强国"等APP的使用率越来越高,可以将党史教育与APP结合,如:在微信公众号中,开设"党史天天学"专题,随时随地了解党史;抖音上,可以剪辑制作"党史天天看"微视频,既能在短时间内触动学生的心灵又能激起学生探索研究的兴趣。

# 思政工作培育项目

为切实增强学校思想政治工作的时代性、亲和力和感召力，贯彻落实职业教育提质培优行动计划，切实推进学校"十四五"事业发展规划建设，努力争创省级以上"三全育人"示范校，创建国家级"双高校"。2021年8月，学校党委制发了《学校思政工作项目培育实施办法》。

培育项目以习近平新时代中国特色社会主义思想为指导，紧紧围绕立德树人的根本任务，努力争创省级以上"三全育人"示范校，准确把握思政工作着力点，不断推进高校思想政治工作因事而化，因时而进，因势而新，努力培养德智体美劳全面发展的社会主义建设者和接班人。培育项目包括"育人体系建设优秀项目""思政工作重点工作品牌""思政工作特色资源开发""思政工作优秀平台""思政名师工作室""思政工作示范集体"等8个类别，对评审后入选的培育项目在初期、中期和终期的评估后给予了一定的经费资助。从2022年1月—2023年12月，合计培育思政工作（德育）特色经典案例、思政课教师研修基地、思想政治课教学创新团队、思想政治课示范课堂、"十大育人"体系建设优秀项目、思政工作重点品牌、思政工作特色资源开发、思政工作优秀平台、思政名师工作室、高校网络教育名师等校级思政工作项目52项。

通过培育项目及时总结提炼了一些经验做法，挖掘凝练了一批育人成果，充分发挥了引领示范、辐射带动作用，推动了学校思想政治工作质量和水平的整体提升。

★辅导员工作室★

# "花YOUNG青社"思政工作室

蒋思婷

## 一、项目建设目标

"花YOUNG青社"思政工作室团队由7名学生思政工作者组成。团队关注到学生群体网络圈层化的社会现象，青年在网络生活空间中由于信息获取定制化、个人社交圈子化、交互关系层级化呈现出一种只在自己特定的圈层中进行信息交互的现象和趋势，教育者被动失位。在青年群体网络圈层化的社会现象下，如何顺势而为探索高校思想政治教育工作开展的新路径是值得探究的命题。工作室聚焦青年社交文化现象，守好学生社区文化阵地，旨在以形式多样的线下社区活动和多元视听、互动沉浸、短小紧凑、新潮时尚的线上视听内容赋能思政教育，让高冷范儿的思想政治理论有接地气的样态表达，以有思想力的立意价值、有感染力的互动传播助推形成线上线下融合的正能量青年社交圈，打造契合青年成长需求的学生社区文化，凝聚青年成长合力。

1. 运营好一个新媒体视频账号，形成线上线下融合的正能量青年社交圈。
2. 打造五大学生社区活动品牌，组建多主体、共促进的圈层成长共同体。
3. 组建一支生活思政实践队伍，实现辅导员专业成长与提高思政育人实效共赢。
4. 组织好每学期一次专题研讨，做活接地气、入人心的生活思政文化品牌。

## 二、项目建设思路

"花YOUNG青社"思政工作室秉持"三融入"的育人理念（思政工作融入学生生活、价值引领融入朋辈教育、育人资源融入成长需求），围绕学生社区阵地，打造"1个新媒体视频账号+5大社区品牌活动"的育人矩阵，构建线上线下融合的正能量青年社交圈，探索"生活思政"育人新模式。

1. 思政工作融入学生生活。深入研究把握习近平新时代青年思想政治教育规律，守好学生社区文化阵地，打造"1个新媒体视频账号+5大社区品牌活动"的育人矩阵，以生活思政关照学生生活，引导学生正确思辨，培养学生积极的社会意识。

以"花YOUNG青社"微信视频号为宣传载体，提高工作室一对多的育人实效，扩大工作室示范、辐射作用。打造"花YOUNG纺服里"系列社区探访活动，开设"公寓新颜面面观""社区食堂探店合集"等专栏，全面展示学生社区生活服务功能，提高学生服务满意度。打造"花YOUNG尚学季"系列学风建设活动，在学生社区组建圈层成长共同体，挖掘学生的成长需求，贯通"生活空间"与"育人空间"。打造"花YOUNG乐活节"系列文明风尚活动，在学生社区开展"文明校园"原创话剧大赛、"花YOUNG环保集市"等活动，加强学生社区文明风尚建设。打造"花YOUNG出圈秀"系列青年交流活动，开展"花YOUNG达人秀""花YOUNG样板间"等互动交流活动，构建线上线下融合的正能量青年社交圈。打造"花YOUNG青年说"系列价值引领活动，依托"了不起的分享""班长领读行动"等活动载体，为学生搭建表达平台，组建学习共同体。

2. 价值引领融入朋辈教育。寻找学生身边正能量的领域达人，通过新媒体传播谋划设置专栏，让其发挥意见领袖的作用，通过价值引领共同唱响主旋律，传播好声音，激发正能量，让朋辈教育效果最大化。

3. 育人资源融入成长需求。围绕大学生社交"圈层化"的现象，在学生社区组建圈层成长共同体，挖掘学生的成长需求，如针对四级复习需要监督和帮助的学生设立"花YOUNG联合行动组"等符合学生语言特点的圈层成长共同体，并向其倾斜育人资源，如定期请英语教师或英语较好的学长学姐组内答疑，让学生社区成为学生学习、社交的核心场所。

## 三、项目建设模式图

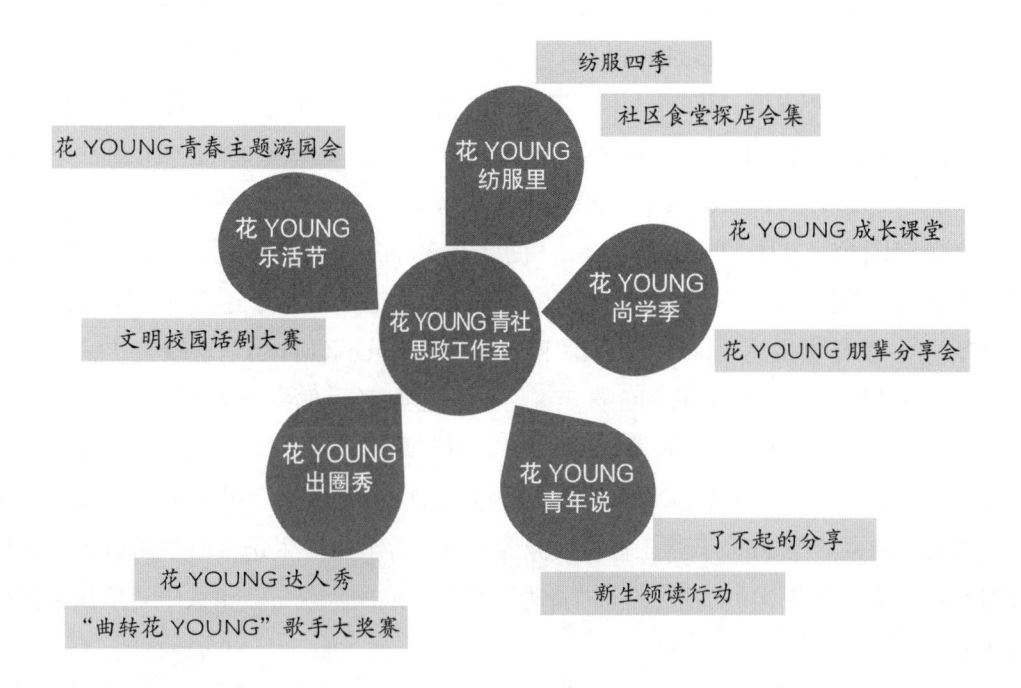

以"花YOUNG青社思政工作室"为中心的花瓣式模式图，包含以下板块：

- 花YOUNG纺服里：纺服四季、社区食堂探店合集
- 花YOUNG尚学季：花YOUNG成长课堂、花YOUNG朋辈分享会
- 花YOUNG青年说：了不起的分享、新生领读行动
- 花YOUNG出圈秀：花YOUNG达人秀、"曲转花YOUNG"歌手大奖赛
- 花YOUNG乐活节：花YOUNG青春主题游园会、文明校园话剧大赛

## 四、项目建设成果

1. 常态化运营1个新媒体视频账号，点击量破13万次。"花YOUNG青社"思政工作室于2022年10月开通"花YOUNG青社"新媒体视频号，并完成品牌标识设计。工作室围绕2023年宁波时尚节、第十九届校运会、2023级新生军训闭幕式等学生学习生活中的重大活动推出短视频作品，截至目前，共发布视频作品30余件，点击量破13万次，点赞量破6 000。工作室以形式多样的线下社区活动和多元视听、互动沉浸、短小紧凑、新潮时尚的线上视听内容赋能思政教育，让高冷范儿的思想政治理论有接地气的样态表达，以有思想力的立意价值、有感染力的互动传播助推形成线上线下融合的正能量青年社交圈，践行"生活思政"新模式。

2. 关注学生社交圈层化现象，打造4个学生圈层成长共同体。"花YOUNG青社"思政工作室以学生兴趣为导向，聚焦价值引领主任务，在学生社区组建多主体、共促进的圈层成长共同体来对抗大学生网络圈层化交往带来的新风险。工作室着力打造"逐梦晨读""花YOUNG舞韵""悦动啦啦操""寻声合唱"等多个学生圈层成长共同体，100余名学生在参与兴趣小组的常态化活动中走向线下社交，走出线上"信息茧房"。通过

让学生走向线下活动，主动防范"躺平""佛系""摆烂"等网络亚文化对主流意识形态的解构，涵养大学生积极的社会心态。

3.孵化5大学生文化品牌，参与学生达1 500余人次。"花YOUNG青社"思政工作室按计划推出5大学生文化品牌，打造"花YOUNG纺服里、花YOUNG尚学季、花YOUNG乐活节、花YOUNG出圈秀、花YOUNG青年说"五大原创校园文化品牌，以正能量的线下社区品牌活动和贴近学生的线上新媒体传播方式让师生共同参与，实现学生发展与教师成长的双向奔赴。工作室组织"青动力·燃未来"花YOUNG青春主题游园会、文明校园话剧大赛、"曲转花YOUNG"歌手大奖赛、花YOUNG朋辈分享会、"花YOUNG青年说"新生领读行动、花YOUNG达人秀等文化品牌活动10余项，参与学生达1 500余人次。同时，"花YOUNG青社"思政工作室下设花YOUNG宣讲团，将"花YOUNG青年说"这一工作室品牌活动辐射面扩大，10余名大学生用"身边事"解读"大政策"、用"小故事"阐明"大道理"，深入村社开展主题宣讲，让青年说"声"入人心，让生活思政的育人成果显性化。花YOUNG宣讲团成员郑雨诺、韩灵浩获2023年浙江省思政微课大赛三等奖，并入选大学生领航计划思政微课展示活动，组建"甬尚廉风 青力青为"社会实践团队获宁波市大中学生社会实践表现突出团队。

4.总结提炼"生活思政"相关实践育人经验，发表相关论文1篇，工作案例2个，申请厅级课题2项。团队关注到学生群体网络圈层化的社会现象，青年在网络生活空间中由于信息获取定制化、个人社交圈子化、交互关系层级化呈现出一种只在自己特定的圈层中进行信息交互的现象和趋势，教育者被动失位。在青年群体网络圈层化的社会现象下，如何顺势而为探索高校思想政治教育工作开展的新路径是值得探究的命题。工作室聚焦青年社交文化现象，总结提炼"生活思政"实践育人经验，撰写工作案例2篇。（案例名称：《认清消费主义陷阱，为"校园顶流"正名——基于深陷消费主义负面影响的案例分析》《巧用"加减乘除"法，妙解"饭圈少女"综合症》）。工作室成员撰写生活思政相关论文一篇，在《职教论坛》杂志（北大核心）刊发。工作室负责人申请相关厅级课题两项（浙江省社科联研究课题《网络圈层化视阈下大学生奋斗精神培育的路径研究——基于豆瓣小组的网络民族志考察》、浙江省教育厅大学生思想政治教育专项课题《网络圈层化视阈下大学生积极社会心态培育的路径研究》）。

★辅导员工作室★

# "朋辈"辅导员成长育人工作室

翁海浩

## 一、项目建设目标

以习近平新时代中国特色社会主义思想为指导，紧紧围绕立德树人根本任务，以"朋辈研修"的方式，通过辅导员之间的相互合作、相互学习深化辅导员队伍建设，进而实现辅导员队伍培根铸魂，启智润心的育人功能，促进辅导员队伍自身的职业化、专业化、专家化建设，使全校辅导员都有适合发展的道路，都有着力耕耘的领域，都有盼望光明的希冀。"朋辈研修"来源于"朋辈教育"。是具有相同背景或具有共同兴趣爱好的人在一起分享经验、观念或行为技能，借以见贤思齐、激发上进、实现优势互补、互相促进、共同成长的教育方式。通过相同或相近工作领域的辅导员之间的相互学习、研讨、交流，形成对工作的良性互动，最终产生让"1+1>2"的效果，促进学校大学生思想政治工作的总体提升。

## 二、项目建设定位

项目通过"朋辈研修"活动的开展，立足学校辅导员队伍建设，构建"三全育人"工作格局，培养一批忠诚于党和人民教育事业，热爱大学生思想政治教育事业的辅导员教师。加强辅导员专业化建设，使每一名辅导员在相应的工作领域的技能和水平得到一定的提高；发展辅导员之间的友谊，形成若干个"辅导员学习共同体"，使之能够在今后的工作中共同提高，相互促进。

## 三、项目建设成效

工作室自 2022 年 11 月成立至今,主要完成了如下工作任务:

1.修订了辅导员工作室"朋辈研修"工作条例,构建了"1+3+X"新辅导员(初级辅导员)成长标准模型。基于我校新辅导员(初级辅导员)培养培训的现实需求,整合我校教师工作部、学生工作部、招生就业处、创业学院的相关资源,构建"新辅导员"(初级辅导员)成长标准模型(体系)——"1+3+X"新辅导员(初级辅导员)成长标准模型(体系)。并在职业生涯规划领域开始试行。明确了"新辅导员"的定义和范畴,即入校三年内的辅导员,对应教育部文件"初级辅导员"概念。构建"1+3+X"新辅导员(初级辅导员)成长标准模型(体系):"1":必修——普通高校教师资格证;"3":限定选修,在 9 项辅导员工作职责中选 3 项(其中 5 和 8 必选其一,任意一子模块内不能重复选);"X"自选动作,选 1 项。

2.协助学工部,完成了《浙江纺织服装职业技术学院辅导员工作室建设实施办法(试行)》的制定工作。为了加强辅导员队伍建设的系统性,促进我校辅导员队伍的专业化和职业化发展,根据《关于加强和改进新形势下高校思想政治工作的意见》《普通高等学校辅导员队伍建设规定》和《浙江纺织服装职业技术学院辅导员队伍建设实施办法》等相关文件精神,依据教育部《高等学校辅导员职业能力标准(暂行)》要求,结合我校学生工作特色和资源优势,制定了《浙江纺织服装职业技术学院辅导员工作室建设实施办法(试行)》。

3.结合上述辅导员工作室建设实施办法,培育、孵化了一批辅导员工作室。2023 年 9 月,经过一系列的精心准备,在学工部的支持下,有效推进辅导员工作室的建设工作,评选出"信·达·雅"师生思想引领工作室、"花 YOUNG 青社"工作室等 7 个工作室。

4.加强辅导员的学习培训,从校际交流、校内辅导员沙龙和外送培训,分三个层面组织相应辅导员的培训活动。一是 2023 年 4 月和 11 月,组织工作室成员和部分辅导员到长沙、重庆两地的"国双高"和本科院校交流学习;二是 2023 年在校内共组织了 1 场新辅导员入职座谈会和 3 场辅导员沙龙活动,其中由本工作室承办的是 2 场,主题分别为突发事件(疑难案例)处理与分析和学生诚信教育;三是在组织部的关心协调下,针对入党积极分子党课的教学问题,组织了全体组织员进行了集体备课;四是推荐了 10 多名辅导员同仁参加了省厅组织的各类培训。五是立足我校辅导员队伍建设,探讨了一些困扰我校辅导员队伍发展的问题。针对我校辅导员队伍建设中存在的一些问题,组织了多次的集中研讨，厘清了一些问题的脉络，收到学校领导的重视。六是组织工作室成员参加各类竞赛和文体活动，丰富我校辅导员的业余生活。我们组织了工作室的辅导员参加了浙江省辅导员飞盘大赛、歌咏比赛。极大地丰富了辅导员教师的业余生活。2023年9月和11月，工作室分别以《信达雅——商学院2023级新生第一课》《空言敦行——基于"百年未有之大变局"的个人生涯思考》为主题，面向商学院2023级全体新生和校2023年"青马工程"培训班的同学开设了思想引领讲座。同时，我们还组织商学院同学参与宁波城际铁路列车上宣传余姚的"阳明"文化，使同学深刻领会"学思践悟"的统一。

## 四、项目后续建设

接下来，项目将继续依托现有工作室平台和所培育、孵化的工作室着力做好工作，着重做好"信·达·雅"校园文化和学生工作品牌的凝练。培育结合红帮文化，具有纺服特色的学生工作品牌和校园文化项目，并通过该项目的打造，塑造和锻炼一支高素质的辅导员队伍。

★辅导员工作室★

# "石榴花开"辅导员工作室

## 王斌毅

"石榴花开"辅导员工作室以习近平新时代中国特色社会主义思想为指导,深入贯彻习近平总书记"像石榴籽那样紧紧抱在一起"的重要讲话精神,旨在落实立德树人根本任务,立足少数民族学生成长成才实际,整合校内外资源,开展师生共建,致力于对少数民族学生的个性化辅导,引导少数民族学生珍惜韶华、追求梦想,立志"用我所学回报家乡"。同时,面向各民族学生开展民族团结教育,引导各民族学生互帮互助,促进各民族学生交往交流交融,做到政治上同向、思想上同心、行动上同步,牢固树立"五个认同",铸牢中华民族共同体意识,促进各民族师生像石榴籽那样紧紧抱在一起。

## 一、项目建设情况

工作室围绕少数民族学生成长成才,进一步加强少数民族学生思想政治教育与服务工作,教育引导各民族学生牢固树立"三个离不开"思想,增强"五个认同",建成筑牢各民族学生"中华民族一家亲,同心共筑中国梦"思想基础的工作平台。依托工作室的建设,不断创新少数民族学生工作方式方法,提升少数民族学生教育管理服务质量,努力打造"少数民族学生温暖的家、传播正能量的发声器、了解学生思想动态的信息港、学校做好少数民族学生思想政治工作的助手"。

1.加强引领,开展温馨精细的思想教育。一是强化政治引领。开展爱党、爱国、爱校及弘扬社会主义核心价值观等主题教育;在点上拓宽教育路径,搭建多元化的载体,通过一对第一促膝谈心等方式推进,实现了新疆籍少数民族学生政治引领、思想教育的全覆盖。二是注重以文化人。高度重视文化育人功能,以学院"七彩经纬"校园文化品牌活动为载体，鼓励新疆籍少数民族学生充分发挥能歌善舞、体育突出等特长，踊跃参加校园集体活动、社会实践、文体活动等，将思想教育工作与民族文化、校园文化紧密融合。

2. 健全制度，推动日常管理规范化科学化。一是完善管理制度。完善家校联动、信息收报、舆情反馈等日常管理制度，全方位获取学生成长过程中的各项信息。聘任新疆籍少数民族学生担任联络员，做好家校联动等对接工作。二是强化日常管理。制作学生假期去向登记表、学生跟进表、家校联系卡、返校情况统计表、留校学生安排表、学生基本信息表等精细化表格模式，掌握学生全方位动态信息，做到针对性教育管理工作。

3. 完善服务，提供周到温馨的服务帮扶。一是加大资助力度。考虑到新疆籍学生的地域经济特殊情况，以及内陆地区的消费水平，积极落实有关奖助政策并适当给予倾斜。在此也非常感谢学校学工部给予的大力支持，除国家政策在内的贫困生认定、助学金发放外，给予额外的贫困补助及返乡路费补助。此外，我们也积极鼓励学生在学习等各方面努力奋斗，争取奖学金、国家励志奖学金等，减轻经济压力同时树立自立自强模范。二是开展学业辅导。针对新疆籍少数民族学生学习基础较为薄弱的情况，一方面，开展专业教师结对，为学生提供课程辅导。另一方面，积极推进朋辈教育，组织学业优秀学生志愿者与学习困难的新疆籍少数民族同学"结对子""一助一"。三是进行就业帮扶。在校内积极帮助新疆籍少数民族学生开展职业生涯规划，使得学生大学三年都有收获和成长，为毕业后的就业奠定扎实基础。同时，开展创新创业教育，引导学生在"双创"中获得成长与收获。目前，新疆籍少数民族学生积极参与到"博洋＆浙纺"雏鹰班及"跟着导师做科研"科教融汇等项目中。也计划在今年暑假开展"返乡"暑期社会实践，帮助学生了解家乡发展项目中。四是完善生活服务。结合新疆籍少数民族学生特殊的生活习性，召开"经纬青听"专题座谈会，"对症下药"，深入学生实际听取学生需求，为学生提供最及时、最贴心的生活服务。

4. 发声亮剑，激励学生回报祖国。一是宣传党的政策。依托暑期社会实践，组织新疆籍少数民族学生暑假返乡后开展"发声亮剑"宣讲，积极深入当地乡村、社区开展经济、社会、文化调研，感受少数民族地区在党和国家对少数民族地区的惠民政策下发生的巨大变化，坚定跟党走的信心和信念。二是建设美丽家乡。定期发布来自新疆等地区的招聘信息，鼓励新疆籍少数民族学生回乡就业创业。

5. 立足专业，打造特色品牌活动。一是思想引领有"方向"。依托学院"经纬之星"品牌活动，开展"他"力量特色活动，以"榜样的力量"引导少数民族学生思想。同时，在同辈中选树先进，挖掘优秀典型。二是学业支持有"妙招"。开展"非正式学堂"特色活动，在课程学习外，针对少数民族学生知识基础薄弱需求及语言文化理解能力差异大的实际情况，进行针对性的学业支持，努力提升学业水平与学习能力。三是民族团结有"氛围"。党建引领，打造由学院党委领衔，工作室承办的"红色经纬"浙东文化体验团品牌活动，邀请学院党员教师带领少数民族学生体验浙东文化，加强学生对城市的认同感，夯实民族团结的思想基础。四是健康成长有"心晴"。开展"融心计划"特色活动。深入推进校园融合计划，让少数民族学生尽快融入大学生活，开展"经纬青听"专题座谈会、团体心理辅导等活动，让学生的"心情"有处可说。五是网络宣传有"阵地"。适时运营"石榴花开"微信公众号，项目实施后，在进一步了解学生喜闻乐见的微文化阅读习惯，运营了"石榴花开"小红书账号。通过账号宣传少数民族学生日常生活中的点滴。也让学生通过自我运营"账号"表达对大学生活的所思所想。

## 二、建设成果

1.学生思想引领有成效。新疆籍少数民族学生到校后，因为地域差异等问题，会觉得自己与普通同学有一定的差距感。通过工作室的成立，让学生有了归属感。通过工作室开展各项教育引领工作比在自然班级里开展教育引领成效更为显著。同时，22级19名新疆籍学生，8名团员学生均递交了入党申请书。23级9位新疆籍团员学生，6位递交入党申请书。

2.学生学习意识有提升。在了解到新疆籍学生中存在的问题后，工作室积极干预，在本学期开展了期初学习预警及期中学习预警，不断地提升学生学习的主动性，一点点提升学生的学习意识。目前，所有学生新疆籍学生均已按照要求通过了第一学年的课程考核。

3.学生归属感有增加。工作室结合学校特色，促进教育管理工作更细致、更深入、更规范、更长效。成立之初，作为工作室负责人，努力走近每一位新疆籍学生，同时主动联系学生家长，用略显笨拙的翻译器及学生助理做好家校联系，让学生感受到学校给予的温暖。学校新聘用新疆籍的少数民族辅导员努尔，也邀请正式加入我们的工作室，今后将一同推进工作室的建设。

4.理论研究初有成果。通过一年的建设，工作室一直不断探索民族学生教育管理模式和途径，目前已初步完成《高职院校少数民族学生教育管理路径的研究探析》论文初稿，并在进行实践验证中。后续随着工作室的不断建设将进一步丰富理论研究成果。

## 三、建设反思

1.学生群体大，育人工作有要求。近年来，纺织学院少数民族学生数量不断增多，特别是新疆籍少数民族学生，从原来2019年的1名学生，增加到目前的64名，成了学院独特的"群体"，此后随着每年招生，预计三年将有近90人。对此"群体"学生的教育管理也成了当前学生工作的重难点。

2.同类型多，突破瓶颈有难度。当下浙江省内同类型的思政工作室有很多，宁波市内就有很有辐射影响的米娜工作室。当下，工作室的建设处于起步阶段，接下来如何做出自己的特色，产生辐射影响，脱颖而出是目前最大的瓶颈，需要进一步思考。也期望我们努尔老师的加入能帮助工作室一同打破困境。

"石榴花开"辅导员工作室不仅仅是某一个辅导员个人的工作室。工作室的工作开展也代表了纺织学院学生工作的重要部分，我们将继续努力推进，脚踏实地做好每一个建设环节，也希望学校能给予更多的关注与支持。

★辅导员工作室★

# "匠心甬动"辅导员工作室

## 卫璐琳

## 一、目标和定位

"匠心甬动"工作室以工匠精神与思想政治教育相融合为立足点，以"立德树人"为根本任务，以"修德、长技、求真、尚美"校训精神为指引，以线上和线下平台为依托，以实践育人、文化育人、网络育人为主线，以"筑匠心·铸匠品·炼匠技·塑匠才"为培养目标，将工匠精神和高职思想政治教育相融合，推动实现三全育人、线上线下思想引领相协同，实践育人、文化育人与网络育人相协同。

## 二、项目培育情况

1.团队成员共召开工作室建设研讨会8次。研讨会分别围绕工匠精神、公众号建设、工作室LOGO及吉祥物设计、活动策划、"纺服·青鸟书"明信片设计和制作、优秀毕业设计作品展示等进行学习和讨论。

在学习工匠精神研讨中，一起学习工匠精神的内涵：习近平总书记在2020年召开的全国劳动模范和先进工作者表彰大会上精辟概括工匠精神的深刻内涵——执着专注、精益求精、一丝不苟、追求卓越。学习央视网中《培养大国工匠、弘扬工匠精神，习近平这样要求》、新华网中《听总书记讲工匠精神》等相关文章，更加深入地学习工匠精神的内涵。

在公众号建设中，建立新的公众号"匠心甬动工作室"，进行独立运营，目前公众号关注人员达到近600位。

在工作室LOGO和吉祥物设计讨论中，做了多个版本，最终选择的LOGO中把匠的首字母作为中心，将匠心甬动四个字展示出，加入针线的元素，用一针一线来体现工匠精神。工作室的吉祥物叫"匠酱"，设计运用了国风的服装元素，将传统文化时装风格以及现代时装风格相融合，并且进行Q版化，更具有传播性、美观性、时尚性，同时设计中的蝴蝶结采取了蝴蝶元素，寓意化茧成蝶，带着匠心蜕变，插上翅膀踏歌而行。在匠酱的设计过程中，小设计师们不断进行改进，精益求精、追求卓越，经过一个暑假的设计和改良，最终成就了现在的形象，同时设计师们也设计了相关匠酱的表情包。设计本身也是匠心精神的一种体现，充分展示了工作室所秉持的塑匠才、炼匠技、铸匠品、筑匠心的理念！吉祥物设计好之后，我们同步定制了匠酱帆布包，通过学生喜闻乐见的形式宣传工匠精神及工作室。

在活动策划方面，策划"PICK你心目中的匠心之作""匠'寄'浙纺～明信片、书签设计""话一个工匠故事征集""寻一个身边的工匠精神沙龙"等活动。

在学校明信片设计方面，工作室成员秉承精益求精的精神，绘制出10张校园风景明信片，一张图片平均需要用2~3个小时绘成，还需要经过不断修改和完善，通过明信片设计，引领纺服学子热爱校园，弘扬工匠精神。

## 三、项目培育成效

一是"匠心我来讲"活动。自工作室建立以来共开展6次"匠心我来讲"活动，主题分别是"纸鸢破茧，极致与精致""破冰而出，一片冰心在玉壶""慎而思之，勤而行之，重启希望之光"、匠艺我来讲"多元艺术，打破常规"、"保持初心与热爱，全力奔赴下一站旅程""指尖山河，编织明月清风"，通过挖掘具有工匠精神的"学生榜样"，例如国家奖学金获得者、挑战杯竞赛获得者、优秀毕业生等，讲述做毕业设计的历程，讲述学习生活经历，让学生聆听身边人的工匠故事，感受"筑匠心·守初心"。

二是"匠艺你来说"活动。自工作室建立以来共开展2次"匠艺你来说"活动，邀请优秀校友做讲座，分别是品牌"废墟"的创始人校友吴旭浩、从卫国军人到追梦青年，从最美纺服人到考研上岸的"最美纺服人"周威，与青年学生一起畅谈人生经历和感悟，对优秀校友进行关于工匠精神相关问题的访谈，分享交流奋斗历程，使得匠心薪火相传，助力青年学生成长，让学生感受"怀匠情·亮青春"。

三是"匠行我来做"。开展听一次匠课活动：结合"融+"纺服时尚周空中秀场，调动学生观看匠心秀；结合暑期社会实践活动，团队成员江雪娜等老师组织21级服工1班赴凯信、凌迪进行参观和学习，学生到企业听一次匠课，向企业老师和匠人学习。学生纷纷表示收获颇多，在凌迪公司向企业匠人学习创新、专注等精神，紧跟时代发展，学习面料在 3D 软件上的制作；赴雷山村"喜曼蓝富"非遗共富工坊听一次匠课，参与的学生表示张剑峰老师对匠心、精品的坚持和追求幻化作蓝印花布的素淡美好，守护着雷山村蓝印花布的传承精神与现代匠心，工匠精神在张老师用匠心锻造出的蓝白记忆上体现了极致，是她和她的作品将非遗重新带进了生活，让千年之美得以绽放；开展听一次"乐道拾遗·匠心筑遗"非遗手作匠课活动，同学们从掐丝珐琅中学习非遗技艺，切实感受精神与艺术、传承与创新的碰撞，传承匠心精神。开展观一次匠展活动：工作室学生赴博物馆和美术馆看一次匠展，并撰写心得，从实践中感受"炼匠技·铸匠品"。开展一次匠品活动：征集学生服装效果图、服装制作类、手工类等匠心作品，经过初选后进行公众号投票，从活动的开展中弘扬工匠精神，引领匠心传承；开展"匠心筑信签，浙纺寄心间"明信片、书签比赛，展示纺院小匠人的作品；开展"展匠品 扬匠心"活动，通过展示学生匠品引领学生感受独特的美学态度与深沉的匠心灵魂，感受追求卓越、勇于突破、精雕细琢的工匠精神。开展话一个工匠故事：征集工匠历史故事，通过微信推文进行展出，让学生品读工匠故事，品味历久弥新的中华工匠精神，分享灿烂辉煌的中华工匠文明。开展寻一个身边的工匠精神沙龙活动：通过 ppt、视频等形式分享身边的工匠精神，引领学生向劳模学习，增强敬业奉献意识，以更加昂扬的斗志、更加饱满的热情展现新作为。

★辅导员工作室★

# "鸿鹄励志"发展型资助育人工作室

## 胡 畔

## 一、工作室建设目标

"鸿鹄励志"发展型资助育人工作室以习近平新时代中国特色社会主义思想为指导，深刻把握当代大学生的性格特点、成长规律与成才需求，在已有的工作基础之上，进一步凸显资助品牌文化、优化育人特色沙龙，普惠于广大贫困学子，持久推进"经济帮扶、道德浸润、能力拓展、健全人格"的资助育人长效机制，以期实现"助困与强能、志育与心育"交互融合的发展型资助创新模式，助力高职贫困生群"立鸿鹄远大之志，赋飞跃千里之能"。

## 二、发展型资助育人的内涵

### （一）"三生"守护与支撑：生存—生活—生命

资助工作的重心在于围绕学生、服务学生、关照学生，对贫困生群体生存需求提供必要的经济保障、对贫困生群体生命安全的呵护与生命意义的激发、对贫困生群体生活水平的改善与对美好生活的向往提供适当的指引与帮扶。通过资助育人过程中对于贫困生群体"三生"的守候与支撑，让贫困生群体练就生存技能、珍惜热爱生命、学会感恩生活，整合学校、家庭、社会的育人资源，激发贫困生群体树立正确的生命观、生存观、生活观的主体认知与实践养成。

## （二）"三成"帮扶与实现：成长—成才—成就

高等学校针对贫困生群体的帮扶，应突破资金援助的传统举措，凸显发展型资助的"过程支持"，加快推进"全员、全过程、全方位"三全育人机制，增强贫困生群体的励志意识、自强意识；培养开朗阳光、积极向善的"软实力"，助力莘莘学子健康成长与全面成才。

同时，高校资助工作宜充分挖掘优秀励志校友资源，发挥朋辈引领作用，做好贫困生群体创业指导与就业托底工作，助力贫困生群体逐步成为潜心学习、注重实践、创新思维、专业过硬的高素质人才，实现青春理想与人生价值。

## （三）"三涯"塑造与引领：学涯—职涯—生涯

资助工作的重心在于围绕学生、服务学生、关照学生高校基于"受助学生身、心、灵合一发展"视角，加强贫困生群体的生涯教育，构建闭环式职业指导体系，实施项目化发展型资助。聚焦贫困新生，鼓励该群体参与教育生涯启蒙、生涯体验周团辅活动；针对大二贫困群体，精准通知该群体生涯规划讲座、优秀校友分享会、优秀励志榜样交流会；针对大三重点关注人群，重点组织各类就业政策解读、就业帮扶、托底等服务工作。通过配套化、全程化的"三涯"举措，引领贫困生群体清晰认知校园学习任务、科学安排大学生涯、提升贫困生群体职业素养与职业技能、引导该群体从人生全程的宏大视角，觉察自身独一无二的生命周期与绚丽美好的生命旅途。

# 三、工作室重要举措

"鸿鹄励志"发展型资助育人工作室密切围绕六个沙龙主题、六大育人目标、六维自信养成等育人宗旨，全线贯穿"两涯"引领，凝心聚力"三成"帮扶，具体探索举措如下：

## （一）资助身份主题沙龙

1. 资助初心，育人使命。习近平总书记说过："幸福是奋斗出来的"。资助的初心就是为了弥补励志学生的经济短板，稳固校园生活的"大后方"，助力学子们生活上"无后顾之忧"，学习上"站在同一起跑线"，奋勇拼搏，实现超越。高校资助育人的核心正是弥补经济洼地，促进教育公平，激发行动，提升效率。

2. 学涯唤醒，规划成长。本期沙龙重点围绕"学涯唤醒"展开，参训学员们共同研讨导入运动员夺冠案例，2位学员代表踊跃发言，他们均表示："先制定好一个总体的大目标，逐步分解成为若干小目标，在艰辛的奋斗过程中，通过小目标的实现以达成自我积累，最终实现成功与超越。"指导老师最后总结："提早谋划人生、锚定生涯目标、拆解细分目标、促成落实行动，用智慧与汗水奋斗稳稳地幸福。"

### （二）学业规划主题沙龙

1. 引领价值，洞见未来。价值观如同发动机，为生命点燃动力，为人生旅途续航。通过"我的人生关键词"探索体验活动，能够帮助参训励志生厘清内在初心，形成"专属价值观"的自我建构，最终在沉浸式体验中践行"立足现在，胸怀未来"的理想化育人态势。

多名励志学生进行了精彩发言，大声分享自己的人生宣言：如"我要用智慧的头脑、勇敢的心灵面对人生挫折，做一名负责任有担当的好青年""我要在不断顽强成长的过程中，真诚地感恩帮助过我的每一位师长和亲朋""我要拥有健康的体魄、努力实现财富自由，以到达为人处世平和冷静的人生状态"等。巧妙地依托生涯规划的理念与实践团辅活动，开展润物细无声地育人工作，将"自强、感恩、励志、阳光"等育人理念"内化于心、外化于行"，帮助励志学生正确理解与自觉融入中国社会主义核心价值观，更能让励志群体自我感悟与习得，育人效果显著。

2. 制定目标，落小落细。在充分阐述目标设立的指导原则——SMART内涵之后，资助老师示例手掌目标的定制样式，启发与引导参训励志学生挑选自己专属的彩笔；身心愉悦地描绘自己的左/右手轮廓；筛选校园学业、社团实践、关爱家人、锻炼身体、休闲娱乐等五个维度；伴随着冥想轻音乐，全情投入地叩问与落细自己的"学涯"行动目标。该活动有助于励志群里厘清学涯思绪、促成当下行动及目标动态复盘，助力大学生扣好"人生第一粒扣子"，树立正确的"奋斗幸福观"，合理规划校园学习，践行青春梦，助力中国梦。

### （三）社交情感主题沙龙

1. 条条大道通罗马，感悟漫漫人生真谛。"罗马之旅"探索活动启发励志学员们认真思考人生旅途，精心设计旅行方式，倾情展示旅程全貌。最后，每位学员踊跃分享，以情景再现的方式逐一诠释了自己专属的"罗马之行"设计理念。郑同学谈道："希望人生的每一步都可以走得平顺、踏得稳健"。张同学分享："人生旅途中不可缺少爱的存在，不仅被人爱，也要爱自己，通过爱心来传递世间的美好！"还有其他学员通过探索活动，真切觉察到"路漫漫其修远兮，吾将上下而求索，道路且阻且长，需要自己去探索"。

2. 知人知己创建友谊，自信他信成就幸福。"人际关系破冰之旅"要求每位参训学员在规定时间内尽可能主动地、更多地介绍自己和结识伙伴，挖掘自己多样化的优点与爱好，学会倾听小伙伴的交谈，然后互相认证集赞。而集赞最多的学员可以获得资助老师颁发的"成就之花"奖励。紧接着，"赞美小火车"要求参训学员们围成一个圆圈，基于"破冰之旅"的相互认知，由集赞最多的学员充当"赞美火车头"，率先夸夸印象最深的其他励志成员，而后顺时针地夸赞接力与赋能传递。

### （四）技能梳理主题沙龙

1. 成就故事分享会，察觉生命高光时刻。"成就故事分享会"引导参训学员们搜罗青葱岁月里最令自己或家人满意的五个"高光"片段，两人为一小组，运用STAR法则进行充分地自我展示、聆听组员的生活过往，最后推选代表阐释成就故事。其中，郑同学分享："高中时期参与市级田径比赛，冲出终点的那一刻，自己是最闪耀的那颗星。"整个探索活动历练了学员们的成就复盘、口语表达、专注倾听与诠释概述等综合能力。

2. 分类梳理自我技能，模拟面试未雨绸缪。"玩转技能分类卡"始于专业知识技能、可迁移技能、自我管理技能等方面的技能内涵及层级关系等知识链接，借助于"技能分类卡"生涯工具，参训学员们均能够清晰地从自己所罗列的成就故事中梳理出专属技能，并自如地运用于组内模拟面试中，觉察与众不同的自身特质，也感受到应聘求职的紧张氛围。

### （五）生涯思维主题沙龙

1. 生涯元素在中国，溯本求源中国底色。节选北齐颜之推《颜氏家训》关于"抓周"习俗的描述片段，阐释华夏民族对于命运走向的重视与关切。而后，简述古代中国既具体又模糊的"通才取向"生涯观。"具体"指士人在政府衙门谋职，飞黄腾达；"模糊"指世人在品德上千锤百炼，在学问上穷通经典。通过"生涯文化"的知识链接，有效提升参训学员的学习兴趣与认知动力。

2. DIY生涯愿景板，寻求专属的人生蓝图。参训学员充分运用事先备齐的期刊杂志、剪刀胶棒、彩笔胶带等，剪裁粘贴：我的生涯愿景板，自由畅想、大胆展望向往的生活。整个制作过程，每位学员充分沉浸其中，轻松自在，元气十足。

### （六）成果复盘主题沙龙

1. 果断决策：笛卡尔策略。带领大家体验目标决策工具——笛卡尔策略。笛卡尔策略工具是以坐标轴的形式，横坐标X轴为选择轴，表示去做或者不去做；而纵坐标Y

轴是价值轴，代表得到价值或失去价值。同时，还需要参训学员预设一个当前需要做决策的目标，厘清目标，认清价值。最后，圈出对自己意味最大的价值关键词，若落在第一或者第三象限，表示追寻目标，价值重大；若落在第二或者第四象限，则表示预设目标对于学生本人来说，意义不大。

2. 成果复盘：菱形之花。带领参训学员们一起绘制专属菱形之花，内容包括复盘系列沙龙，阐述最深印象；复盘通过系列沙龙，自己的突破成长；展望校园生活的行动计划；展望人生旅途的梦想与目标。

## 四、资助育人工作室的反馈与成效

1. 成果：《"鸿鹄励志"励志学生成长手册》/ 人 / 期。每期沙龙都会根据预约的参训名单，提前筹备《"鸿鹄励志"励志学生成长手册》等资料，六期系列沙龙共计存档100余份《成长手册》。不仅帮助参训的励志学员事先厘清对沙龙的预期，再通过有针对性体验活动，有的放矢地沉浸式感悟，获得"践行目标、达成心愿"的闭环实效。

2. 反馈：励志骨干学员的参训收获与启发。聚焦已参加"鸿鹄励志"资助育人工作室的励志学员（共举办6期，覆盖参训学员约120人/次），将其作为重点调研群体，通过当期发放的《"鸿鹄励志"资助育人活动记录表》，收集目标群体对于资助育人工作室的切身体会与收获建议。通过上述调研与访谈，便于及时掌握励志群体的诉求与预期，收集参训励志学员的评价，合理评估资助育人实效。

3. 成效：励志学员自尊水平前后测结果分析。针对全程参与六期"鸿鹄励志"发展型资助育人工作室的18位学员，采用大学生心理健康测试量表——自尊量表（SES），对其自尊程度进行前测与后测，用以量化考察参训学员个体关于自我价值和自我接纳的总体感受。具体测试题目参见附件《自尊量表SES》，汇总比对参训学员前测和后测自尊分数，除了2位同学前后测分数持平，1位同学前后测分数略有降低，其余15位参训学员经过历时两个学期、共计六期"鸿鹄励志"沙龙，自尊后测结果都显著优于前测结果。

经过2022—2023学年"鸿鹄励志"发展型资助育人工作室的试点实践，无论从参训学员的出勤率、当期学员《成长手册》的反馈互评、励志学员后续荣誉奖项、参训学员自尊量表（SES）前测后测结果等，都有力地验证了发展型资助育人模式的有效性。因而，进一步推广"扶困"与"扶志""扶智"相融合的创新理念与实践，促进励志群体"身、心、灵"全面合一发展，以期促进高职资助工作的内涵化发展以及优化高职资助育人的实效性。

# "毓人"岳莹班主任工作室

## 付岳莹

## 一、建设目标

利用班主任工作室平台，通过艺术化、专业化的管理班级，开展"专业导航""云企连线""双创毓人""四时毓节"特色化系列活动，将思政与专业相融合，提升学生的创新创业意识，打造特色化班级，提升班级的班风学风建设，培养高素质技能型实践人才。

## 二、工作思路

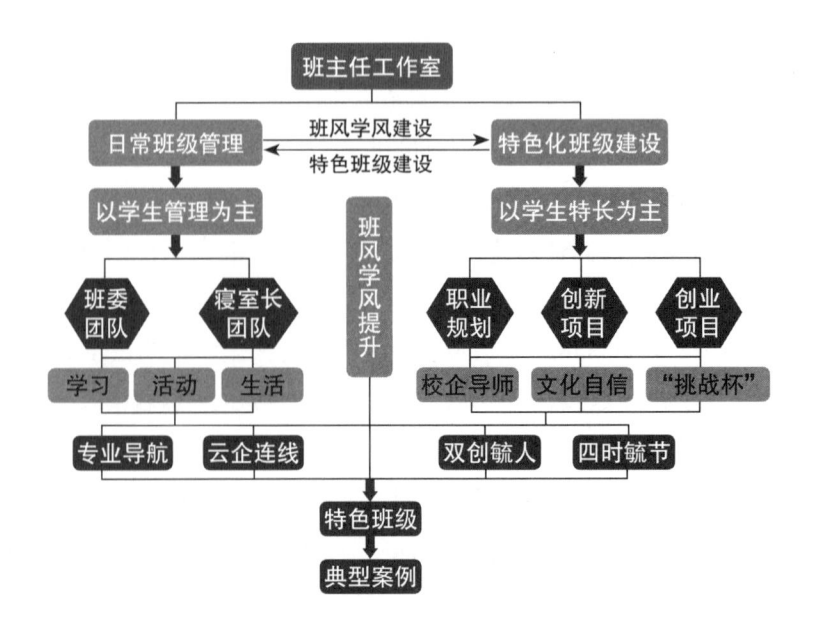

## 三、培育情况

以创新创业为主线，打造系列品牌活动，推出"专业导航""云企连线""双创毓人""四时毓节"等。

1. "专业导航"活动。面对班级里迷茫的学生，引导学生制定个人规划书，按照：清晰定位"起点"—启用导航"预览"—动态调整"路线"—加油抵达"目的地"的过程，帮助学生更加了解自己的专业情况、就业前景，然后合理规划自己的学习方向。邀请企业、行业专业人士，为学生答疑解惑，指明方向。并带领学生到企业中真实感受工作环境，多方面为他们实现目标，精准导航，为他们顺利抵达，保驾护航。

2. "云企连线"活动。为了更好地增强校企合作，邀请了企业人员参与学生指导，疫情时期，对学生去企业不方便的情况，采用线上模式，开启"云企连线"，以企业开设直播的方式，在线联动解惑，帮助学生们更好地了解企业。

3. "双创毓人"活动。助力学院孵化创新创业项目，积极组织学生参加各项创新创业大赛，组织班主任们对参赛团队进行导师指导、项目辅导、经验交流等活动。

4. "四时毓节"活动。以非遗为主题，传统技艺为载体，根据不同时令在班主任、班级学生中开设系列二十四节气文创活动。依托扎染、拼布、刺绣、插花等手工技艺，将"无形"的非遗以"有形"的方式呈现，丰富师生精神文化生活，培养匠艺精神，树立文化自信，也加深班主任之间、师生之间的交流。

## 四、培育成果

1. 班级荣誉：班级曾获纺织学院优秀班级、作风文明型班级；班级团支部被评为校级"优秀团支部"；班级寝室在全院第五届特色寝室暨美化大赛中荣获二等奖及"才艺出众型寝室"、优秀奖；班级项目参加学院"第九届红帮文化节"之DIY设计大赛荣获三等奖等。

2. 创新创业：孵化班级创新创业团队2项；指导学生参加各类创新创业项目10项；立项省新苗四时毓节——"二十四节气"文创产品"活态传承"项目1项、宏人才项目1项；浙江省高等院校"挑战杯"创新创业竞赛省级金奖1项、铜奖1项；校挑战杯一等奖1项、二等奖1项；班级学生在校期间注册成立公司2个，并带动了校内学生的创新创业。

3. 专业竞赛：中国国际拼布创意设计大赛金奖1项、银奖1项、铜奖1项；中国国际家用纺织品创意设计大赛"整体软装设计组"国家级铜奖1项、优秀奖3项；2022CADA日本概念艺术设计奖二等奖1项；红绿蓝杯十三届中国高校纺织品设计大赛花型设计组三等奖1项；友邦家居案例设计大赛金奖1项、银奖2项、铜奖3项等。

4.社会实践：暑期社会实践团队2项，开展"四时毓节"——民宿布艺用品调研社会实践团队等调研活动。

## 五、项目完成情况

对照前期目标已完成良好学风、班风的建设，在学习、工作、生活各方面提升学生的综合素质和实践能力。坚定文化自信，坚持中华优秀传统文化研究，将"中华优秀传统文化"与实践相结合，孵化班级创新创业团队2项，注册公司2个；指导学生参加各类创新创业项目10项，完成校级及以上项目2项，参加挑战杯等相关比赛，并取得一定的成绩。打造特色化班级，形成优秀的班主任工作室工作方法、典型案例。

★ 高校网络教育名师 ★

# 杨岩勇网络教育名师

## 杨岩勇

"高校网络教育名师"自立项以来，能认真按照拟定的建设思路、内容和重点等逐步推进，依托宁波市"岩勇有声思政工作室"的平台，围绕队伍建设、作品创作、活动举办等扎实推进了一些工作，取得了一定的成效，完成了预期建设任务。

## 一、工作开展情况

2022年4月，《小鸡恰恰舞》、"刘畊宏"等健身类和后舍男孩的音乐类视频推送5次；5月：参与完成中国纺织工业联合会"纺织之光"教学成果奖的申报1项；6月：完成第六届全国网络文化节和网络教育优秀作品的自主申报共5项；7月：完成中国职业技术教育学会党建工作委员会2022年全国职业院校宣传工作论坛案例报送1项；8月：服务大学生暑假生活，完成"考驾照"、"暑期比上学还累"等有声推文16篇；9月：围绕迎新工作完成新生发言选拔、100S航拍校园等工作均登上官微；10月：完成面向宁波市高校大学生的成员招募工作，实现全覆盖，迈出模式推广的第一步；完成中国教育报美育案例创新征集活动报送1项；完成校运会精彩瞬间视频推送1个；11月：校园时装秀"出圈"被甬上客户端报道；服务"宁波时尚节"系列活动3次；12月：承办第11届网络文化节之"红色家书"诵读，评奖11个；开展"清风扬正气 清廉在我心"演讲比赛；

2023年1-2月，面向宁波高校学生开展寒假短视频征集活动，展播评选优秀作品10个；3月：面向浙江省高校大学生的成员招募6人（浙师大、温医大等）；4月：组织参加浙江省高校课程思政活动总结表彰大会，案例获一等奖；邀请校领导开展"小竹林里的大思政"活动;宁海胡陈乡溪溪里露营音乐节;5月:指导学生参加中华经典诵读大赛校级选拔赛;开展首届"优秀班集体"评选活动;6月,协助开展迎亚运系列活动4次;持续开展"大学百问百答"活动(已推71期)。

## 二、取得工作成效

1. 在理论宣传教育方面:通过每月1次的"青春夜学"、每学期1次的"艺苑团校"、每学年6次的"艺苑红课堂"为平台,开展入党基本流程、"我为什么要加入中国共产党"、"如何做一名优秀的学生干部"等主题宣讲,累计覆盖1 500多人次。

2. 在网络热点阐释方面:追寻"红色家书"背后的故事,以"诵读红色家书 回望百年征程"为主题,在宣传部指导下,承办第11届网络文化节之"红色家书"诵读大赛,进一步坚定理想信念、传承红色基因、弘扬忠诚担当,增强爱国爱党的责任感和使命感。

3. 在网络作品创作方面:指导发布在"纺服艺苑""青听风华"等公众号发布网络作品数量在500篇以上;主要有以文字和图片为主的案例经验、以图片和文字为主的新闻报道、以播音音频为主的策划推文,以及以短视频为主的公众号推文等几个类型。

4. 在网络人才培养方面:依托本人主持的宁波市第二批辅导员工作室——岩勇有声思政工作室,通过专家引领、团队合作、朋辈互助等形成聚集优势,分别建立了专家团队、辅导员团队和学生团队等3支队伍,已覆盖包括我校在内的宁波大学、浙江师范大学、温州医科大学等省内近20所高校。团队建设实现由校级逐步向宁波市延伸,并完成了面向浙江省的建设,扩大朋友圈和影响力。

5. 在网络阵地建设方面:主要是以"青听风华"公众号为载体,培育以来粉丝增加了4 000多人,突破11 000人;制作的相关活动视频和推文200多篇,登上学校官方微信公众号8篇,得到市级及以上媒体报道3篇次。

## 三、项目完成情况

1. 在高校思政网等权威网站和客户端等发表不少于1篇作品,包括但不限于文章、案例、音视频、广播剧等。撰写的《红色舞台绽放青春芳华》入围2022年《全国职业院校宣传工作典型案例汇编》并在学会官方网站展示;《新时代"美"的四重意蕴》发布在《宁波日报》。

2. 获得1个市级及以上相关奖项。参与完成的《基于五维融入的纺织服装类专业课程思政教学改革的实践探索》获中国纺织工业联合会"纺织之光"教学成果奖二等奖；撰写的《疫情防控背景下高校艺术教育与思政教育的融合建构》获浙江省高校课程思政活动一等奖；团队师生获浙江省第二届网络教育优秀作品三等奖、浙江省高校辅导员工作案例三等奖、浙江省中华经典诵读大赛一等奖和三等奖。

★ 思政工作优秀平台 ★

# "启智润心"一站式学生社区中心建设

俞 圆

## 一、建设目标

以习近平新时代中国特色社会主义思想为指导，紧紧围绕立德树人根本任务，深化"一站式"学生社区综合管理模式改革，培根铸魂，启智润心。建设"启智润心"一站式学生社区管理服务中心，践行培根铸魂育人理念，着力推进"党建引领、管理协同、队伍进驻、服务下沉、文化浸润、自我治理"六个方面为重点的学生社区综合管理工作格局，把组织力量、管理力量、思政力量、服务力量下沉到学生中间，打造富有纺服特色，体现思政要求，贴近学生实际的"一站式"社区服务中心，形成"三全育人"工作新格局。

## 二、建设定位

探索开展学生社区"网格化"管理，着力构建"服务管理无缝隙、全覆盖，横向到边、纵向到底"的管理体系。努力建设一个集学生安全管理、思政工作、事务服务、党建团建等功能为一体的学生社区综合管理服务中心，明确该中心的功能定位、场所安排、人员调配、运行机制、管理模式等。努力将学生社区管理服务工作与完善高校思想政治工作体系、"三全育人"综合改革、党建团建提质创优等重点工作深度结合，着力推进"政治工作的高地、培养人才的园地、管理服务学生的基地、维护校园安全稳定的阵地"，促进学生德智体美劳全面发展。

## 三、建设开展的情况

1. 已基本形成具有浙纺服特色的"1+8+N"学生社区综合管理模式，即1个"一站式"学生社区管理服务中心、8个二级学院社区驿站、N个学生活动和服务功能场所。将学校、学院、职能部门等方面的资源下沉社区、服务学生。

2. 启用1个"一站式"学生社区管理服务中心，集中打造红领之家、学生社区事务服务中心、后勤服务中心、"枫桥式"警校共建服务站/校园110接报警中心、辅导员工作室/心理健康分中心、学生之家等6个功能区块，建成集党团建设、日常事务、生活服务、安全保障为一体的复合型育人新场域。

3. 建成8个二级学院社区驿站，实行"学校—学院—楼宇—楼层—寝室"五级网格管理体系，着力构建"管理无缝隙、全覆盖，横向到边、纵向到底"的工作格局。

4. 打造N个功能场所，大力推进"一站式"学生社区空间拓展改造，升级社区服务硬件设施，建设医务室、阅览室、自习室、乒乓球室、学生社团活动室、共享洗衣房、菜鸟驿站等功能区域，满足学生生活服务、活动开展、学习充电、师生交流、运动健身等方面的需求。

5. 强化持久护航。加强公寓管理员（宿管员）队伍建设，组织召开宿管员工作培训会，加强工作交流和经验分享；通过加强宿管员技能培训、学生对宿管员的日常工作满意度考核等方式，强技能，优服务，有效提升宿管员的工作责任心和积极性。

6. 强化学生参与。激发学生的主体意识，发挥学生干部的"三自"职能，进一步推进学校寝室长队伍建设，不断提升寝室长的综合能力，明确寝室长职责，增强全体寝室长的责任意识、管理意识、服务意识和安全意识。

7. 积极开展"社区文化节"品牌活动，以文明校园创建为契机，开展第十一届特色寝室暨美化大赛，"'寝'你参'寓'，展青春风采"社区文化节，校园荧光夜跑，推出四类"阳光健康型寝室""学习模范型寝室""垃圾分类示范型寝室""才艺出众型寝室"评选活动，参与投票人数达8 739人。通过打造沉浸式社区文化活动，不断提升育人实效。

## 四、建设成效

1. 推进社区服务建设"一体化"。已基本形成具有浙纺服特色的"1+8+N"学生社区综合管理模式，建成集党团建设、思政工作、事务服务、安全管理为一体的综合性育人场所。

2. 打造社区服务网络"智慧化"。本项目依托智慧学工信息化平台，进一步推进学生社区信息化建设，新开发了学生夜检系统，汇聚学生事务模块，优化线上流程，打通服务学生的"最后一米"，实现让"数据多跑路，让学生少跑腿。"

3. 织密社区管理"网格化"。强化网格管理，选优配强网格员队伍。从学生工作者、学生党员、学生骨干中选拔网格员，确保每个学生、每个宿舍均有网格员负责管理，实现全覆盖的"网格化、小单位"管理，精准掌握学生状况，及时处理突发事件。

4. 深入落实"一线规则"。校院领导力量、管理力量、思政力量、服务力量下沉到学生中间，以不同主题、不同形式、不同载体走进学生社区。

结合我校实际情况，将"一站式"学生社区管理服务中心和管理模式建设纳入学校整体发展规划，以学府东苑社区为试点，依托学生社区警务室改造，集中打造"一站式"学生社区管理服务中心，构建"一站式"学生社区综合管理模式，尝试各部门的管理服务事项有机整合，将学生在社区的学习、生活行为纳入网格管理中，构建"服务管理无缝隙、全覆盖，横向到边、纵向到底"的管理服务体系和工作格局，做到事事有解决，件件要落实，确保学生稳定，促进学生全面发展。通过"一窗受理、集成服务、一次办结"的管理服务模式创新，使学生们事务办理实现"最多跑一次"目标，形成全员全过程全方位育人格局。

★思政工作优秀平台★

# "双平台"匠艺经纬工作室

## 胡秋儿

纺织学院"双平台"经纬工作室围绕建设目标及建设定位开展建设。"双平台"经纬工作室是一个校内"匠艺经纬"工作室群与校外企业思政工作室集合的思政工作平台。围绕立德树人，以学生成长、成才为目标，打造一个校内"匠艺经纬工作室群"，充分发挥党建的引领功能和政治优势。充分探索高职院校工学结合的培养特点，深刻认识到时空距离对常态化思想政治教育工作的开展提出了新的挑战，设立企业思政工作室，为学生实践提供交流、学习和思想政治教育的平台。积极探索校企协同育人机制，为思政育人工作提供新平台。

## 一、项目实施情况

1.校内打造"匠艺经纬工作室群"。作为学院党建思政工作的重要品牌，先后接待了浙江省委组织部等领导的指导检查，也获得了一致好评。项目实施开展期间，借助学院空间调整的机会，进行了进一步的提升、创建。（1）创新性打造"博士工作室"项目。依托博士工作室的建设，启动"跟着老师做科研"科教融汇育人项目，12名导师、43名学生获聘首批科研导师及学生科研助理。这是学院培养高素质技术人才的创新举措，也是纺织学院对高职院校学生导师制的积极探索。（2）以党建共建为基础，建设博洋＆浙纺设计师工作室。依托博洋＆浙纺设计师工作室开设博洋＆浙纺"雏鹰班"，深化产教融合校企合作，助力高质量人才培养。（3）以培养高技能人才为目标，打造特色教师工作室。由庞冬花老师指导的"经纬手创"工作室成功申报"宁波市中小学生成长指导特色课程共建基地"，开展"送教进校""非遗特色活动"等活动不断扩工作室的辐射影响。柔性引进金银彩绣非遗文化传承大师许谨伦，打造大师工作室，开展"同上一堂课"等活动，以习得技能为核心、以修炼品性为导向，将党建思政教育柔性嵌入至专业教学之中。（4）以政治引领为统领，加强"双带头人"工作室建设。在全国党建工作样板支部及省标杆院系的建设加持下，我们不断加强对"双带头人"工作室的建设，牢牢地将学生团结在党的旗帜下，强化基层党组织的政治功能、提升思想政治工作质量、促进学院事业发展、抓好基层党组织班子建设，有力提升党组织的战斗堡垒作用。（5）以延伸辐射影响为方向，充分发挥名师党员服务团的重要作用。进一步增强科学研究和技术服务能力，积极创新党建引领业务发展的载体，拓展优秀青年教师培养锻炼的途径，充分发挥人才、科研、教学优势。项目建设以来，夏建明名师党员服务团不断扩大社会服务及对合作企业的科研支持，服务企业遍布全国及东南亚各个城市，同时带动学院的整体科研范围，被组织部推荐参评宁波市组织系统"赛绩争先·锋领红帮"展示对象。在此基础上，学院一步拓宽影响领域，打造纺织品设计名师党员服务团，进一步扩大学院科研成果的辐射影响。（6）以服务育人为抓手，深化建设"经纬学生发展与服务中心"。在原有师生服务中心的基础，更加进一步突出"育人"特色，强化党建引领下的思政育人阵地建设。重新统筹整合的发展与服务中心，为学生提供从入学进校到毕业离校所涉及到的各项服务，切实落实"立德树人"根本任务。服务中心参与了宁波市党群服务中心的评审。（7）以思想育人为根本，建设主题鲜明的思政工作室。利用辅导员、班主任等一线学生工作团队的育人力量，打造"毓人"岳莹班主任工作室、"石榴花开"辅导员工作室、"花Young青社"思政工作室。围绕"立德树人"的根本任务，采取灵活多样的方式，发挥一线学生工作者的引领作用，建立教师间、师生间的良好互动机制。

2.校外打造"企业思政工作室"。2021年我们在博洋家纺集团首次设置了"博洋思政工作室"，得到了企业及师生的一致认可。后续，在此基础上，项目不断推进"校企合作"，开展形式多样的不同尝试。（1）深化与博洋家纺的合作，加大"博洋思政工作室"建设力度。建成"博洋&浙纺"纺织品设计中心，在原有思政工作室的合作基础上，在党建联建、中国特色职业教育高水平现代学徒制、技术服务、产品研发、培训项目开发等方面开展共建，力争共同打造"基层党建高地、技术技能人才培育高地、应用科研和社会服务高地"，深化思政平台的进一步建设。（2）中鑫毛纺达成一致意见，以"党建联建"为基础，建立"中鑫思政工作室"，深入开展校企共建，拓展育人平台。（3）与康赛妮集团有限公司成功申报宁波市职业院校"双师型"教师培养培训校企共建基地，在加强师资力量培训的同时，拓展思政育人平台。（4）开展工匠导师进校园活动。除了邀请工匠导师为学生开展教学外，依托校内"匠艺经纬工作室群"，开展学生技能培养提升。与博士工作室一同，形成学院特色鲜明的分类人才培养模式。（5）多方开展校企合作，推进产教融合育人的进一步发展。除了依托宁波博洋家纺集团合作共建，开设"雏鹰班"以外，项目实施开展期间，与科尔集团开展建设合作，设立"科尔班"进一步拓展校外平台的建设。此外，宁波义乌商会、浙江华光汽车内饰股份有限公司在学院设立"经纬榜样""创新创业"奖学金。

## 二、项目完成情况

根据项目前期积累及持续推进，目前项目已完成申报初期的预期成果。

1.校内"匠艺经纬"工作室群完成整合及建设；2.在宁波博洋家纺集团建立"博洋思政工作室"；3.聘任一批"匠艺经纬·工匠导师"4.目前已在中鑫毛纺、宁波康赛妮等合作企业建立思政工作室；5.在校内外开展产教融合活动，凝练深化"三课堂·三融合·三衔接——高职纺织专业思政育人体系的探索与实践"、"党建引领育人平台新探索——匠艺经纬党员工作室群"等典型工作案例；6.初步构建基于工作室背景下的校企协同育人模式，下一步将进一步完善凝练，对此体系做更深入的论证。

## 三、项目成效

"双平台"匠艺经纬工作室以校内、校外相融合，多层次多方面整合的育人模式，针对高职院校工学结合的培养特点以及顶岗实习期间思政教育的"空白"现状，创设校企间协同实施的思政教育，补齐了全过程思政育人。同时又把整个思政育人的各个方面进行了系统的整合，形成了党建、思政、教学、科研相融合的工作方式，打通育人工作的"最后一公里"。一方面，校内平台创新育人载体，特色鲜明。积极探索教师专业工作室、"双带头人"书记工作室、思政工作室、名师党员服务团等平台之间的联系，充分发挥党建在开展大学生思想政治教育中的政治优势，拓展校内实践平台的育人成果。另方面，校外平台聚焦育人实际，协同有效。资源共享，加强合作，拓展师生教育眼界，提升育人成效；协同企业，通过企业思政工作室融入企业文化和职业规范等教育内容，使学生整个在校学习过程中融入思政要素，实现了思政教育"一个都不能少，一刻都不能停"的目标。

★ "十大育人"体系建设优秀项目 ★

# "助学·筑梦·铸人"高校发展性资助育人体系构建

## 俞 圆

## 一、项目建设目标

"弘扬时代新风,帮扶精准脱贫"全面推进资助育人工作,构建"助学·筑梦·铸人"发展性资助育人体系,实现无偿资助与有偿资助、显性资助与隐性资助的有机融合。着力培养受助学生自立自强、诚实守信、知恩感恩、勇于担当的良好品质。

## 二、项目建设定位

夯实基础,规范制度,强化队伍,确保资金,建设"四位一体"的发展型资助体系。借助大数据和学生行为分析等手段,为"隐形贫困"学生保驾护航,把"扶困"与"扶智"、"扶困"与"扶志"结合起来。

## 三、项目实施情况

1.利用大数据等现代科技手段构建精准资助工作体系,健全四级资助认定工作机制,采用家访、大数据分析和谈心谈话方式,合理确定认定标准,构建智慧化的精准资助体系。

2.重视家庭经济困难学生的心理疏导和重点帮扶，根据心理异常排查结果，开展一对一约谈及帮扶，帮助家庭经济困难学生树立阳光心态，促进育人和育心有机结合，全面推动资助育人体系建设。

3.开展家庭经济困难新生入学"一站式"服务，奖助学金评审发放"一体化"资助，以及宿舍走访、爱心礼包、谈心谈话、家庭走访、路费支助、生活补助的"一揽子"关爱活动，确保资助工作全覆盖。

4.建强朋辈互助队伍，发挥学生自助优势，组建勤工助学管理队伍，提升学生自我管理能力。制定勤工助学管理办法，增强管理科学性、纪律性、规范性。

5.坚持以"贫困优先、尊重志愿、竞争上岗、双向选择"的原则，开展勤工助学竞聘上岗活动。一方面激励受助学生自立自强，另一方面培养学生认识职场、适应社会能力，加强实践锻炼，培养创新创业精神为契机。

6.立足榜样引领的育人理念，弘扬时代新风，开展"榜样在身边"活动，将获奖学生个人优秀事迹宣传展示，发挥受助学生典型示范和引领作用，拓宽榜样育人的实践路径，实现双向促进的良性交互。

## 四、项目建设成果

1.本项目在原有建立的"奖、贷、助、补、减、免"的学生资助体系基础上，进一步建立并完善"奖、贷、助、补、偿、捐、减、免"的学生资助体系。

2.实现学生自我教育、自我管理、自我服务。本项目除了积极加强专职老师队伍建设外，还积极培育学生干部骨干队伍，将国家奖学金获得者、学生骨干吸纳成为资助工作的传播者、宣传者、实施者。

3.围绕立德树人根本任务，以引领教育、励志教育、感恩教育、强能教育、诚信教育为抓手，全面提升学生素质，引导学生饮水思源、受助思进、自强自立。实现从保障型资助向发展型资助、从输血到造血、从助人到铸人、从扶贫到扶志的转变。

4.通过实施"助学·筑梦·铸人"发展型资助育人行动计划，依托励志协会，为家庭经济困难学生打造优质的自我发展平台，根据成员个性特点、专业特长，建设"追梦与成长—绽放与崛起—感恩与奉献"三位一体资助育人的实践平台。

## 五、项目完成情况

　　立足"三全育人"理念,将资助育人与学生个性化的成长成才需求相结合,立体构建集多层次的资助主体、多样化的资助形式以及多元化的资助内容于一体的资助育人体系。本项目建设以物质帮扶、人文关怀、道德引领、能力发展等方面为抓手,已基本构建"助学·筑梦·铸人"的"四位一体"发展性资助育人体系,以多渠道经济资助为基础,加强心理教育为载体,强化核心价值观教育为引领,夯实专业实践技能为保障。

★ "十大育人"体系建设优秀项目 ★

# 课程思政递进式融入课程育人体系建设

李 菲

## 一、项目建设目标

教学设计深入贯彻"以学生为中心"的理念，多措并举地把好学生的脉，实施差异化教学。以"质量经理"岗位要求和典型工作任务重构课程内容，采用逆向推衍法设计教学活动路径，调动学生已有的知识、技能、意志、思考、情感等各种认知和非认知心理资源投入到学习中，让知识呈现出其原本的"生活价值"。通过有效开发、组织、引导和评价学生课堂学习活动，帮助其学会在充满复杂性和不确定性的社会中获得持续发展的关键能力、必备品格和争取的价值观，最终实现课堂中"人人成长"的目标。

## 二、项目建设过程

### （一）深化学情分层课程目标

1.通过课前自学情况分析学生能力差异。课前通过课程平台把多媒体教学材料和学习要求布置给学生，学生完成自主学习和获得前测成绩。教师通过前测情况及时调整教学目标，同时综合评估学生的学习态度、学习能力差异，尝试调整"我想学好"的第一集团、"学得差不多就行"的第二集团和"学习无所谓"第三集团。

2.通过"前情+后测"确定学生最近发展区。在确定学生最近发展区时，将学生入学成绩，其他学科成绩，课前预习等作为确立最近发展区的前序部分；课堂互动、章节测试等作为确立最近发展区的后测部分，通过多角度动态"前情+后测"的学情分析，关注学生的不同并进行集团化分组，为不同集团学生确定自己的最近发展区。通过教学设计帮助学生获得自己的进步与发展，无论学生以往成绩的优劣，都给学生表达教师的期望值，树立学生的学习信心，培养其学习能力，让不同的学生都有取得进步的机会。

3.分层课程设置鼓励学生超越最近发展区。针对学情分析建立的不同集团学生群体，教师在课程教学设计布置任务时，有针对性地设计任务，让不同集团学生超越自己的最近发展区，达到自己可能的发展水平。

教师在设计课程教学任务时确定所需全班学生完成的统一任务及满足学生差异的选做任务。为了保证教学质量，对于教学中需要学生掌握的知识目标，部分能力目标作为统一任务布置给全班学生。通过重点讲解、答疑解惑让学生能完全理解并掌握，二类作业是综合性的选做任务，任务里涵盖能提高学习积极性的任务，有需要自学才能完成的任务，学生根据自己的兴趣和能力进行任务认领，用自己的思维方式、探究方式去发现有关的知识。

教师对选择与完成任务过程进行调整和引导，让第一集团同学利用线上学习资源更多拓展思路，让第二集团学生提高自主学习，分析判断能力，让第三集团学生认识到学习态度给成绩及自身能力带来的影响，提高学习信心，激发学习潜能。

### （二）重构内容创新任务设计

根据《高等职业学校现代质量控制课程教学标准》，对接《1+X职业技能等级证书》，基于质量经理典型工作任务和工作流程，梳理教学任务，按照基础理论、理念方法、应用实践的逻辑重构教学内容。从新时代学生学习特点出发，选取贴近学生生活、实操性强、趣味性强的项目主题，坚持"学以致用""精益求精"，培养管理技能的同时，突出学生的内在修养养成，如质量意识、团队协作意识、精益求精品质等职业素养的培养。经过斟酌与任务重构，最终确定了质量小组活动、5S管理实施及绘制价值流图三个项目十个任务的教学内容。

### （三）逆向推衍策划教学活动

现如今丰富、立体的教学资源意味着教师不能仅仅做知识的搬运工，更应该从培育学生真实核心素养立场出发，进行"以终为始"的教学变革。逆向推衍式教学设计以"建构学习中心课堂"为实践取向，关注有哪些值得学生持续深入理解的知识结构或学科"大概念"，为学生策划出具有"深刻思想性"和"高度价值性"的学习活动。

1.推进信息资源，夯实"课堂革命"基础。针对"00后"学生善于利用信息化手段以及易于获取信息化资源的特点，课程开展线上线下混合式教学，在学习通上建有课程平台，有课件 15 个，微课 28 个（时长 258 分钟），案例 20 个。

2. 丰富活动实践类型，激发学习兴趣。以课程任务项目三教学过程为例。通过提出引导性问题、让学生用图表记录奶茶制作过程来引发学生对主题的持续关注；让学生带着对基本问题和单元表现性任务的思考阅读和搜集相关知识；通过教师讲解、图片呈现、播放视频、让学生制作关于奶茶制作价值流等方式让学生多视角思考精益生产的本质；通过开展小组合作分析奶茶门店质量改进要点、进行全班讨论并给出改进建议；邀请专家为学生做专题讲座并针对学习主题进行提问；让学生独立完成价值链分析并依据所学知识进行理由阐释和互评；在单元学习结束时，要进行小组汇报或者话剧表演进行项目总结。

3. 融入课程思政要素，潜移默化厚植职业素养。"爱岗敬业""德才兼备"，塑造学生高尚的品质和高超的技术，是我们的目标，素质与知识、技能并重，本课程在教学实施的过程中，打造"五有"课堂的同时，也注重学生素质的培养，并贯穿始终，以考核的方式检验和约束学生的不规范行为，倒逼学生养成良好的习惯。

一是社会主义核心价值观培育。先通过短视频给学生展示食品安全典型案例，开展课题讨论，引导学生认识质量优劣与管理者的社会责任感紧密相关，观察学生对社会责任感的认同情况。随着社会和科技的发展，质量定义的内涵和外延都与时俱进。通过对学生的引导，让学生自己总结出，对社会规范的遵守，对人民有所帮助不仅是"质量"内涵，更是"质量人""社会人"的做人原则和道德底线。潜移默化中建立起对自己行为规范的约束，树立起一个对人们有所帮助的人的价值观，从而将社会责任感与质量管理工作紧密结合。

二是劳动精神培养。以"丰田召回事件""海尔张瑞敏砸出海尔质量"为案例，深入讲解"质量"定义包含的对品质追求的永无止境、质量诚信是永久契约，每一个细节皆有规范等质量管理理念和规律，让学生理解企业成败决定于质量，个人学业、事业的成果也决定于我们对品质永无止境的追求。将"劳动精神""诚实守信""求实创新""与时俱进"等时代精神融入到"质量"的追求中。

三是民族精神培养。在讲解质量管理的现实意义及在国际贸易中的重要作用时，详细介绍我国质量监管体系发展历程，以视频的形式介绍我国质量战略规划，尤其是近些年在追求高质量发展的过程中祖国全方面蓬勃发展、飞速进步，培养学生的政治认同和民族自豪感。结合学院的轨道交通专业和工业机器人专业，回顾近些年的发展成就，离不开一代代大国工匠对质量的孜孜以求，引导学生，作为"质量人"，可以从自身做起，从平凡的岗位工作做起，树立为中华民族伟大复兴而奋斗的理想信念。

四是工匠精神培养。在每一次案例讲解中，尤其是学生作业中，将精益求精、严谨认真、实事求是的工匠精神融入进作业过程控制及结果考核中。

### （四）动态评价真实课堂反馈

课程考核评价采用三阶评价模式，包括理论成绩、项目成果和职业素养三方面。其中，理论成绩由学习通上学习情况、测试情况、作业情况、课堂互动情况等综合判定。项目成果包含资料规范性、步骤适宜性、结果有效性三个方面。职业素质包括学习态度、活动参与及思政执行三方面。他们贯穿在整个学习过程评价中。

采用线上评价和线下评价相结合的形式。线上评价由学习通平台自动生成，线下采用学生互评、教师评价和企业导师及大众评审相结合的方式。

企业导师邀请校企合作导师及外聘教师进行评价，大众评审是每个小组将项目成果做成海报发布在分院公众号上进行大众投票，根据投票结果赋分。

★ 思政工作重点品牌 ★

# "WE+" 阳光校园建设

## 张 淼

## 一、项目培育目标

"WE+阳光校园"思政育人品牌自2022年4月成立以来，紧紧围绕中外合作办学模式特色，坚持立德树人，深化质量内涵，通过统筹办学治院、教育教学、课程思政、校企合作育人资源，通过实施"4321工程"，深入落实"五育并举"，全面推进"三全育人"。本项目通过一年时间的实践和深化，在学生活动、课程思政、创新创业赛事、校企合作育人等方面进行了持续性的实践探索，为中英时尚设计学院构筑起一套有特色、有亮点、有实效的思政育人体系，取得了一定的成效。

## 二、项目培育内容

### （一）孵化四大活动项目，凸显全方位育人成效

学院围绕立德铸魂主旋律，充分发挥党团组织的引领作用，以文体活动为主体，以"养成教育"为主线，深化第二课堂建设，孵化阳光晨学社、阳光充电站、阳光心语坊、阳光助力团四大学生活动项目，构建大思政格局下德智体美劳心一体化育人体系。

晨学社以文化人，打造能力提升"助推器"。学院以"晨学"为突破口，成立WE阳光晨学社，将晨学活动与思政教育有机结合，充分利用每周五天早自习的碎片化时间，面向学生开展劳动教育、英语技能提升、政治理论学习和阳光体育运动，并配备5名老师进行分类精细化指导，推动学生的德智体美劳得到全方位提升。自2022年至今，

共开展了"学院晨扫""空中苗圃劳作实践"等系列劳作活动38次，共2 140余人次参加；开展"英语好声音""英文讲党史"等系列英语趣味活动56次，共16 720余人次参加；开展活力篮球、趣味呼啦圈等系列体育活动40次，共3 232余人次参加；开展"党的二十大精神主题宣讲""宪法晨读"等系列政治理论学习活动43次，共3 643余人次参加。把"大思政"贯穿于育人的全过程和各个环节，形成三全育人的长效机制。

充电站以体健质，激活阳光生活"能量池"。阳光充电站（Energy）广泛开展普及性体育活动，定期举办趣味性强、参与度高的常规体育运动项目，鼓励学生积极参与课余锻炼，2022年至今共开展活力排球、欢乐跳绳、趣味毽子等系列体育活动共计45次，共3 812余人次参加，举办乒乓球比赛、篮球对抗赛、拔河比赛及跳绳比赛等团体对抗比赛共十二余次。学院获得2022年第十八届运动会道德风尚奖，2022年阳光体育嘉年华校园网络操舞比赛二等奖及最佳组织奖。目前，学院体育育人凝心聚力，协同育人的积极效应初步显现，有效促进学生刚健有为、自强不息。

心语坊以心养性，转动心理情感"润滑剂"。依托阳光心语坊，创新大学生心理健康教育的新模式，开展文体活动助力学生心理素质提升。学院自2022年4月起在阳光心语坊心理工作站内常设"解忧杂货铺"活动，鼓励同学们主动倾吐心声，缓解压力。开通"心语悄悄话"咨询服务绿色通道和匿名心理疏导"树洞"，每学期面向班主任和学生心理委员开展专题心理知识培训。2022年开展"共享绿植时光"、解压涂鸦等心理疗愈活动3场，教师心理讲座1场，教职工花艺疗愈心灵插花活动1场。学生心理素质进一步增强，及时干预5起心理危机事件。

助力团以劳树德，构筑青春圆梦"支撑点"。以"奉献、友爱、互助、进步"为准则，以"立足校园、服务社会、助力校企合作"为宗旨，积极开展劳动教育和志愿服务。2022年至今，我院在校生注册志愿者569余人。组织约200名志愿者投身宁波时尚节、文明校园创建、疫情防控、校企实践活动和志愿服务等，累计服务时间超过1 000小时，培养学生正确的世界观、人生观、价值观。为宁波市区域社会经济发展提供了有力服务支撑。

**（二）创设三大融合机制，完善全员育人新路径**

1.思政元素融入教材。学院根据人才培养目标，积极开展课程思政教材建设，挖掘课程思政教育的融入点，将思政元素融入人才培养方案、课程标准和课程整体设计中。2022年至今，已有《时尚英语》《纺织服装外贸英语》等4本教材出版，其中《时尚英语》《纺织服装外贸英语》获得浙江省职业院校"十四五"首批重点教材建设项目推荐。实现课程思政、教材思政一体化设计、融合创新。

2.思政元素融入课堂。创新育人理念，以民族文化自信、工匠精神、红帮精神为切入点,把价值观培育和塑造融入专业课堂,润物无声,实现课程育人。以匠艺课堂和课程思政特色示范课为抓手,建设国际化特色校企融合思政资源库。2022年至今,"时装设计基础"等10门课程获批校级课程思政案例,"流行趋势预测"等2门课程获批省级课程思政示范课,"影像制作与造型设计"等10门课程获批校级匠艺课堂。

3. 思政元素融入学生服务。坚持以学生为中心的闭环式管理理念,紧紧围绕学生需求,以服务育人为根本,创新学生事务管理模式,2022年4月成立学生事务服务中心,教务、学工协同办公服务,落实最多跑一次,把为学生办实事、办好事融入思政教育中,在育人中强化服务意识,在服务中融入育人理念,实现管理服务与育人工作双促进。

4. 搭建2个赛事载体,彰显全程育人硬底色。以岗课赛证为抓手。以职业岗位为主导、紧贴岗位需求重构课程体系和教学模式,传承工匠精神,实施"岗课融通"。充分发挥职业技能大赛对教学改革和专业建设的引领作用,将大赛评价标准融入教学考核标准、赛事内容融入教学内容、赛事训练融入实践教学,实施课赛融通,培养学生创新与拼搏精神。2023年2月学院获得"2022年度1+X数字影像处理职业技能登记证书项目优秀试点院校"。

5. 以实践类赛事为牵引。拓宽人才培养途径,鼓励引导学生参加挑战杯、互联网+、暑期社会实践等创新创业类赛事,通过"课内与课外、集中与分散"双向结合的社会实践模式,着力构建学科交叉融合创新实践平台。目前在校生创办公司数5家,张梦同学发表《绿色设计—可拆卸的伞产品项目的市场调研报告》创新创业科研论文1篇;张瑞同学申请实用新型专利1项,2022年7月开展TFS杯SINO-UK院服设计大赛,参与学生超3 000人。2022年12月获第六届中国纺织类高校创意创新创业大赛校内选拔赛一、二、三等奖各一名,并选送省赛。省A级获奖数11项。省B级获奖数10项。29名学生获得数字影像处理证书。聘请唐狮、博洋家纺等14位企业导师及校友担任创新创业导师,提升学生实践能力和创新思维。

### (三)共建一个合作平台,开启联动育人新局面

2022年9月,学院与博洋服饰集团共建"服创麦田班",成立现代学徒制培养试点,首期三个专业共35名学生进入博洋服饰集团的5个子品牌参与课程实践。在合作中共研课程标准、共建人才培养基地、共育复合型人才,共享师资团队方面的成果,首期取得了丰硕的成果,目前第二期正在积极筹备中。支部书记于虹的"基于博洋学院的国际化时尚复合型人才培养模式研究与探索"获批宁波市2021—2022年产教融合"五个一批"教育教学改革项目立项,校企联动育人模式初显成效。

★思政工作重点品牌★

# 精心打造红色舞台

## 杨岩勇

## 一、工作思路

自2022年10月立项以来，项目按照既定建设思路，坚持立德树人根本任务，以"教学—创作—比赛—展演"为主线，充分发挥舞蹈、音乐、公共艺术、服装表演等专业优势，用"艺术＋思政"方式积极拓展舞蹈、音乐、话剧、秀场等课堂与舞台、校内与校外平台，不断深化"红色舞台"思政工作重点品牌取得实效。

## 二、推进情况

1. 在舞蹈方面：陆续参与了宁波时尚节开幕式闭幕式表演，联合宁波大学、宁幼高专等开展"五月的鲜花"舞蹈交流活动；参加学校"啦啦操"比赛获一等奖，专业老师开展舞蹈公益课、"文艺轻骑兵"走进奉化以及江北黄山村、鞍山村开展文艺宣讲活动；参加"小荷风采"全国少儿舞蹈展演志愿服务。

2. 在音乐方面："不遗憾乐队"参与艺术乡建宁海溪溪里野奢露营基地表演、《琵琶语》参加宁波市"文艺与时代同行"琵琶展演活动获优秀奖、"文艺轻骑兵"持续开展"公共钢琴"志愿服务、开展校内一年一度的"红歌大合唱"活动；艺术团举办"声韵芳华 彩冀漾洄"器乐专场活动。

3. 在话剧曲艺方面：话剧作品《繁花绣梦》、越剧作品《打金枝·闯宫》荣获2022年浙江省大学生艺术节二等奖，话剧作品《胎毛笔》荣获三等奖；大型话剧《雷雨》首演，艺术团举办"越吟风华 相荟今声"戏曲专场。

4. 在秀场方面：参与学校宁波时尚节 9 个动态秀场发布；在月湖景区参加"画说月湖"之"湖色书香""湖畔芳华"两个场景服装走秀；承办上海国际模特大赛浙江总决赛，以及宁波非遗文创周—红妆秀，成为不可或缺的先锋力量。

## 三、培育成效

1. 举办大型演出活动不少于 2 场，累计覆盖人数超 1 万人次。完成大型综合活动涉及宁波时尚节、宁波非遗文创周、迎新晚会、杭州亚运会等，线上线下覆盖人数超 3 万人次以上；特别是服务杭州亚运会，参加宁波亚运会倒计时 100 天文艺汇演、"发现宁波"大型城市游戏录制和毕业设计发布秀、"渔光之城"演艺秀、《北纬 30 度》MV 创作、火炬传递宁波站志愿服务、亚运会闭幕式演出等，获市委办公厅通报表扬。

2. 相关作品参加省级及以上竞赛获奖不少于 8 项。荣获 2022 年浙江省大学生艺术节奖项 6 个、浙江省"挑战杯"学术科技作品大赛铜奖、浙江省"挑战杯"学术科技作品大赛红色专项铜奖，浙江省声乐表演职业技能大赛二等奖 1 个；第七届中国大学生服装模特大赛模特大赛获奖二等奖、三等奖各 1 个，中国超新星大赛亚军、十佳奖项 2 个。

3. 得到市级及以上主流媒体报道不少于 10 篇次。相关活动得到中国教育报、浙江教育强国号、宁波日报、宁波晚报、现代金报等媒体报道 30 多次。

## 四、主要成果

1. 精品项目 1 个：红色群舞《朱凡》获 2024 年度浙江省高校思想政治工作质量提升综合改革与精品建设项目之高校原创文化精品培育立项（待发文）。

2. 入围案例 4 个：《"红色舞台"绽放青春芳华》入选 2022 年全国职业院校宣传工作案例汇编，《文化打造经典，创意引领时尚——古琴艺术的复兴之路》等入围 2023 年教育部职业院校文化素质教育指导委员会美育专门委员会美育典型案例汇编 3 个。

3. 立项课题 1 个：《"三全育人"视域下高校"思政＋艺术"双融共育路径研究》获浙江省普通高校党建研究专业委员会 2023 年党建研究专项课题立项。

★ 思政工作特色资源开发 ★

# 基于 VR 的宁波红色事迹虚拟展馆建设

## 薛亚田

## 一、项目建设目标

为更好地挖掘革命博物馆、纪念馆、革命旧址等历史文物场所的思想政治教育的重要资源，发挥其本身所具有的重要教育价值、史料价值和研究价值，基于 VR 的宁波红色事迹虚拟展馆建设项目，旨在利用虚拟现实技术，打造一个全方位、多角度展示宁波红色事迹的数字化展馆，通过创新的展示方式，提高学生对宁波红色文化的认知和了解，进一步弘扬红色精神，加强思想政治教育。

## 二、项目实施过程

### 1. 需求分析

对项目的需求进行了深入调研和分析，明确了项目的目标、内容、技术要求和实施方案。本项目旨在依托数字展馆传播宁波红色事迹红色人物，因此在需求的角度、从目标入手，分析了需要的思政资源、技术要求等。前期参考了线下博物馆以及线上博物馆的各种搭建情况，分析了不同类型的博物馆的特点，其中线下博物馆空间大，眼见即所得，展示的场景即为能够了解到的。线上博物馆，可以通过有限（即小的）的空间展示无限的知识。例如在制作场景的一个模块中，可以将其延伸到杨眉山同志故居、宁波地委旧址纪念馆等场景。因此在参考后决定设计的红色场馆场地较小，减少移动交互，增多空间转换等交互方式。

### 2. 资源整合

整合了项目所需的各种资源，包括人力资源、技术资源、物资资源等，为项目的顺利实施提供了保障。人力资源：在本项目的小组成员中姚雪存老师以及张盛蕾老师主要负责思政内容的把握，在《建党百年·宁波百人百事》一书中，仔细讲解宁波重大与党相关的事迹以及宁波的老党员的故事。张玉宝老师作为动漫游戏教研室主任，有多年的技术经验，在制作虚拟展馆的过程中，提出了很多交互想法。丁炜老师在项目实施过程中整合了场景的资源，提出了符合项目需求的场景设计方案。徐秋琳老师整体把握了虚拟展馆的视觉效果，包括其中的UI搭建，提出了合理的建议。

仔细阅读《建党百年·宁波百人百事》一书并结合网络相关资料，在项目成员讨论后，一致决定本次项目中的内容以杨眉山同志为主人公。1925年8月，杨眉山同志任中共宁波独立支部书记。1925年二到三月间，在中共上海地委的领导下，中共宁波支部成立。党支部指派杨眉山同志创办启明女子中学（后为大革命时期中共宁波地委旧址纪念馆）。这是一所革命的学校，也是宁波党、团组织秘密的机关驻地。杨眉山同志主持校务并担任国文教员。他通过介绍《中国青年》《火曜》等革命刊物，向学生们宣传革命思想，为党培养新生力量。同年8、9月间，中共宁波支部先后扩建为独立支部、支部联合干事会，均由杨眉山同志任书记。1926年1月，中共宁波地委成立，同年3月，杨眉山同志任书记。从1926年下半年起，根据上海区委指示，杨眉山同志改任地委委员兼国民运动委员会书记，专门负责对国民党的工作。自此，他致力于党的统一战线工作，联合各界群众开展反帝反封建和反对国民党右派的斗争。1927年6月22日晨，蒋介石的"清党"特派员杨虎、陈群从上海乘船到达宁波，对杨眉山同志进行审讯。杨眉山被敌人的牛筋鞭子抽得血肉模糊，伤痕累累，依然不吐半字。杨虎以"破坏国民党"的罪名，判杨眉山死刑。

3. 设计与开发

一是虚拟展馆设计。根据需求分析结果，对虚拟展馆进行了详细设计，并利用虚拟现实技术进行了开发。整个场馆一共设计了四个模块。

个人雕像模块：在进入红色事迹虚拟展厅后，首先观察到的是杨眉山同志的人物雕像，同时在接近杨眉山同志的雕像时会弹出杨眉山同志的生平介绍。

视频展示模块，在展厅中有视频展示模块，循环播放着当代党员对杨眉山同志的回忆以及解读。

革命活动场地模块，有三个部分，分别是明州双英亭，宁波地委旧址纪念馆以及杨眉山故居。靠近墙面即可进入实地进行参观，给人以穿越的感觉。该部分没有使用建模，使用全景导览，在前期设计中，预计一个用户在本展馆中参观时间为10~20分钟，不宜太长，因此在跳转后的场景中，设计时交互设计较少，使用了实地全景展示，并未进行建模，同时让用户不用到现场就有身临其境的感受。

个人事迹展示模块，该模块主要放置了杨眉山同志人生中经历的重要大事件，用户在参观时，能够通过阅读了解杨眉山同志主要参与的具体共产党活动。

二是硬件设备选取。虚拟现实具有 3I 特征，即构想性（Imagination）、实时交互性（Interaction）和沉浸感（Immersion）。按照虚拟现实系统的沉浸感和实时交互程度的差异，国外研究者将虚拟现实系统分为：非沉浸式 VR 系统（Non-immersive System）、半沉浸式 VR 系统（Semi-Immersive System）和沉浸式 VR 系统（Immersive System）。非沉浸式 VR 系统通常由电脑屏幕呈现虚拟环境，又叫桌面 VR（Desktop-VR），用户通过平面显示设备观看虚拟环境，并通过键盘鼠标等外设进行交互，虽然可以看到立体图像，但整体感觉是"置身事外"；半沉浸式 VR 系统是桌面 VR 的加强版，虽然提供一些头部追踪等技术来提高用户的沉浸感，但仍使用二维显示器来显示图像；沉浸式 VR 系统通常需要头盔显示器和位置追踪等设备，让用户产生较强的浸入感和更自然的交互。体验者要获得沉浸式的 VR 体验，需要有相应的显示和追踪设备，主要是头戴式显示设备、位置追踪及运动控制设备。目前主流的沉浸式 VR 设备可以分为主机、手机 VR 以及 VR 一体机。三类设备中，沉浸感和互动性最好的是主机，VR 一体机虽在这两个维度的比较中略处下风，但其便携性和价格成为竞争的亮点。因此，综合以上多种原因在选取设备时选取了一体机 Pico NEO 一体机。

三是技术手段。在虚拟展馆的开发当中，综合考虑系统的开发难度以及开发成本等因素，选择 Unity3D 作为系统的开发引擎是最为合适的。Unity3D 开发效果专业，功能完备，操作简便，对初级开发人员友好，只需要一定的 C# 语言基础就能快速实现虚拟系统的开发；同时，Unity3D 具备功能多样的插件，针对虚拟系统中较为重要的 UI 界面部分，仅需使用插件就能够十分便捷地实现更为丰富的 UI 效果，极大地降低了开发的难度。因此，对于任何想要快速实现专业虚拟系统的开发人员来说，Unity3D 引擎都是一个极佳的选择。

四是发布与应用：《基于 VR 的宁波红色事迹虚拟展馆——主人公：杨眉山》正式发布，目前该展馆已经应用于游戏班"游戏引擎基础"的课程思政教育中，在课程过程中不仅带着学生了解如何制作虚拟展馆的交互，还让学生学习了杨眉山同志的故事，通过课程教学，潜移默化地将宁波红色人物、红色故事带给学生。

## 三、项目主要成效

构建了一个基于 VR 技术的宁波红色事迹虚拟展馆，以《建党百年宁波百人百事》一书中的杨眉山同志为例，实现了全面的、多方位的展示。通过虚拟展馆的在制作过程中的应用以及后期的展示，提高了学生对宁波红色文化的认知和了解，增强了红色教育的效果。

## 四、项目总结展望

基于 VR 的宁波红色事迹虚拟展馆建设作为一项具有创新性的多媒体展示项目，其成功实施对于思政资源的建设具有重要意义，同时不论是在教学过程中还是在今后的宣传使用中提高学生对宁波红色文化的认知和了解，进一步弘扬红色精神，更好地传播宁波人宁波事。在项目的实施过程中，我们积累了宝贵的经验教训，为今后的类似项目提供了有益的参考。我们将继续努力优化和完善虚拟展馆的功能和体验，深度挖掘更多的宁波红色党史，提供更加优质的交互设计以及红色文化知识，以杨眉山同志为起点，调研更多宁波老党员的故事，完善宁波红色事迹虚拟展馆。同时，我们也希望通过该项目探索更多的文化传承和创新应用的可能性，为推动地方文化的繁荣和发展做出更大的贡献。

★思政工作特色资源开发★

# 校本"红色文艺"课程思政特色资源库

丁丽君

## 一、目的意义

红色文艺作品作为一种弘扬民族精神主旋律的独特艺术形式,具有较强的隐性宣传教育和现实意义。红色文艺资源库的构建,就是将作品成果按类别,数字化后放到平台上,目的是构建课程思政的内容体系,提升思政教育的吸引力和感染力。充分运用网络多媒体的效果,用视频、音乐、图像等手段,给单纯思政教育做一个补充,让学生留下深刻生动的记忆,从而实现价值塑造、能力培养和知识传授的育人目标。

## 二、实施阶段

1.集中建设阶段:主要做好资源库的顶层设计,搭建资源库的框架,做好沟通联络工作,完成资源库网络平台建设工作。(2022年5月—2023年5月)

2.应用推广阶段:按照准备一批、制作一批、上线一批的原则,首先在本校范围内进行应用推广,边应用边完善;然后在更大范围内进行应用推广,

3.扩大资源库的受益面。(2023年6月—2024年5月)

4.持续更新阶段:按照共建共享、边建边用的原则,确保资源持续更新体现党和国家高校思想政治教育的新要求,使资源库的建设"有起点、无终点"。(2024年5月起)

## 三、建设情况

已通过学校网络课程在线学习平台，建设校本"红色文艺"课程思政特色资源库，内容包含视频库、音频库、图形图像库、文本库四个子库。

1. 视频库。内容覆盖舞蹈、音乐、话剧相关红色文艺作品，主要包括获浙江省大学生艺术节舞蹈一等奖的原创舞蹈《朱凡》（俞维维副教授），获浙江省大学生艺术节戏剧类二等奖的《血在沸》（陈锡林副教授），得到中国青年报等主流媒体报道、获宁波市基层文艺"红杜鹃奖"的原创战疫舞蹈《特殊的年味》（俞维维副教授）。另有原创舞蹈《黎明之前》，舞蹈《红船》《八女投江》《我等你》《中国妈妈》《一个不能少》等优秀学习剧目。

2. 音频库。内容覆盖歌曲演唱、器乐演奏等相关红色文艺作品，主要包括一年一度的红歌大合唱、新年晚会、迎新晚会等、校庆40周年、新中国成立70周年、中国共产党成立100周年等主题活动中呈现出的相关作品，诸如原创战疫音乐《特殊的年味》、入选宁波市音协庆祝建党100周年原创主题歌曲展播的《他们》，以及学校庆祝中国共产党成立100周年红色经典文艺演出呈现的情景合唱《唱支山歌给党听》等优秀曲目。

3. 图形图像库。内容覆盖红色主题相关的书法、绘画、篆刻、摄影、设计、综合材料等相关红色文艺作品，主要包括葛晓弘教授创作、被中国美术馆永久收藏的《文脉华章》，陈碧君副教授创作、入选十三届全国美展的《强军之逐梦蔚蓝》，退休教授邵家声创作的《口罩来了》，校友陈先权的绘画《最可爱的人》，孙自成篆刻《以艺战疫》，刘荣月硬笔《致敬逆行者》，以及学校"庆祝建党百年艺术与设计作品展"中的相关作品。

4. 文本库。内容覆盖视频库、音频库、图形图像库等各类蕴含课程思政元素的文档资料，每个红色文艺作品的案例素材由名称、内容简介（描述案例所选用素材的基本内容）、思政育人主题、媒体形式（如视频、音频、图片、文本等）、应用建议、版权说明（注明案例所选素材的出处或来源）等项内容构成。

## 四、建设成效

在应用推广阶段的第一年，各资源子库案例访问量实现100%全覆盖，资源有效利用率达90%以上。根据资源库利用情况，撰写分析使用报告，形成基于红色文艺开展课程思政与思政课程协同育人的、可借鉴、可复制的模式。

★ 思政工作特色案例 ★

# 评选"经纬之星" 发挥榜样力量

## 殷 儿

2012年起，纺织学院每年开展"树先进典范、展经纬风采、扬纺服精神"年度大型总结评比——"经纬之星"年度人物评选活动。通过"经纬之星"年度庆典、"经纬之星"人物访谈、"经纬追星"社会实践等系列活动，广泛树立师生身边的榜样人物，发挥优秀师生的正能量导向作用，深化优良院风、班风、学风、教风建设，积极营造争当"好老师、好学生"的争先创优氛围。至2023年，"经纬之星"年度人物评选活动已走过了十一个年头，总计评选出154名优秀学生个人与团队、92名优秀教师个人与团队。

## 一、项目开展

1. 整理汇编形成《"经纬之星"年度人物评选活动十周年纪念册》。2022年4月至6月，在"经纬之星"年度人物评选活动十周年之际，收集了历年来的"经纬之星"颁奖典礼、优秀个人与团队介绍、"经纬追星"社会实践等资料，整理汇编形成《"经纬之星"年度人物评选活动十周年纪念册》，更好地发挥新时代榜样的作用，并通过微信推文扫码领取、电话联系等方式将纪念册赠送给了188位历届"经纬之星"们。

2. 顺利举行"经纬之星"年度人物评选活动10周年庆典。2022年6月，在二号楼一楼报告厅隆重举行"经纬之星"年度人物评选活动十周年庆典，学校党委副书记及相关部门负责人、师生代表应邀参加活动，博洋家纺行政中心总监杨洁作为企业嘉宾代表参加。活动通过经纬直播间抖音号同步直播，历届校友和"经纬之星"们一同相聚云端。学院向各兄弟学院和图书馆赠送十周年纪念册，促进兄弟学院间育人工作的交流。

3. 开展2022年"经纬追星"社会实践活动。2022年5月—7月，"追星"社会实践团队访谈了15位"经纬之星"，了解经纬之星的成长、发展轨迹，听取其对学弟学妹以及对母校发展的建议和意见。并通过学院官方微信公众号"纺服经纬"、学校官方网站等平台进行了系列深入宣传与报道，运用新媒体新技术强化思政育人工作的凝聚力和引领力，充分发挥网络育人功能。

4. 举办"经纬之星"2022年度人物评选活动。2022年12月至2023年3月，完成"经纬之星"2022年度人物评选，在个人自荐、老师推荐、学院复评基础上，坚持做到搭好支撑点、抓准结合点、挖掘闪光点，评选的过程即是教育的过程，评选产生16名优秀学生个人与团队、9名优秀教师个人与团队，强化榜样引领作用，助力纺织学院形成特色榜样育人文化。

5. 举办"经纬之星"2022年度人物颁奖盛典。2023年3月22日，顺利举办"经纬之星"2022年度人物颁奖盛典，学校党委领导及相关部门负责人、浙江华光汽车内饰股份有限公司相关领导、宁波市义乌商会相关领导应邀参加活动，现场表彰"经纬之星"2022年度人物，激励全体师生向榜样学习，让榜样成为校园文化建设中的重要力量。

6. 开展"经纬之星"2022年度人物访谈。2023年4月至6月，启动"经纬之星"2022年度人物访谈活动，通过访谈形式，深挖15名"经纬之星"年度人物的故事，让广大师生了解"经纬之星"的成长历程、美好品德、技能特长，通过学院微信公众号、网站等平台进行宣传，强化榜样引领，深化榜样宣传，全方位、立体化宣传，营造学习榜样的浓厚氛围，进一步发挥榜样育人的作用。

## 二、项目成效

从2012年到2023年，"经纬之星"年度人物评选活动不断演化发展，影响日益扩大。

1. 榜样力量持续壮大。11年来，总计评选出154名先进学生个人与团队、92名先进教师与团队，其中2022年度评选产生16名优秀学生个人与团队、9名优秀教师个人与团队。

2. 榜样作用日益体现。通过发挥"经纬之星"年度人物榜样作用，在学院内营造了积极向上、求真务实的良好学风、班风，学生较早地树立了发展目标。建设期内，学生职业技能竞赛获全国一等奖11项、二等奖19项、三等奖15项、团体一等奖1项；学院省级及以上学生创新创业建设项目4项、学生授权知识产权3项。

3. 活动经验有效分享。整理汇编形成《"经纬之星"年度人物评选活动十周年纪念册》，用点滴回忆汇聚起经纬之星们的璀璨光芒，向各兄弟学院和图书馆赠送纪念册，促进育人工作交流。

4.活动品牌逐渐形成。11年间，历届经纬之星们走出校园，在社会各个岗位中贡献着自己的青春力量。在校内，学校领导及兄弟学院对"经纬之星"多次给予关心与肯定。

## 三、项目展望

纺织学院将继续坚守育人初心，深挖育人特色，发挥榜样作用，让评选有温度，引领有高度，育人有力度，让榜样的力量引领每一位经纬人敢为人先、务实创新、奋发有为。

★ 思政工作特色案例 ★

# 找准切入点　消除学生就业困惑

林蔚芳

## 一、项目培育目标

机电与轨道交通学院从 2021 年开始启动构建订单班校友组成的共同体，订单校友共同体的构建是订单校友资源和力量的凝聚，以校友共同体建设助力订单学生的高质量精准就业，推动就业工作和就业育人的发展，汇聚高校与社会的育人合力。

## 二、项目培育措施

### （一）积极建立订单校友与母校的就业内在联系

1.2021 年 9 月开始，机电与轨道交通学院学生工作办公室进一步梳理订单校友信息库，与已毕业的订单校友联络，完善联系渠道，构建好校友沟通渠道。截止到 2023 年 4 月，校友数据达到 350 余人。再根据校友微信、QQ、钉钉等活跃度、参与度等，进一步提取了"活力"校友数据（100 多人），建立了优质校友信息库（近 50 人）。比如 06 届王仓，08 届张利舟，10 届沈跃、钱锋，12 届石霄鸣、谢冬，13 届胡超芬，14 届李倩，15 届黄海霞、16 届张澜、17 届陈嘉俊、孟琳皓、吴畅、方欣琛、18 届程佳倩、黄洋、林天立、金剑泽，19 届黄寅、施航杰，潘荆栋、缪云台，20 届郑东燕、许正阳、侯烨凯、王晓凤，21 届张皓琦、唐宛婷、沈洪辉、郭嘉伟，22 届董应杰、汪缙、黄佳怡、丁一、张海燕等。

2.2022 年 1 月开始，进一步分层分类更新完善扩容订单校友信息库，在原有以企业为维度划分订单校友信息库的基础上，分别梳理地域、行业、岗位、党员等订单校友信息库，让在校的订单学生与已毕业的订单校友联络，对于确立职业发展方向、培养职业兴趣、了解职业知识、体验职场生活等有很大帮助；2023年2月开始，对优质校友以管理型、创业型、技术型、学术型4个维度进一步梳理，让校友协同育人机制进一步发挥集聚效应。

### （二）密切关注订单校友成长，引导在校生树立正确的就业和择业观

1. 进一步宣传和报道优秀校友事例，形成良好的就业舆论导向。2018年宁波地铁女孩黄海霞救男童，暖心短视频被各大主流网站转发，点赞超20万人次，并被央视评论员点赞"德润人心"，黄海霞被评为2018年度"宁波好人"、宁波市属国企青年榜样。作为母校，对相关新闻及时积极报道、转发点赞，在校园里形成正能量的宣传氛围，并积极联系邀请黄海霞在2018年、2019年期间三次返校做系列讲座等，得到在校学生的阵阵掌声；2019年起，机电与轨道交通学院聘请黄海霞为"校外思政导师"，优质订单校友的价值观和人生观将对同学们产生深刻影响。

2. 邀请优秀订单校友担任在校生职业生涯规划导师。机电与轨道交通学院通过聘请专业技能突出的订单校友和在校生开展点对点的辅导，帮助迷茫的在校生梳理自己的能力、兴趣和特长，选择适合自己的职业路径，促使在校生更有规划意识和行动能力，能清晰生涯目标，助力精准就业。2020年初，从温州铁路与轨道交通投资集团有限公司运营分公司传来喜讯，订单校友陈嘉俊在2019年12月获得第十一届全国交通运输行业城市轨道交通服务员职业技能大赛二等奖；2020年9月，再次传来喜讯，陈嘉俊获评"全国青年岗位能手"。2020年、2021年期间，机电与轨道交通学院两次邀请陈嘉俊在线上为在校学生开展云讲座，在专业技术上为在校生指点辅导；2020年—2022年，机电与轨道交通学院连续三年聘请陈嘉俊为"校外就业导师"；优质校友朋辈示范性强，发挥榜样引领作用，对于在校生的工匠精神培养和教育，起着重要的影响和作用，进一步促进就业育人引领作用。

3. 邀请各订单行业领域中较为突出的校友参与课堂教学。2019年起，机电与轨道交通学院启动外聘优质订单校友回到母校参与专业课程课堂教学，截至2022年底，已经先后聘请了2013届优质订单校友胡某某、苏某某、2015届优质订单校友王某某给在校生上相关专业课，从学生的职业发展、价值引领、资源整合等方面，充分发挥订单校友对就业工作的正向作用。

### （三）不断强化校友的参与深度，构建协同联动的就业育人体系

1. 启动机电与轨道交通学院优质校友"匠心导师"的聘请活动。在优质订单校友为机电与轨道交通学院"就业导师"的基础上，2022年聘请了黄海霞、张利舟、陈嘉俊、孟琳皓、程佳倩5位优质校友为2022年度"匠心导师"。2023年将继续聘请一批优质校友为年度"匠心导师"，持续强化校友的参与深度和黏合度。截至2023年4月，已经初步确定聘请为2023年度"匠心导师"的优质校友有陈嘉俊、谢东、石霄鸣。

2. 积极策划打造机电与轨道交通学院"同路人校友讲堂"品牌活动。机电与轨道交通学院在2020年推出了2期"青春轨迹"主题讲座，邀请校内外优秀学生演讲，起榜样作用；2021年推出了4期"青春成长论坛"主题沙龙活动，邀请优秀学生党员、优秀实习学生分享自己的成长故事。2022年以"职场、青春"为主线，学习"当好岗位上的'螺丝钉'"精神，推出了4期云端"同路人校友讲堂"；截至2023年4月，一共完成了6期云端"同路人校友讲堂"。2023年5月起，将策划"同路人校友讲堂"线下活动，并将摸索制作"同路人校友讲堂"纪念徽章、纪念证书、纪念文化衫、纪念笔等同路人校友讲堂周边文化产品，带给校友新的视觉感受，吸引更多校友返校分享心得体会，与母校和在校生建立更紧密联系，形成协同、全面、深刻的就业育人体系。

3. 融"党建+"形合力，推动成立机电与轨道交通学院"匠心筑梦"宣讲团。机电与轨道交通学院在"匠心导师""同路人校友讲堂"的基础上，积极结合"党建+"，进一步形成合力，2023年5月起，机电与轨道交通学院创新支部策划成立"匠心筑梦"宣讲团，启动在校内进行宣讲，讲述优质订单校友们立足本职岗位、践行工匠精神、争当岗位螺丝钉的精神风貌，指引在校生以优秀校友为榜样，增强担当作为的责任意识。

## 三、项目培育成效

经过不断努力，机电与轨道交通学院就业服务工作成效明显，发挥订单校友的引导作用，让优质订单校友成为大一订单学生的"梦想之灯"；发挥订单各行业的优质校友在学生职业技能养成中的作用，让优质订单校友成为大二、大三订单学生的"能力之灯"，对订单学生的精准就业起到很好的助推作用。

★ 思政工作特色案例 ★

# 退伍复学大学生立体化培养模式探索与构建

秦亚伟

## 一、理念和目标

以"加强政治引领,厚植爱国情怀"为主线,以"调研退伍大学生适应现状"为前提,以"加强管理,精心教育,朋辈育人"为举措,在退伍大学生的管理和教育中发挥组织育人、心理育人、管理育人、文化育人的功能,挖掘育人元素,努力将退伍大学生培养成德智体美劳全面发展的社会主义建设者和接班人。

## 二、项目模式构建

为更好地培养退伍大学生成长成才,案例通过调研"退伍大学生适应现状",推进退伍大学生管理、教育、育人三项举措,探索出"三级联动,四维共育,五位一体"的立体化成长成才模式,以下为模式初探:

```
                    ┌──────────────┐
                    │ 迷彩青年先锋队 │
                    └──────┬───────┘
            ┌──────────────┼──────────────┐
         ┌──┴──┐        ┌──┴──┐        ┌──┴──┐
         │ 政府 │        │ 高校 │        │ 学院 │
         └──┬──┘        └──┬──┘        └──┬──┘
   ┌────────┼────────┬─────┴────┬──────────┐
 ┌─┴─┐   ┌─┴─┐    ┌─┴─┐    ┌────┴────┐
 │德育│   │智育│    │心育│    │管理育人 │
 └─┬─┘   └─┬─┘    └─┬─┘    └────┬────┘
┌──┴──┬────┴───┬────┴───┬───────┴──┬────────┐
│思想引领│爱国教育│体育育人│ 安全育人 │ 文化育人 │
└────┴────┴────┴────┴────┘
```

**强化政治引领，厚植爱国情怀** ➡

❈ 立体化成长成才模式

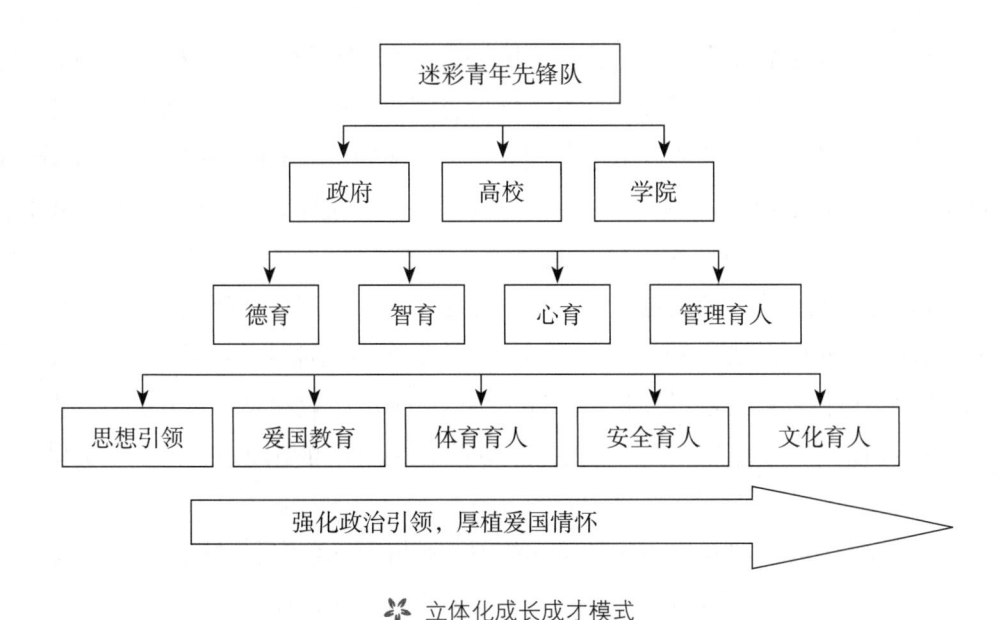

1. 了解退伍复学大学生适应现状。通过召开退伍复学大学生座谈会，问卷调查，文献研究等方式，探索退伍复学大学生适应情况，调研发现，大部分退伍大学生复学后，会面临各方面的适应问题，比较突出的是学业、人际、环境等方面的适应问题。

2. 科学管理，畅通"三级联动"工作机制。政府出台一系列优惠政策，高校和学院要对接好政府管理部门对接工作，打通最后一公里，畅通"三级联动"工作机制。学院成立"迷彩青年服务站"，认真学习落实党和国家针对大学生入伍退伍的各项政策，对接好地方武装部，协助学生处理征兵入伍，退伍中政审、学费补偿、就业升本等各项工作。

一是政府提供政策支持，作为"主动脉"。国家十分重视并鼓励大学生入伍，政府出台了一揽子优惠政策，涵盖学费补偿、助学贷款，推优升学，就业创业等方面，在日常的教育管理中，注重引领大学生对国家各项入伍退伍政策的理解，感恩国家对大学生成长成才的帮助。

二是高校完善培养机制，成为"主力军"。高校作为退伍大学生教育的"主力军"，需要制定清晰明确的培养机制，打通人武部、学工部、二学院、财务处等各部门，践行"三全育人"理念，加强引育协同，发挥育人作用。

三是学院创新育人模式，守好"主阵地"。学院作为退伍大学生的直接管理部门，要守好"主阵地"，对接好学校各部门，进行高效管理，提供多元服务，探索特色的育人模式，促进其成长成才，并发挥好引领示范作用。

3. 精心教育，创建"四维共育"培养模式。近年来，学院已有退伍大学生百余人，学院成立"迷彩青年先锋队"，探索"四维共育"模式。一是学院构建"组织育人"模式，提升退伍学生思想政治素养。通过举办专题学习，党员教师"结对子"，党员学生读书会等方式，在党委领导下开展退役大学生思想政治引领。二是为提升退伍学生专业能力和水平，学院建立"双导师"制度。为其匹配一位专业教师和一名辅导员，对专业知识和能力，学习态度和方法等方面进行立体的个性辅导，提升其专业知识和技能，同时帮助其做好明确的学业和职业规划。三是建立"学校、学院、班级、宿舍"四级心理辅导机制，帮助解决退伍学生复学适应问题，提高其心理健康水平。四是学院成立"迷彩青年服务站"，提高管理育人成效。服务站在辅导员指导下，由退伍学生组成，为学生提供征兵、退伍等政策咨询，手续办理，学业指导等多元服务。俱乐部打造"绿色通道"，畅通人武部、学工部、财务部等部门办事通道，为学生提供便利服务。

4.创新育人，发挥"五位一体"榜样作用。退伍大学生有着过硬的政治素质、超强的担当意识、红色的军旅背景，将其红色元素积极挖掘，通过"五位一体"协同作用，创造性地发挥其思政育人和榜样引领作用，激发学生尊军崇军热潮，厚植爱国主义情怀。一是发挥思想引领作用。学院举办"迷彩微讲堂"，积极挖掘退伍学生的思政育人元素。抓住节日、重大活动等契机，为学生开展党团知识启蒙、理想信念教育、价值观教育等，发挥其思想引领作用。二是打造爱国教育基地。围绕"军事训练"打造"1+X"实践基地，开展爱国主义教育。鼓励退伍大学生担任新生军训教官，设置灵活的训练方案，激发学生的革命精神和爱国热情。此外，设置军事理论课"助教制"，组建"国旗护卫队"等开展灵活多元的实践教育形式。三是挖掘体育育人功能。学院设置"教练制"，增强学生身体素质和意志力。首先，鼓励退伍学生参加运动会、机电体能挑战赛等，评选"体能之星"，发挥榜样带动作用，激发学院运动热潮。其次，将退伍学生"教练"纳入订单班职业化培养方案中，培养学生纪律严明、执行力强的职业素养。最后，为体测成绩较差学生按体能分配"教练"，设置个性化训练方案，增强体质和意志。四是营造安全育人环境。加入学校"安全联合会"，为校园安全保驾护航。在学校疫情防控、校园安全、寝室安全等方面，协助教师开展安全保障工作。并担任安全教育课助教，协助班主任开展安全教育工作。五是塑造红色校园文化。加强网络宣传，丰富社团活动，塑造红色校园文化。打造"榜样在身边"网络宣传品牌，报道优秀退伍学生事迹，营造尊军崇军的红色氛围。此外，丰富红色社团活动，在开学典礼、运动会、毕业典礼等重大节日，开展丰富多彩的活动，激发学生尊军崇军热潮，厚植爱国主义情怀。

## 三、项目培育成效

1.思想引领得到加强。退伍大学生努力提升自身思想政治素质,积极向党组织靠拢。余烨峰、江冲2位光荣成为中共党员,陈泽涛、谢佳乐发展为预备党员,李晓晨、朱航宇、李嘉煜、姜靖焘、吴晓雯5位为入党积极分子。

2.综合素质得到提升。在2022—2023学年,在校退伍大学生群体共获得国家级奖项1项,省级奖项4项,市级奖项1项,校级奖项50余项。1位获得2023年宁波市"优秀大学生",5位获得校"先锋团员"称号,2位获得校"先锋团干部"称号;7位获得院级"优秀退役大学生"称号;2022—2023年,共18位学生担任新生军训教官,其中6位学生获得2022年和2023年新生军训"优秀教官"称号;6位学生分别获得国家奖学金、省政府奖学金、校级奖学金等。

3.升学就业创业优势明显。20级共12名退伍大学生,其中10位成功考取浙江水利水电学院、浙江中医药大学等本科院校,2位入职杭州地铁、骆驼派出所等。1位在校生成功创业,创建李乐体育文化产业有限公司,并运营甜品店,获得校创新创业奖。

4.发挥朋辈引领作用凸现。在2023届学校毕业典礼、2023级新生军训汇演、第十八届、十九届校运动会等活动中进行战术表演,获得师生一致好评,激发学生尊军崇军热潮。

★ 思政工作特色案例 ★

# "与阳光同行 和青春为伴"晨学模式探索与构建

## 秦文正

## 一、建设理念

本项目按照全国高校思想政治工作会议精神和学校思政工作培育建设工作要求，落实立德树人的根本任务，把党的理论创新成果和社会主义核心价值观融入各类晨学活动中，通过制度创新、内容创新、路径创新培养具有家国情怀、国际视野、专业技能和英文水准，德智体美劳全面发展的国际化技术技能人才。

## 二、建设进程

学院党支部统一领导，整体推进思政项目建设，召开1次专题会议，1次党政联席会议，研究思政品牌建设工作，会议决议及时落实。专门成立了中英时尚设计学院党建思政课题及项目建设工作小组，负责思政项目建设工作整体规划和重要事项决策，通过试点先行、精准培育、逐步推广，分阶段有序推进，积极打造学院有氛围、品牌有示范、教师有榜样、成果有固化的思政项目建设典型。

一是建立"管理机制"，项目负责人主抓、团委负责落实、各部门配合晨学活动设计，将晨学活动建设落到实处，做细做精。

二是建立"共享机制"，建立健全优质资源共享机制，分领域开展经常性的典型经验交流、现场观摩等活动。

三是建立"培训机制",将思政建设的要求和内容纳入院系教师培训计划,通过WE享学堂开展思政项目建设培训。

四是建立"合作机制",充分发挥学工、专业、教务、团委等基层组织作用,建立思政项目集体教研制度。

## 三、建设成效

自 2021 年 10 月实施中英晨学模式以来,已累计开展晨学活动 125 余次,覆盖 2021 级,2022 级共 12 个班级,累计参加 25 003 人次,发表主题推文 5 篇。

1. 德育铸魂,铺陈精神底色。"育才造士,为国之本。"实施以来,WE 阳光晨学社聚焦立德树人根本任务,把学理论与学专业结合起来,把定时学与日常学结合起来,把学习理论与实践结合起来,保证了学习的实效性。认真组织学习党的二十大精神,学习习近平总书记重要系列讲话,结合学校省级平安等级校园、无诈校园、文明校园创建等专项活动,先后进行了《反诈十条》《学生行为规范》《国家安全知识》《全民普法》的学习和答题活动共 23 次;征集选取贴近学生岗位、生活、时事并引发学生关注与思考的红色故事,新时代英雄故事、楷模故事,优秀毕业生等系列故事共 64 例,并通过开展"榜样我来说""我要做榜样"等系列活动,真正寓'故事'于'学习'之中,将铸魂育心培能贯穿人才培养全过程。

2. 智育提质,点燃智慧火花。在英语晨学(Sino-UK Morning English)中,经过近一年的探索总结,逐步提炼出一套切实可行的大学英语混合式晨学模式,即"一核心、二场域、三阶段"。所谓"一核心",就是以社会主义核心价值观为核心引领。"二场域"即"线上线下混合式学习",顺应特殊时期教学工作发展趋势,利用学习通钉钉直播等线上自主学习平台,完成英语听力、阅读等输入性、理解性活动,同时精细设计科学有效的线下活动,提升学生课堂语言表达与交流的容量和机会。"三阶段"即通过学前"知识激活、价值引领 + 初步学习",学中"语言输入 + 语言输出、价值塑造 + 深入学习",学后"评价 + 反思、价值观践行 + 拓展学习",实现语言与育人的融合,尤其着重对学生口语、写作等输出性表达能力的培养,通过语言知识学习和语言技能实践,提升学生的语言知识储备和语言技能,设置英语角、英语沙龙、经典影视赏析、趣味英语配音等沉浸式俱乐部互动环节,引导学生勇敢表达,培养学生英语学习兴趣的同时,增进对国际文化的了解,开阔学生的国际视野,用英语讲好中国故事。

3. 体教融合,锻造健康体魄。WE 阳光晨学社把培养健康体魄、塑造健全人格作为思政教育的重要环节。除常态化的体育课程外,在全院开展"爱上一项运动 每天锻炼一小时"行动。依托"WE阳光充电站"校内平台,组织同学们开展晨跑,排球、网球、羽毛球、篮球、踢毽子、呼啦圈……截至目前,其中晨跑累计达5 833 km,参与3 257人次,此外,通过第二课堂学分激励、参与打卡鼓励走出寝室、走下网络、坚持锻炼;坚持师生活动与运动竞赛相协调。广泛开展普及性体育活动,强化体育锻炼、促进学生身心健康。

4. 美育熏陶,涵养美好心灵。WE阳光晨学社坚持以美育人、以文化人,切实提升学生审美及人文素养。依托"传统服饰技艺与文化传承校企合作研究基地",开展非遗技艺的综合实践,让学生在实践学习中推动非遗的传承与发展,感受时尚设计与旗袍所碰撞出的火花。一年来,开展的文化艺术活动,涵盖戏剧、器乐、声乐、舞蹈、诵读、书法、绘画、摄影等艺术展演、艺术创作,参与654余人次。以学院传媒竞赛社团、时尚服装竞赛社团两大专业社团为载体,强化美育资源供给,把美育融入晨学实践活动中,其中学院同学在第五届"国青杯"全国高校艺术大赛,获得一二等奖,第三届创意之星设计大赛获得一等奖。

5. 劳动促进,铸就非凡梦想。劳动是创造价值的源泉,劳动教育对广大学生的成长具有重大现实意义。WE阳光晨学社不断优化劳动教育的形式与途径,构建多元化劳动实践育人体系,着力打造"公益服务"实践项目,通过志愿服务学分认定的方式进行考核。成立学院劳动实践基地—"空中苗圃"体验劳动,与美同在,与时尚同行。开展师生劳动教育实践系列活动共368次,融合课余劳动、志愿服务、校园环境日和专业实践劳动多形式,培养学生热爱劳动的优良品质。通过开展"文明校园,自主收餐""清馨校园,你我行动""感受书香,传递文明"等主题活动,让学生在校园劳动实践中得到锻炼,累计已有数千名学生参与到志愿者服务当中,以实际行动践行青春担当。

★ 思政课示范课堂 ★

# "问题探究式"教学设计与实施

## 虞洁文

"四个全面"战略布局，是习近平总书记总结经验、筹划全局、揭示规律、思考提炼，对党在新形势下治国理政重大战略思想作出的准确表述和精辟概括。通过学习，能够帮助学生理解"四个全面"战略布局内涵表述的时代切换，掌握全面建设社会主义现代化国家、全面深化改革、全面依法治国、全面从严治党的目标要求，明确"四个全面"战略布局对我们党在新形势下治国理政的重大意义，肩负起全面建设社会主义现代化的时代使命，自觉成长为第二个百年奋斗目标赶考路上的答卷人。

## 一、"问题探究式"教学整体设计

在思想政治理论课教学中，教学组贯彻以学生为主体的教学理念，设计"求真""学理"和"笃行"三课堂，结合"00后"大学生特色，采用"问题探究式"的教学模式，围绕"为什么、是什么、怎么样"的基本逻辑对教学内容进行整体教学设计，突出问题意识，进行专题探究式教学模式，突破传统教学纯理论讲授、满堂灌等方式，采用提炼问题、学生思考、师生探究、总结提升等方式，引导学生展开"学—思—践—悟"；同时，落实思想政治理论课的实践教学，贯彻理论性与实践性相统一的原则，激发学生的兴趣，提高参与度。

（一）教学理念的贯彻

1. 理论为基，凝练专题。根据《毛泽东思想和中国特色社会主义理论体系概论》的逻辑体系，学习把握习近平新时代中国特色社会主义思想这一马克思主义中国化的最新理论成果，有助于学生明晰时代使命，投身民族复兴的伟大进程。课程组对教材内容进行适当整合，凝练专题，并将最新出版的《中共中央关于党的百年奋斗重大成就和历史经验的决议》融入教学，探索新一轮的"专题化"教学实践。如将教材中的第十一章"四个全面"战略布局内容与第十章"五位一体"总体布局、第十四章坚持和加强党的领导部分内容进行整合，设计专题为"'四个全面'擘宏图砥砺奋进新赶考"，围绕专题又以"总—分—总"的模式设计了五个课堂教学环节和一个实践教学环节。

2. 学生为主体，探究问题。学生主体作用的发挥是思政课取得教学成效的关键，相对于枯燥、抽象的理论讲授，学生更容易接受熟悉的案例和能主动发表观点的平台。在教学设计中，教师根据教学内容、教学目标以及学情，通过设置问题链，让学生主动参与、积极思考，并配合 PBL 任务、辩论等形式，增加教学的互动性，提升教学效果。如在教学中让学生主动探究"为什么要全面建成小康社会？""全面深化改革进程中金山银山和绿水青山如何取舍？""推进依法治国的进程中青年如何作为？""为什么说全面从严治党是一场伟大的自我革命？"等问题。

3. 教师为主导，解疑释惑。高校思想政治理论课对学生发挥着"扣好人生第一粒扣子"的重要作用，必须坚持正确的政治方向，而面对一些社会热点、错误思潮等意识形态领域的问题，教师的主导作用和引领作用不可或缺。教师在专题教学设计的过程中，采取直面热点问题的策略，对社会上错误的思潮如"党大还是法大？""西方资本主义制度好"等不回避、不妥协，通过引经据典、理论批判等方式，解疑释惑，让学生辨析其中的错误；同时，发挥理论用于指导实践的作用，解答学生在新赶考中该如何做，如在教学中融入《中国服装行业"十四五"发展指导意见和2035年远景目标》内容，分析服装行业的未来发展，使思政课与专业课协同育人，为学生做好专业学习和职业规划提供参考。

（二）教学策略的应用

结合服装设计专业人才培养方案与概论课的课程标准，将思政课程与课程思政进行有效对接，使思政课和专业课同向同行。以"四个全面"战略布局为内容载体，以向着第二个百年奋斗目标赶考为时代任务，采用"实践验证理论""结合现实提升"的教学逻辑，整合教材内容体系，凝练主题内涵，运用丰富的信息化教学手段，实现教学目标。

1.学情现状分析。思政课教学面向在校一年级学生，学生在中学有一定知识基础，但对习近平新时代中国特色社会主义思想的整体内容理解得不够透彻，对"四个全面"战略布局的意义、逻辑关系、演进脉络等往往只有一个"大而化之"的印象，需要更深入地进行讲授或引导。大学生的思维活跃，他们对时事热点、国家大政方针的落实充满兴趣，特别是对需要客观、理性分析思考的相关问题，有新鲜、思辨欲。高职的学生由于入学成绩与招生批次的区别，基础知识相对薄弱、注意力不能长时间集中，需要教师将抽象的理论深入浅出地讲解，多设案例，多形式教学。

2. 教学目标实现。教学目标是通过学生的学习效果呈现的。"四个全面"战略布局专题的教学目标是通过对"四个全面"的深入学习，把握习近平新时代中国特色社会主义思想的精髓，结合党和国家进行的全面深化改革、全面依法治国、全面从严治党的具体部署，充分利用浙江案例，最新发生的热点事件等，以"提出问题—思考问题—探究问题—解决问题"的逻辑思维解决学生思想领域的未知与疑惑，从而实现教学目标，学习贯彻党的最新理论。

3. 教学方式选择。00后大学生对理论课的学习积极性、主动性、自觉性不足，因而教师在教学方式方法上要灵活多样，增强学生学习的积极性。在专题教学的整体设计中采用"理论+实践"的教学方式，其中理论教学部分采用"理论讲授+分组汇报+体验感受"的教学方法，实践教学部分组织学生深入乡村实地走访调研，引导学生把抽象的理论转化到现实生活中的具体案例，让理论在实践中落地，从而达到学习理论的目标。如实践教学探访充溢花香的永旺村，调研浙江全面小康样板村，感受美丽乡村和清廉村居的突出成效。

4. 信息化技术应用。为增强思想政治理论课教学的吸引力，提高学生学习思想政治理论课的兴趣，充分发挥信息技术在教育教学中的辅助作用。教学中使用超星学习通平台，通过在线发布讨论、线上答题、投票互动等等功能，提高学生课堂参与度，有效提高教学质量。

## 二、"问题探究式"教学模式实施

在教学实施环节，充分利用"问题链"探究式教学方法，围绕教学重点内容递进深入。课堂讲授突出教师的主导性，实践活动突出学生的主体性，通过学习通平台指导学生"课前求真+课中学理+课后笃行"，实现融会贯通。根据学生的认知规律和学习特点，将"学—思—践—悟"落实在教育教学的全过程。

### （一）围绕重点组织"学"

"四个全面"战略布局是概论课程的理论宣讲部分，其教学重点是向学生解读习近平新时代中国特色社会主义思想在现代国家治理方面的战略及其实现途径。在组织教学过程中，围绕"四个全面"的战略目标、战略举措等组织学生学习掌握新理论的精髓。如新时代依法治国进程中青年学生如何作为，通过讲述身边人身边事，突出一个真实的"学"的过程。

### （二）带着问题引导"思"

采用专题探究式的教学模式，根据教学内容精心设计问题链，在教学过程中，通过抛出一个又一个相互联系且有递进关系的问题引导学生探究，让学生带着问题去"思"，突出问题意识，并在思考问题、寻求答案中"学"。比如，全面建设社会主义现代化国家教学中，设计问题：全面建成小康社会后"四个全面"战略布局有什么变化？引导学生理解"两步走"战略执行的一惯性。在全面深化改革内容的教学过程中，设计问题：改革开放以来我们取得了巨大的成就，为什么现在还要继续深化改革？引导学生思考改革的必然性与长期性。再如，在全面依法治国内容的教学中，设计问题：为什么说"党大还是法大"是个伪命题？引导学生辨析社会上错误的观点与陷阱，培养他们同错误观点坚决斗争的理论底气，充分展现思想政治理论课的政治性。

### （三）深入基层拓展"践"

理论与实践相结合是思想政治理论课教学的基本方式，贯彻落实习近平总书记在学校思想政治理论课座谈会重要讲话精神，推动思想政治理论课的实践创新。在本专题教学实施中教师组织学生到永旺村进行实践教学，让学生通过与当地村干部交流、调研花海经济等，深刻感受国家在现代化建设进程中取得的丰硕成果，体现本课程教学的"理论性与实践性""主导性与主体性"相统一原则。

### （四）升华思想启发"悟"

概论课程的教学是要让党的理论、方针、政策入脑入心，培养学生马克思主义的方法论。在本专题的教学实施中，通过凝练探究问题、选择教学案例、梳理专题逻辑、组织主题实践等环节，对学生进行全方位影响，从而达到提升理论素养、升华思想情感等目标，启发学生内心深处的感悟。例如，通过这些感人肺腑的人与事让学生的思想得到升华，坚定他们对祖国发展的信心、对中国梦实现的必胜信念。

## 三、"问题探究式"教学学习效果

根据学情分析，结合学生所学专业的人才培养目标和课程标准的要求，在教学设计与实施过程中，强化目标任务，在教学内容的选取、学方法的使用上，关注学生的年龄特点、新媒体手段的使用、热点问题的追踪等。采用新方法、利用新手段、结合新时代，学生的获得感有很大提升，特别是实践教学环节带领学生走出教室，学习效果明显增强。

### （一）知识目标达成：理论学习，终身受益

通过别出心裁的教学设计，让学生不再觉得思想政治理论课枯燥无味，将治国理念与国家的大政方针"润物细无声"、潜移默化地传递给学生，课堂教学采用小组交流讨论的方式，让学生带着问题去探究，培养学生的问题意识和逻辑思维，以及运用马克思主义理论分析问题的能力。

### （二）素质目标实现：家国情怀，扎根心灵

思想政治理论课教学效果如何？教师通过开展随机走访、调研和通过学习通发放问卷等方式，了解到大学生都有"国事、家事、天下事，事事关心"的情怀，对新闻热点的关注度大幅度提高，而且观点正确、客观、理性。

### （三）能力目标培养：活学活用，指导实践

通过专题教学，目的是让学生掌握马克思主义中国化的最新理论成果——习近平新时代中国特色社会主义思想及其主要内容之"四个全面"战略布局。在国家和民族遇到疫情灾难时，大学生普遍能够树立大局意识、国家意识，甘用青春奋斗为国分忧、积极投身最需要他们的基层实践中去。在理论教学中，适时融入《决议》、"十四五"规划等内容，提升学生的参与度，培养学生的专业精神，鼓励学生学好技能，为实现全面建设社会主义现代化国家贡献力量。

### （四）社会鉴别力提升：直面问题，答疑解惑

社会热点问题是思想活跃、喜欢思考的大学生普遍关注的问题。思政课教师及时将鲜活的社会热点问题引入课堂，不仅增加了课堂的吸引力，还能及时回应学生的思想困惑，引导学生理性看待我国在发展中取得的成绩与存在的不足，正确理解党和国家的各项方针政策，提高社会鉴别力。

## 四、"问题探究式"教学反思改进

### (一)教学反思

"问题探究式"专题教学实施后,教学团队进行了总结与相应的反馈调查,对学生乐于接受的教学环节、学生兴趣不足的教学方式以及学生参与度高、教学目标实现好的教学策略进行了梳理,获得了一些经验。

1. 实践教学,学生接受度较高。在专题教学的校外实践教学中,学生走进新农村,体验到了平时他们不关心、不留意的全面建成小康社会状况,感触较多,这样的教学方式很受欢迎,特别是非农村生源的学生。

2. 理论讲授,对教师要求较高。"00后"高职学生对一些政治理论理解能力较差,逻辑思维能力弱,在理论教学环节,要求授课教师有扎实的理论功底、幽默的语言表达、接地气的案例引入、灵活多样的表现手段。

3. 课堂汇报,学生参与度较高。"求真"微课堂汇报,要求学生在课余时间动起来,学生的活动设计、实施、汇报都能培养学生的组织能力、团队精神、思维表达等,但学生的学习负担重,耗时长。

### (二)教学改进

根据教学反思和反馈调研,"诊""改"并重,提质增效,在分析学情、学生所学专业、学生基础、教学方式等基础上,教师要在提升思想政治理论课教学的实效性方面继续努力。在上级部门的政策支持下,在保障安全、经费的前提下多组织实践教学,贯彻落实思政课的"八个相统一"原则,使思政课活起来;提升教师的教学基本功,从理论学习、教学技能、组织课堂、信息化技术运用等方面,全方位提升教师教学能力,努力做到思政课教师的"六要":政治要强、情怀要深、思维要新、视野要广、自律要严、人格要正。

# 思政工作优秀论文

为进一步落实立德树人根本任务，扎实推进学校"三全育人"工作，学校将2022年党建与思政研究会的课题申报也聚焦"三全育人"这个主题上。2022年3月，学校发布了年度"三全育人"专项课题研究的通知，指出选题应紧密结合当前"三全育人"工作中的前沿、热点问题，围绕"十大育人体系"，突出问题导向，从相关工作的现实需求出发，结合学校的具体工作进行项目申请。

截至2022年6月，共收到25份申报材料。经校内外专家评审，2022年度学校"三全育人"专项课题立项22项，其中A级课题立项2项；B类课题立项8项；C类课题8项；D类经费无资助4项。课题最终成果形式限论文、研究咨询报告、调查报告三类。最终成果具有应用推广价值或对相关工作提出合理化建议。

# 发挥社会主义核心价值观对当代大学生教育的引领作用

夏朝丰

**摘　要**：大学生的价值观是大学生在实践过程中不断形成的对客体价值的认识、态度和观点。本文提出了高校要从课堂教学、社会实践、校园文化、网络建设以及管理服务等方面对大学生实施价值观教育的策略与途径，并强调坚持知行合一，重视实践育人，探索发挥社会主义核心价值观对当代大学生教育的引领作用。

**关键词**：社会主义核心价值观；大学生；教育；引领

习近平总书记曾指出："社会主义核心价值观是当代中国精神的集中体现，凝结着全体人民共同的价值追求。要以培养担当民族复兴大任的时代新人为着眼点，强化教育引导、实践养成、制度保障，发挥社会主义核心价值观对国民教育、精神文明创建、精神文化产品创作生产传播的引领作用，把社会主义核心价值观融入社会发展各方面，转化为人们的情感认同和行为习惯"。作为培养人才的高等学校，要想真正把"培养什么人，怎样培养人"这一作为办学治校的根本任务落实得更好，就必须坚持把社会主义核心价值观贯穿于学校教书育人过程的始终，引导当代大学生树立正确的世界观、人生观、价值观，培养德智体美全面发展的社会主义建设者和接班人。

## 一、社会主义核心价值观引领大学生教育的重要性

在一个国家范围内，核心价值观是社会机制得以正常运转和社会秩序得以稳定的根本保证和精神依托。高校要在大学生中构建积极健康的价值观，就需要具有强大的整合能力和引领能力的社会主义核心价值观的统领与指导。

1.培养"建设者"和"接班人"的需要。当前，我国已进入社会主义新时代，面临

前所未有的机遇的同时也面临严峻的挑战。各种文化、思潮跌宕起伏，一些腐朽的文化和社会思潮难免会对大学生的思想观念和价值取向产生一定的负面影响。这些负面影响如果不能很好地去解决，就会影响大学生的健康成长。高校唯有坚持用社会主义核心价值观引领大学生教育，才能科学指引大学生确立正确的思想、道德、价值观念，逐步形成合理规范的行为习惯，在信仰上坚定马克思主义，从而使大学生为中国特色社会主义共同理想努力奋斗，真正使高校肩负起为社会主义培养建设者和接班人这个光荣而艰巨的历史使命。

2. 促进大学生全面发展的需要。全面推进大学生的素质教育，就是在加强和重视文化知识教育的同时，更要重视和不断加强改进思想道德教育。思想道德素质教育是大学生素质教育的灵魂。从总体上看，当代大学生的主流是积极、健康、向上的。但我们也清楚地看到，一些大学生不同程度地存在政治信仰迷茫、理想信念模糊、价值取向扭曲、诚信意识淡薄、社会责任感缺乏、艰苦奋斗精神淡化、团结协作观念较差、心理素质欠佳等问题。因此只有用社会主义核心价值观引领大学生，才能促进他们全面发展，培养出一批又一批合格的社会主义建设者和接班人。

3. 推进和谐校园文化建设的需要。和谐校园文化建设的首要问题是让学生接受与认同属于社会主义意识形态核心成分的社会价值与规范，促使学生的理想信念更加坚定，思想更加积极向上。为此，要加大在校园内广泛开展社会主义核心价值观的宣传力度，把社会主义核心价值观的内容通俗化、大众化、生活化，营造健康向上的校园文化氛围。加强校报、校刊、广播、宣传栏、校园网等文化传播载体的建设与管理，努力把社会主义核心价值观转化为学生的思想共识。尤其要重视以思想政治理论课为平台着力回答学生关心的重大理论和实际问题，坚定对社会主义核心价值观的正确认知和共识。

## 二、社会主义核心价值观引领大学生教育的原则和内容

### （一）社会主义核心价值观引领大学生教育的原则

为了做到有的放矢，见到成效，必须遵循以下原则：

1. 方向性原则。无论在任何时候、任何地方，面对任何新鲜事物，始终坚持以习近平新时代中国特色社会主义思想武装大学生头脑，有效抵制各种不良社会思潮对大学生的精神污染，始终在国际国内形势上、思想上保持清醒头脑、洞察上不断增强敏锐性，思辨透彻，政治坚定，不断增强当代大学生的政治敏锐性，使广大学生牢牢把握人生的正确航向，始终把个人的成长进步融入推动国家发展、民族振兴的时代洪流中去。

2. 以人为本原则。"以人为本"，与人的全面发展理论是一脉相承、互为因果的，是党的思想路线的体现。大学生教育要坚持"以人为本"原则，把大学生的全面发展作为价值观教育的出发点和落脚点，在整个价值观教育过程中实现大学生的主体地位，使他们自觉树立健康向上的价值观。以社会主义核心价值观引导大学生价值观教育就是要体现以人为本的思想，尽最大努力满足大学生的合理需求。

3. 实事求是原则。实事求是，是从客观事物的本质去研究和探讨其中所固有的规律性。坚持从学生的实际出发，避免主观性和盲目性，注重调查研究，分析实情，掌握实情，并对其发展动态有良好的把握，力求做到使良好的"顶层设计"真正接上"地气"，并使之内化于心，见之于行。实事求是原则的内在要求是与时俱进，因为社会在不断地向前发展，客观实际在不断地发生变化，大学生的思想观念也在不断变化，所以在对大学生进行价值观教育时要不断的对内容、形式、方法进行调整，使之与不断变化的实际情况相协调。

4. 贴近实际原则。大学生价值观教育的问题，是一项实践性很强的工作，必须结合大学生的思想状态，贴近他们的学习实际和生活实际，关注他们的合理诉求，了解他们的实际困难，切实帮助他们解决当前急需的一些实际问题，这样才能使大学生社会主义核心价值观教育能够体现说服力和感召力，不至于使得大学生觉得价值观教育是一种强制性的约束和要求，而是一种温情式的召唤。

5. 创新性原则。创新是马克思主义的本质要求，是马克思主义的力量之源。高校在用社会主义核心价值观引领大学生教育中，应大力进行马克思主义理论创新问题的研究，需要正确认识和把握理论创新与社会实践、坚持与发展、继承与创新的关系这两个基本理论关系问题。要根据马克思主义中国化最新成果及时丰富，与时俱进，尽量缩小课本与现实生活的距离感，激发大学生的学习热情，提高教学效果，使大学生从思想认识和具体行动上自觉按照社会主义核心价值观规范自己的行为。

（二）大学生价值观教育的内容

1. 坚定对马克思主义的信仰。信仰是人类灵魂的家园，是精神力量的源泉，是统摄其他一切意识的最高意识。大学生是社会知识文化的主要承载者、创造者和传播者，是影响社会发展的重要力量。信仰，不仅对其自身的成长、成才具有重要意义，而且预示着中国未来的前景。只有通过加强马克思主义理论引导，提高他们的认识能力和选择能力，才能逐步引导他们运用马克思主义的立场、观点和方法分析各种问题，使他们在复杂的社会环境中保持清醒的头脑，从而形成坚定的马克思主义信仰，为社会主义现代化建设事业奉献自己的青春和力量。

2.确立坚固的理想信念。邓小平说:"马克思主义的另一个名词就是共产主义。我们多年奋斗就是为了实现共产主义,我们的信念理想就是要搞共产主义。"要帮助大学生厘清两个关系:一是正确看待共同理想与最高理想的关系。要使大学生明白,共产主义是我们最终要实现的远大目标,而建设中国特色社会主义,则是共产主义最高理想在现阶段的具体体现,必须把最高理想和共同理想结合起来。二是正确处理共同理想与个人理想的关系。引导大学生正确面对个人理想与共同理想的冲突,把个人的远大理想与祖国的命运结合起来并融入建设中国式现代化的实践中去。

3.培育大学生的时代精神。黑格尔曾指出,时代精神是每一个时代特有的普遍精神实质,是一种超脱个人的共同的集体意识。时代精神作为先进文化的精华和体现,对于激发大学生奋发有为有着至关重要的作用。要促进大学生时代精神的培育,要在深入学习领会习近平新时代中国特色社会主义思想中充满着改革创新的思想;要引导大学生运用马克思主义的观点、方法进行分析批判,使大学生在明辨是非;要引导大学生从文化心理认同的层面上自觉把握时代精神;要用时代精神引领大学生的人生规划;用时代精神引导大学生的人格成长。

## 三、社会主义核心价值观引领大学生教育的途径探索

### (一)用社会主义核心价值观引领课堂教学

高效的课堂教学可以使大学生从情感和理论两个层面认同和接受社会主义核心价值观的深刻内涵,是用社会主义核心价值观引领大学生价值观教育的重要途径。

1.立足思想政治理论课教学。要求根据当代大学生的特点对思想政治理论课教学进行改革。要根据马克思主义中国化最新理论成果,教学的主题要突出习近平新时代中国特色社会主义思想;要注意引用生动的实例,理论联系实际,以大学生为中心,增加师生间的互动,触发学生思维的兴奋点,活跃课堂气氛。要充分利用网络技术和多媒体等现代化教学手段,通过视频、音频和图片使抽象的内容具体化。可在网上设立思想政治教育的专栏进行交流和学习,激发大学生的学习热情果。

2.融入专业教学的全过程。要深入挖掘各学科思想政治教育的元素资源,将社会主义核心价值观教育的内容有意识地渗透到专业课的教学中,引导大学生从多角度进行分析,能够显著提高大学生的社会主义核心价值观教育的效果,并促进大学生价值观的形成和发展。我国高校应借鉴西方的模式,在发挥专门开设思想政治理论课对大学生进行价值观教育的优势的同时,还要通过各学科的教学增加价值观教育的新渠道。

3. 提高思想政治理论课教师整体素质。思想政治理论课教师要不断用习近平新时代中国特色社会主义思想来武装自己，不断加强对马克思主义经典著作的学习。加强思想政治理论课程建设，采取一些政策倾斜措施，为思想政治理论课教师提高理论素质和科研水平创造条件。要根据学科的特点，来制定思想政治理论课教师的考核内容和标准，确立科学有效的考核机制。要不断加强思想政治理论课教师自身的思想道德修养，努力提高政治觉悟。

### （二）用社会主义核心价值观引领大学生社会实践活动

价值观只有真正融入的社会生活之中才能真正发挥作用。只有社会实践才能将理性教育和感性教育相结合，从而深化大学生对社会主义核心价值观的理解，使他们真正成为社会主义核心价值观的信仰者和践行者。

1. 建立稳定长效的实践基地。大学生社会实践基地是大学生社会实践活动的基本保证。高校应根据实际情况和社会发展需要，遵循服务高校实践教学和促进地方经济相结合的原则，主动联系企事业单位、城市社区、社会机构等部门，建立稳定双赢的社会实践基地，保证社会实践活动能够持久进行，为大学生的价值观教育提供稳定的场所。

2. 合理制定社会实践内容。要结合不同年级学生实际来科学制定社会实践内容和方案。对于刚入校的大学生，可以在平时组织参观历史博物馆、烈士陵园、工厂车间等实践活动；对于面临毕业的大学生，可以在假期联系好实习单位，统一组织他们到工厂和企业实习；对于其他学生，可以结合价值观的内容拟定一些调研项目。通过实践活动，让大学生更好地认识自我和他人，更好地认识国情和社情，从而深化对社会主义核心价值观的理解和认识。

### （三）用社会主义核心价值观引领校园网络建设

随着信息技术的迅速发展，网络作为新媒体已成为大学生价值观教育的重要平台。高校要加强校园网络的建设并积极发挥好这个平台的作用，要重视对校园网络的监管，为大学生营造一个健康的网络环境。

1. 加强校园网络的建设。要针对社会主义核心价值观设立专门的网页，以图文并茂的形式综合运用各种多媒体手段来吸引大学生去浏览去学习。定期发布国内外重大事件，正确地引导大学生认识和分析问题，提高思想政治教育的时效性和实效性。要注意网络道德和网络文明，加强对大学生的网络道德教育，引导学生正确的使用网络资源；要增进老师与学生之间的交流和互动，及时了解学生的思想动态，并及时进行正确的引导。

2.重视校园网络的管理。高校要加强对校园网络信息的监管并且对大学生进行网络规范的教育。采取技术手段筛查过滤网络信息,及时处理利于大学生身心健康的信息内容,为大学生提供一个健康安全的网络环境。要完善校园网络的规章制度并且对大学生进行网络规范的教育,引导学生正确的使用网络,避免违反网络道德的行为发生。

3.加强教师队伍的信息化建设。高校思想政治教育工作者要根据学生的特点及时学习网络信息技术的相关知识,使自己能够胜任网络思想政治教育工作,成为一支贴近学生、技术精通、政治过硬的网络思想政治教育工作队伍。这样他们可以及时在网上了解到大学生的思想动态,交流和互动,有针对性地分析问题解决问题,同时对大学生展开社会主义核心价值观教育。

### (四)用社会主义核心价值观引领校园文化建设

校园文化不仅能够陶冶情操,规范行为,而且能够使全体师生之间形成强大的凝聚力和向心力,激发全体师生对学校的归属感和认同感。以社会主义核心价值观引领校园文化建设是对大学生进行价值观教育的重要途径。

1.加强高校物质文化建设。校园物质文化是校园文化存在和发展的载体,它反映了学校的教育价值观并对师生起着潜移默化的影响。良好的校园环境是大学生健康成长的基础,要加强对校园的建筑、设施、景点、绿地等各个方面进行全面合理的规划和布局,为学校师生提供良好的教学和学习环境,从而为大学生的价值观教育提供重要的场所。要加强对校内媒体的统一管理,充分利用校内的宣传栏、显示屏、校报以及校园广播等媒体对社会主义核心价值观进行宣传和普及,通过丰富多样的方式和手段对大学生进行价值观的教育。

2.注重高校制度文化建设。高校的制度文化是学校的传统、仪式、措施以及各种规章制度的综合体现,是高校文化建设的重要保障。一方面,以学生为中心,全面加强综合考评、安全管理、考勤管理、卫生管理以及住宿管理等方面的制度建设,另一方面,针对学校的教职员工,要制定完善的规章制度,加强绩效考评、工作作风以及常规管理等方面的制度建设,并努力提高制度的可执行性,为学校各项活动的顺利开展以及校园文化建设提供有力的制度保障,从而促进大学生的价值观教育的顺利进行。

3.强化高校精神文化建设。高校的精神文化建设主要包括校风建设、学风建设和教风建设三个方面。要根据自身的特色和传统并结合时代精神营造出自己的校园精神文化氛围,通过制作学校的校徽、校训和校歌来展现学校的精神文化;通过开展教学比赛、座谈会以及课堂观摩等形式的活动,促进教师在教学技能、业务水平以及道德品质等方面不断提高,培养教师形成严谨治学、爱岗敬业、为人师表的优良品质,从而在高校教学过程中形成良好的教风；要严抓课堂纪律和学生考勤，并开展早晚自习，培养学生良好的学习习惯。

（五）用社会主义核心价值观引领学校管理工作

以社会主义核心价值观引领大学生教育，必须理论结合实际，关心和帮助大学生解决实际问题，把对大学生的各项服务工作落到实处。

1.落实贫困生资助工作。高校要积极响应国家的助学政策，大力推进国家助学金奖学金以及困难补助的评定及发放工作，并且要注重公正公平，此外，要努力通过社会基金拓宽奖助学资金的渠道。要提供适合学生的勤工助学岗位，让贫困生能够顺利完成学业。要给予贫困生足够的人文关怀，除了物质上的帮助，还要重视贫困生的心理、思想和自身发展等多种精神需求，做好感恩教育、诚信教育和自强精神教育，给予贫困生充分的关爱与理解，让大学生发自内心地接受并认同社会主义核心价值观。

2.深入开展心理健康教育。要从大学生的心理问题着手，通过心理咨询等方法及时掌握学生的心理状况，尽可能给学生提供全面的帮助，解决他的心理问题促进其身心健康发展，实现心理健康教育和思想政治教育的有机结合。要开设心理健康教育方面的相关课程，实现咨询与自助相结合的心理健康教育模式，纠正大学生价值观认知上的偏差，为大学生提供及时有效的心理健康教育。高校要建设一支专业的心理教师队伍，定期进行心理咨询和心理学等方面的培训。

3.切实抓好毕业生就业工作。高校要将就业指导作为大学生价值观教育的重要内容，帮助他们树立正确的择业观念，引导毕业生将追求自己的理想和服务国家建设结合起来，把个人长远发展和社会的前途命运联系起来。对毕业生进行全程求职和就业指导；要通过开展专题心理咨询或心理辅导等活动，缓解部分因就业压力而产生的心理焦虑，增强大学生的心理承受能力，切实减轻学生心理负担。高校要调动全校资源，广泛联系用人单位，让大学生感受到学校和社会的支持与关心，以使大学生发自内心地接受并认同社会主义核心价值观。

## 参考文献

[1] 杨庆忠.以社会主义核心价值观引领大学生价值观教育法制与社会[J]. 法制与社会，2009（6）：291-292.

[2] 孙文胜,社会主义核心价值观与大学生价值观教育社会科学论坛[J]. 社会科学论坛，2008（6）：144.

[3] 徐蓉.以社会主义核心价值观引领大学生价值观教育思想理论教育[J]. 思想理论教育，2008（1）：38-40.

# 邓小平共同富裕思想及其指导价值

## 夏朝丰

> **摘 要**：共同富裕是人类追求的理想。新中国成立后，中国共产党人在马克思主义理论的指导下，为实现共同富裕的美好理想和目标，进行了七十多年的探索和实践。在这个探索和实践过程中，中国共产党人对共同富裕思想不断深化发展。邓小平作为中国改革开放的总设计师，结合改革开放的伟大实践，从我国基本的国情出发，丰富和完善了共同富裕思想，带领中国人民为实现共同富裕进行了全方位的探索和实践，产生了深远影响。
>
> **关键词**：邓小平；共同富裕；思想；指导价值

共同富裕是人类追求的理想。新中国成立后，中国共产党人在马克思主义理论的指导下，为实现共同富裕的美好理想和目标，进行了七十多年的探索和实践。在这个探索和实践过程中，中国共产党人对共同富裕思想不断深化发展。邓小平的共同富裕思想在这个过程中起到继往开来的作用，特别对其后共同富裕思想的发展影响深远。

## 一、邓小平共同富裕思想的提出与实践

邓小平共同富裕思想发端于十一届三中全会前后。1978 年中央工作会议闭幕会上邓小平提出了"一个能影响和带动整个国民经济发展的大政策"，即"先富带动后富"。其核心目标就是"共同富裕"。邓小平多次在重要的公开场合论述了共同富裕的重要性。1985 年 3 月，在全国科技工作会议上，他强调共同富裕是社会主义的目的，他指出："社会主义的目的就是要全国人民共同富裕，不是两极分化。"1985 年 9 月，在中国共产党全国代表会议上，邓小平强调共同富裕是社会主义必须坚持的根本原则之一，他说："在改革中，我们始终坚持两条根本原则，一是社会主义公有制经济占主体，一个是共

同富裕。"

邓小平共同富裕思想形成于党的十三大。他提出社会主义的根本目标就是实现共同富裕，并提出了"三步走"战略，就实现温饱、达到小康、赶上中等发达国家作出具体安排，标志着理论开始走向实践。1990年12月，邓小平又从社会主义的优越性和社会主义本质的高度论述了共同富裕，他讲："社会主义最大的优越性就是共同富裕，这是体现社会主义本质的一个东西。"

邓小平共同富裕思想成熟于党的十四大。邓小平提出了"社会主义本质"理论，明确了生产力、生产关系、共同富裕之间的关系，还提出"两个大局"的伟大构想，将共同富裕"社会主义本质"化，标志着共同富裕思想的成熟。1992年初，邓小平在南方重要谈话中，提出了完整的社会主义本质的论断，那就是："社会主义的本质，是解放生产力，发展生产力，消灭剥削，消除两极分化，最终达到共同富裕。"从对社会主义本质的论断中可以看出，邓小平认为社会主义最终的目的就是要达到共同富裕。

## 二、邓小平共同富裕思想的丰富内涵

邓小平准确把握了科学社会主义共同富裕思想的实质，开创了马克思主义共同富裕思想的新境界，并为共同富裕思想从理论到实践的新转变做出了勇敢的探索，为共同富裕的建设和发展提供了实践和理论支持。

### （一）发达的社会生产力是共同富裕的物质基础

共同富裕必须建基于高度发达的物质生产力基础上。邓小平鲜明地提出，"贫穷不是社会主义，发展太慢也不是社会主义"，解放和发展生产力是社会主义的本质，"整个社会主义历史阶段的中心任务是发展生产力"。为此，邓小平提出了发展生产力的学说：在生产力发展的动力机制上，他提出改革是社会发展的强大动力。改革不仅是发展生产力，更重要的是解放生产力。改革通过打破生产力发展的各种束缚，为社会生产力的发展开辟广阔的道路。新时期以来，改革启动了我国社会生产力高速发展的引擎，为最终实现中国人民的共同富裕打下了丰厚的物质基础。在生产力发展手段上，他冲破了马克思主义经典作家和西方主流经济学家把计划经济等同于社会主义、市场经济等同于资本主义的传统观点，提出计划和市场都是发展经济的重要手段，计划经济不等于社会主义，市场经济不等于资本主义，计划和市场都可以利用。邓小平的这一创新论断，极大地解放了社会生产力，促进了生产力的大发展，使处于低谷中的社会主义焕发了空前的活力。在生产力发展形式上，他一方面提出要大力发展社会主义公有制，另一方面，为适应社会主义初级阶段生产力发展水平的需要，邓小平冲破了传统社会主义要求公有制纯而又纯的认识，鼓励在以公有制为主体的前提下，允许多种所有制形式共同发展，大力发展个体经济、私营经济、外资经济，以实现发展生产力的目的。在生产力发展要素方面，邓小平根据世界经济发展和科技革命的新形势，提出"科技是第一生产力"的论断，强调科技在促进生产力发展中的首要作用。在生产力发展的目的方面，邓小平认为生产力发展的目的就在于满足广大人民群众的物质文化生活需要，逐步提高全体人民的物质文化生活水平，最终实现全体社会成员的共同富裕。他提出"社会主义原则，第一是发展生产力，第二是共同致富"。

### （二）社会主义是共同富裕的制度保障

邓小平认为，实现共同富裕，必须要靠社会主义的制度，资本主义制度下是实现不了共同富裕的。"只有社会主义，才能有凝聚力，才能解决大家的困难，才能避免两极分化，逐步实现共同富裕。"社会主义的经济是以公有制为基础的，生产是为了最大限度地满足人民的物质、文化需要，而不是为了剥削。由于社会主义制度的这些特点，我国人民能有共同的政治经济社会理想，共同的道德标准。邓小平斩钉截铁地指出："我们大陆坚持社会主义，不走资本主义的邪路。社会主义与资本主义不同的特点就是共同富裕，不搞两极分化。创造的财富，第一归国家，第二归人民，不会产生新的资产阶级。国家拿的这一部分，也是为了人民，搞点国防，更大部分是用来发展经济，发展教育和科学，改善人民生活，提高人民文化水平。"邓小平反复强调，"社会主义有两个非常重要的方面，一是以公有制为主体，二是不搞两极分化"。在建设社会主义现代化的整个过程中，都必须始终坚持公有制主体地位不动摇，始终避免两极分化成为社会现实。只有在以公有制为主体的基础上去解放和发展生产力，才能最终实现共同富裕。离开公有制为主体的解放和发展生产力，只能是两极分化；离开解放和发展生产力的公有制，只能是贫穷的普遍化。邓小平通过对社会主义各方面的制度进行新的规定，强调了社会主义是实现共同富裕的唯一制度保证，"社会主义制度就应该而且能够避免两极分化"。"只有社会主义才可能广泛推行和真正支配根据科学原则进行产品的社会生产和支配，以使所有劳动者都能过上最美好、最幸福的生活。只有社会主义才能实现这一点，而且我们知道，社会主义一定会实现这一点，而马克思主义的全部困难和它的全部力量也就在于了解这个真理"。因此，邓小平旗帜鲜明地提出："我们大陆坚持社会主义，不走资本主义的邪路。"

### (三) 开放和平的国际环境是共同富裕的外部条件

邓小平认为，中国要实现共同富裕，需要利用外部条件：对外开放与和平的国际环境。在开放的世界中，"对外开放具有重要意义，任何一个国家要发展，孤立起来，闭关自守是不可能的，不加强国际交往，不引进发达国家的先进经验、先进科学技术和资金，是不可能的。""中国的发展离不开世界。"邓小平在总结中国长期停滞落后的教训时说："历史经验说明，不开放不行。开放伤害不了我们。"历史的经验一再告诉我们，关起门来搞建设是不行的。中国作为一个发展中国家，要想尽快发展生产力，实现人民共同富裕，必须充分利用人类文明成果，这样才能加快中国人民实现共同富裕的进程。作为共同富裕制度保证的社会主义只有在对外开放中才能获得更大发展，不能离开整个人类文明发展的大道。中国应该充分发挥后发国家优势，实行全方位的开放政策，吸纳和借鉴人类社会创造的一切文明成果，吸收和借鉴当今世界包括资本主义发达国家的一切反映现代社会化生产规律的先进经营方式和管理方法，实现后来者居上，早日实现共同富裕。就和平的国际环境而言，"要利用现在有利的和平国际环境来发展自己。"邓小平基于对国际形势和时代主题的新判断，提出和平与发展是当代世界的主题，中国争取比较长期的和平是可能的，中国必须充分利用和平的国际环境，一心一意搞建设，聚精会神谋发展。中国的迫切问题、根本问题就是发展，发展也是全球性、战略性的问题。邓小平说："应当把发展问题提到全人类的高度来认识，要从这个高度去观察和解决问题。"中国应该利用和平与发展成为世界主题的难得机遇，加强南北对话和南南合作，争取建立有利于世界和平与发展的国际政治、经济新秩序，为国内建设和对外开放争取有利的环境，实现全球的共同发展，最终实现共同富裕。中国这个发展中的大国实现共同富裕将是对全球的一个大贡献，带动全人类早日进入共同富裕的理想境界。

### (四) 先富带后富是共同富裕的实现路径

邓小平认为先富是手段，共富是目的；先富是暂时的，共富是长期的。在共同致富过程中，由于事物发展的不平衡性和主客观条件的差异性，每个人和每个地区不可能按照同一步伐一道富，也不可能在同一时间一样富，致富的步伐有快有慢，富裕的时间有先有后，富裕的程度有高有低。过去的实践证明，搞平均主义行不通。企图用平均主义消灭一切差别，一举共富，结果只能适得其反。因为，同步富裕是不可能的，也是不现实的。邓小平说："我们坚持走社会主义道路，根本目标是实现共同富裕，然而平均发展是不可能的。过去搞平均主义，吃'大锅饭'，实际上是共同落后，共同贫穷，我们就是吃了这个亏。改革首先要打破平均主义，打破'大锅饭'，现在看来这个路子是对的。"邓小平总结过去探索共同富裕道路的经验教训，提出"先富—共富论"。也就是让一部分人、一部分地区先富起来，先富带动后富，呈波浪式发展状态，最后达到共同富裕。这是实现共同富裕的必由之路，也是从我国实际出发，加速发展达到共同富裕的捷径。1978年12月13日，邓小平在中央工作会议上的重要讲话中提出："在经济政策上，我认为要允许一部分地区、一部分企业、一部分工人农民，由于辛勤努力成绩大而收入先多一些，生活先好起来。一部分人生活先好起来，就必然产生极大的示范力量，影响左邻右舍，带动其他地区、其他单位的人们向他们学习。这样，就会使整个国民经济不断地波浪式地向前发展，使全国各族人民都能比较快地富裕起来。"1992年，邓小平在视察南方时，再次回顾说："走社会主义道路，就是要逐步实现共同富裕。共同富裕的构想是这样提出的：一部分地区有条件先发展起来，一部分地区发展慢点，先发展起来的地区带动后发展的地区，最终达到共同富裕。"邓小平说这是一个能够影响和带动整个国民经济的大政策，还说："一部分地区发展快一点，带动大部分地区，这是加速发展、达到共同富裕的捷径。"

## 三、邓小平共同富裕思想的指导价值

邓小平共同富裕思想作为邓小平理论的重要组成部分，极大地推进了中国人民实现共同富裕的进程，使共同富裕这个人类千年理想在中国不再仅仅是一种梦想，而是一个可以逐步实现的进程。邓小平共同富裕思想不仅对当代中国有重要的理论指导意义，对全人类实现共同富裕的理想也有着重大的理论指导价值。

### （一）邓小平共同富裕思想的理论指导价值

邓小平共同富裕思想是马克思主义与中国实际相结合的产物。它既符合人类社会发展的一般规律，也符合我国发展的特殊规律。邓小平共同富裕思想坚持了生产力是社会发展的最后决定力量和人民群众是历史的创造者的历史唯物主义观点。邓小平深刻认识到生产力的重要作用，认为发展生产力是解决我国所有问题的基础和关键，强调要利用一切有利条件加速生产力的发展，"搞社会主义，一定要使生产力发达。"只有大力发生生产力，人民才能过上充裕的生活，我国才能摆脱贫困落后的状态，才能为走向共同富裕打下坚实的物质基础。邓小平提出先富带后富，逐步走向共同富裕的策略正是对我国当时现实的考量和国情的正确把握。改革开放以后，我国对外开放先从设立经济特区开始，继而开放沿海城市，然后逐渐开放其他地区，正是采取逐渐推进、逐渐扩展的方式。可见，邓小平很好遵循了人类社会发展的一般规律和我国发展的特殊规律。人民群众是社会实践的主体，是历史的创造者。一直以来，邓小平始终强调人民群众的作用，他尊重群众，时刻关注最广大人民群众的利益和愿望。邓小平提出共同富裕的思想正是以人为本，为人民着想的体现。在实现共同富裕的过程中需要广大人民群众贡献智慧，辛勤劳作，而达到共同富裕也是为了广大人民群众的根本利益。要"使人民的物质生活好一些，使人民的文化生活、精神面貌好一些"。新时代，以习近平总书记为核心的党中央继承和坚持了这种思想。在2015年就马克思主义政治经济学基本原理和方法论进行第二十八次集体学习中，习近平指出，"要坚持以人民为中心的发展思想"，要增进人民福祉，促进人的全面发展，向共同富裕迈进。

**（二）邓小平共同富裕思想在我国全面建成小康社会中的指导价值**

邓小平共同富裕思想坚持一心一意搞发展，坚持以经济建设为中心，通过全方位改革，既要保证高质量发展，又要促进社会公平，始终坚持"全面""民本""务实"原则，保证社会主义的发展方向沿着正确的道路前进。邓小平共同富裕思想为解决我国发展不平衡问题，缩小贫富差距提供了原则，指导着中国特色社会主义实践不断前进。我国陆地面积广阔，无论是自然环境还是经济环境，各个地区都各具特色。邓小平曾指出，"如果导致两极分化，改革就算失败了。"社会主义的致富应该是全国人民的共同致富，让人民共享我国经济发展带来的成果这块"大蛋糕"。而邓小平共同富裕思想为我国解决这些问题提供了原则和指导。邓小平共同富裕思想坚持物质文明和精神文明协调推进，坚持一体化建设；坚持高质量发展；坚持对外开放和对内改革齐头并进。落实"发展是第一要务"，通过先富带动后富解决贫富差距问题。以习近平同志为核心的党中央着力提高全国各族人民的生活水平，全面建成了小康社会，正在为实现中国式现代化努力。

**（三）邓小平共同富裕思想在我国建设现代化国家征程中的指引价值**

中国共产党不仅把共同富裕作为价值理念来追求，而且将其作为实践课题来推进，锲而不舍努力兑现对人民的承诺。习近平总书记以深邃远见和使命担当，以包括邓小平共同富裕思想在内的马克思主义共同富裕思想为指导，把握好发展、改革关系，发展目标和发展过程、公平和效率等方面的规律，精心谋划，统筹部署，明确了到本世纪中叶基本实现全体人民共同富裕的目标要求，确立了坚持党的全面领导、坚持社会主义制度、坚持以人民为中心、坚持尽力而为量力而行、坚持循序渐进、鼓励勤劳创新致富、促进共同富裕等基本原则，确定了坚持以人民为中心的发展思想，在高质量发展中促进共同富裕，正确处理效率和公平的关系，构建初次分配、再分配、三次分配协调配套的基础性制度安排，加大税收、社保、转移支付等调节力度并提高精准性，扩大中等收入群体比重，增加低收入群体收入，合理调节高收入，取缔非法收入，形成中间大、两头小的橄榄形分配结构，促进社会公平正义，促进人的全面发展，使全体人民朝着共同富裕目标扎实迈进推动共同富裕的总的思路。我们推动的共同富裕，具有鲜明的时代特征和中国特色，是全体人民通过辛勤劳动和相互帮助，普遍达到生活富裕富足、精神自信自强、环境宜居宜业、社会和谐和睦、公共服务普及普惠，实现人的全面发展和社会全面进步，共享改革发展成果和幸福美好生活。

## 参考文献

[1] 邓小平. 邓小平文选（第3卷）[M]. 北京：人民出版社，1993:110-111.

[2] 邓小平. 邓小平文选（第3卷）[M]. 北京：人民出版社，1993:142.

[3] 邓小平. 邓小平文选（第3卷）[M]. 北京：人民出版社，1993:364.

[4] 邓小平. 邓小平文选（第3卷）[M]. 北京：人民出版社，1993:373.

[5] 邓小平. 邓小平文选（第3卷）[M]. 北京：人民出版社，1993:172.

[6] 邓小平. 邓小平文选（第3卷）[M]. 北京：人民出版社，1993:254-255.

[7] 邓小平. 邓小平文选（第3卷）[M]. 北京：人民出版社，1993:123.

[8] 邓小平. 邓小平文选（第3卷）[M]. 北京：人民出版社，1993:138.

[9] 邓小平. 邓小平文选（第3卷）[M]. 北京：人民出版社，1993:374.

[10] 邓小平. 邓小平文选（第3卷）[M]. 北京：人民出版社，1993:356.

[11] 邓小平. 邓小平文选（第3卷）[M]. 北京：人民出版社，1993:90.

[12] 邓小平. 邓小平文选（第3卷）[M]. 北京：人民出版社，1993:282.

[13] 邓小平. 邓小平文选（第3卷）[M]. 北京：人民出版社，1993:155.

[14] 邓小平. 邓小平文选（第3卷）[M]. 北京：人民出版社，1993:152.

[15] 邓小平. 邓小平文选（第3卷）[M]. 北京：人民出版社，1993:166.

# 以"两山"理念引导大学生生态文明观培育

夏朝丰

> **摘 要**:"绿水青山就是金山银山"的理念,已经成为全党全社会的共识和行动,是习近平生态文明思想的重要组成部分。本文分析了"两山"理念的科学蕴含和时代价值,从培养其素质、涵养其精神、引导其行动,三个方面阐述了大学生生态文明观培育的现实路径。
>
> **关键词**:"两山"理念;大学生;生态文明观;培育

从 2005 年 8 月 15 日,习近平总书记首次提出的"绿水青山就是金山银山"科学论断是习近平生态文明思想的核心理念。高校要以"两山"理念为指引,把生态文明观的培育融入育人全过程,努力把大学生培养成为新时代全面展示中国特色社会主义制度优越性的"重要窗口"和"共同富裕示范区"的建设者、维护者、展示者。

## 一、"两山"理念的科学蕴含

在一般意义上,"两山"理念指明了人和自然、发展和保护、现代化和生态化、绿色化协同共生和有机地统一起来的路径。从实质来看,"两山"理念阐明了自然价值和经济价值、自然资本和经济资本、自然生产力和生态生产力、经济发展和自然保护之间的转化和统一问题。"两山"理念具有深刻的思想内涵:协调"两山"关系的根本目的在于坚持人与自然和谐共生;根本遵循在于树立和践行绿水青山就是金山银山的理念;根本途径在于推动形成绿色发展方式和生活方式;根本保障在于实行最严格的生态环境保护制度。"两山"理念是新时代我国协调生态与经济、保护与发展、人与自然关系的思想指引,也是马克思生态经济思想在新时代中国特色社会主义建设实践中的运用和发展。

## 二、"两山"理念的时代价值

习近平总书记的"两山"理念,顺应了人类社会文明发展、有序发展、健康发展的潮流,彰显了我们党对生态文明建设的高度重视,是对马克思主义人与自然关系全面而深刻的解读,是一种与时俱进的生态哲学观。

### (一)蕴含着生态发展的新理念

生态文明建设是政治责任。2008年,习近平总书记在中央党校发表重要讲话时强调,不能只要金山银山,不要绿水青山;不能不顾子孙后代,而竭泽而渔。他还指出,加强生态文明建设,加强生态环境保护,提倡绿色低碳生活方式是政治问题。要牢固树立正确的政绩观,要求领导干部不断提高政治站位,把生态文明建设融入经济、政治、文化、社会建设各方面和全过程,守土有责、守土尽责,切实担负起生态文明建设的政治责任。

保护环境就是保护生产力,改善环境就是发展生产力。2013年5月,习近平总书记指出"既要金山银山,也要保住绿水青山"。要正确处理好经济发展同生态环境保护的关系,坚持在发展中保护、在保护中发展,牢固树立绿色发展理念,把"绿水青山就是金山银山"作为社会主义生态文明的核心精神标识,实现经济社会发展与人口、资源、环境相协调,实现可持续发展。用好生态优势、做活绿色文章,决不以牺牲环境为经济增长代价,顺应人民群众对良好生态环境的期待。

生态发展可持续。习近平总书记要求创新发展思路,在"保住绿水青山"的基础上发展绿色经济,推进生态经济化。要按照"创新、协调、绿色、开放、共享"的新发展理念,大胆创新"绿水青山"成为"金山银山"的转换机制与实现路径,实现自然生态保护与开发利用的高效协调,让更多的地方成为"绿水青山",让"绿水青山"成为百姓致富、可持续发展和开放共享的"金山银山",自觉践行"绿水青山就是金山银山"新发展观。

### (二)彰显着生态文明的新自觉

"两山"理念深刻阐述了人与自然和谐共生的关系,回答了生态文明建设的重大理论和实践问题,标志着我们党对人民为中心的发展思想的认识达到了一个新高度。工业化的迅猛发展在创造巨大物质财富的同时,也付出了沉重的生态环境代价。习近平总书记的"两山"理念总结了人类文明社会发展的历史经验教训,包含着对人类发展意义的深刻思考，彰显了当代中国共产党人高度的文明自觉和生态自觉。

建设生态文明是关系人民福祉、关乎民族未来的大计。习近平总书记指出，"良好生态环境是最公平的公共产品，是最普惠的民生福祉。""绿水青山就是金山银山"，是对如何更好造福人民含金量的深入思考。但面对日益严重环境污染和生态系统退化的形势，我们只有走绿色生态发展之路，走出转型升级的发展新路，把生态文明建设放在突出地位，才能实现经济社会发展与生态环境保护的共赢，将生态优势最大限度转化为经济优势和民生优势。

把生态文明建设作为行动纲领，中国共产党是第一个。习近平总书记强调，要把生态环境保护放在更加突出位置，像保护眼睛一样保护生态环境，像对待生命一样对待生态环境。尊重自然是人类主动认识到人因自然而生，人与自然是平等互利、共生共荣关系，进而做到自觉尊重自然创造和自然存在；顺应自然是人类在征服和改造自然过程中，要遵循自然规律，珍视自然发展的本源之美；保护自然则是人类应该主动承担对自然的义务，担负善待自然的责任，自觉维持人与自然的生态平衡关系。

### （三）创新了科学发展的新方法

人类发展要解决好"天育物有时，地生财有限，而人之欲无极"的矛盾。在处理经济增长和环境保护的关系时，习近平总书记主张要树立尊重自然、顺应自然、保护自然的生态文明理念，坚持节约资源和保护环境的基本国策。经济发展不是掠夺自然的竭泽而渔，他摒弃用牺牲环境换取经济增长的做法，不走先污染后治理的老路。把环境保护的本质，看作是经济结构、生产方式、消费方式的调整问题。他要求创新发展思维，反对以 GDP 增长论英雄的做法，把资源消耗、环境损失、生态效益等各项绿色指标，纳入经济发展评价体系，增加生态的考核权重。

以绿色基础设施建设为抓手，保护、修复和管护山水林田湖生命共同体生态，构建生态廊道和生物多样性保护网络，提升各类生态系统稳定性和生态服务功能，加快构建国家生态安全屏障。环境治理和保护要以解决突出环境问题为重点，坚持预防为主、综合治理，强化水、大气、土壤等污染防治，着力推进重点流域和区域水污染防治，着力推进重点行业和区域的大气污染治理。

生态文明建设，是关系人民福祉、关乎民族未来的长远大计。面对日益趋紧的资源约束、严重污染的环境、退化的生态系统，要实行最严格的制度，最严密的法治，建立最严格的生态保护制度，以法的强制力和制度的刚性大力促进生态文明建设。要牢固树立生态红线的观念，强调生态保护的底线。在生态环境保护问题上，就是要不能越雷池一步，否则就应该受到惩罚。诸如耕地、森林、湿地、草地等生态资源，皆设定明确的红线指标,不得触碰。

## 三、以"两山"理念引领大学生生态文明观培育

习近平总书记指出:"一种价值观要真正发挥作用,必须融入社会生活,让人们在实践中感知它、领悟它"。高校要不断增强"绿水青山就是金山银山"的理念,深入推进"三全"育人工作,强化对大学生的生态文明观教育,培养其素质、涵养其精神、引导其行动,推动形成人与自然和谐发展的新格局。

1.培养大学生生态文明素质。孔子说:"道之以政,齐之以刑,民免而无耻;道之以德,齐之以礼,有耻且格。"他认为内心化育比外在强制更为根本。高校作为培育时代新人的主阵地,一要加快构建生态文明教育课程体系。把"两山"理念有机地渗透嵌入到《思想道德修养和法律基础》《毛泽东思想和中国特色社会主义理论体系概论》等思想政治理论课教学中,把生态文明观教育作为"课程思政"的基本内容和教学要求,开设生态文明通识课程,加强生态知识普及和生态素质培养,完善和优化大学生生态文明知识结构,促进大学生养成科学理性的生态文明观。二要树立忧患意识和生态危机意识。增强热爱和敬畏自然的观念,使大学生认识到"我们绝不像征服者统治异族人那样支配自然界,绝不像站在自然界之外的人似的去支配自然界—相反,我们连同我们的肉、血和头脑都是属于自然界和存在于自然界之中的"。庚子年这场突如其来的新冠肺炎疫情,促使他们进一步认识到尊重自然、顺应自然和保护自然的紧迫性,增强生态治理的主动性,增强生态道德责任感和义务感。三要拓宽生态文明观教育的视野。将大学生生态文明观教育渗透在各类活动之中,融入日常教育之中,渗透在他们成长的各个领域环节之中,教育他们要站在生态的角度和高度来正确处理人和自然之间的关系,改变人类极端中心的价值观念,摆正人类自己在大自然中的位置,牢固树立符合自然生态法则的生态文明观。教育大学生只有拥有了绿水青山这样一种自然资源基础,才可能拥有金山银山。

2.涵养大学生生态文明精神。大学生不但要关注外在自然环境的"绿水青山",更要重视心灵环境的保护维护和重视人文精神美德、关注"精神环保"。一要发挥生态哲学的作用。哲学是时代精神的精华。重新探索人与自然的关系,认真思考"人类应该如何生存"的基本问题,解决人与自然关系中人的行动问题。积极挖掘"天人合一""以和为贵"等中国传统文化中包含生态伦理学、生态哲学的精神资源,来影响当代的大学生,不断增进大学生热爱自然、善待自然的情感。二要激发生态道德意愿。加强对大学生进行生态道德教育,把道德关怀引入到人与自然的关系中,从小处着手,引导大学生

将生态道德的知、情、意、行结合起来，尊重、呵护、顺应自然规律，时刻关注周围的生态环境，培育他们对生态问题的道德判断，使其主动自觉地对自然承担道德责任，养成良好的"生态德性"。三要增强生态法治自觉。《韩非子·有度》中记载："国无常强，无常弱。奉法者强则国强，奉法者弱则国弱。"在当前生态背景下，必须要及时推进生态立法，明确资源利用、经济发展与生态保护之间的关系，以健全的立法保护美丽中国的绿水青山。要增强大学生生态守法意识，自觉遵守生态环境建设的法律法规，扩大生态法治的社会影响力，培养他们的生态文明观与生态法治观，全面提高大学生的生态守法意识和能力。

3. 引导大学生生态文明行动。一要培育知行合一的精神。鼓励和支持大学生投身"全国生态日"开展生态文明社会实践活动，在不断增长见识和增加体验的过程中，提升大学生参与生态文明建设的行动能力。高校可以依托地方实践优势，校地合作共建生态文明教育基地，开展现场教学和假期社会实践活动，在实地调研中增进学生的生态体验，增强生态文明建设的使命感和责任感，进一步强化参与生态文明建设的主体责任认知，为生态文明建设注入正能量。二要养成良好的生态行为习惯。教导大学生从身边小事做起，从一点一滴做起，把基本规范要求变成日常的行为准则，成为日常学习生活"基本遵循"，引导大学生爱护环境，节约能源资源，把生态文明的理念变成良好的生态行为习惯。三要做生态消费的实践者、宣传者和推动者。强化和谐发展理念，选择文明健康的生活方式，树立勤俭、节约、循环和适度的绿色消费理念，以自己的实际行动争做节约型和友好型社会的表率，倡导适度消费、理性消费和绿色消费，开展"提倡简朴生活，反对奢侈浪费"的活动，学会从我做起，节约资源，减少污染，争做新一代生态公民，实现每个人可持续的健康生活，建成可持续的美丽中国。

## 参考文献

[1] 习近平. 习近平谈治国理政第一卷 [M]. 北京：外交出版社，2014：208-209.

[2] 习近平. 习近平谈治国理政第一卷 [M]. 北京：外交出版社，2014：209.

[3] 习近平. 习近平谈治国理政第一卷 [M]. 北京：外交出版社，2014：210.

[4] 李明. 在传统节日文化中践行社会主义核心价值观 [N]. 光明日报，2020-01-23.

[5] 马立党. 树立人与自然和谐共生的科学理念 [N]. 解放军报，2012-03-07.

# "三全育人"理念下高校思想政治教育工作研究与实践

## 夏朝丰

> **摘　要**：落实立德树人的根本任务，贯彻"三全育人"理念，关系高校培养中国特色社会主义建设者与接班人的艰巨任务，是高校思想政治工作的重大课题。通过论述"三全育人"重点难点、实践难题，有针对性地探讨问题解决路径，对于探讨高校"三全育人"存在问题并尝试提出解决办法，有一定现实意义。
>
> **关键词**：立德树人；"三全育人"；思想政治工作

习近平总书记在全国高校思想政治工作会议上指出，立德树人作为中心环节，需要把思想政治工作贯穿始终，实现全方位全程育人，努力营造高校发展新局面。立德树人作为高校育人目标，为"三全育人"工作亟须提上日程，不断提升人才培养的针对性、目的性、时效性。

## 一、"三全育人"理念下开展高校思想政治教育工作的必要性

党的二十大提出，要"坚持为党育人、为国育才，全面提高人才自主培养质量"。高度发展的信息时代，人们知识得到极大丰富，思想文化观念不断发生碰撞，网络信息良莠不齐，种种变化潜移默化地影响着高校学生的思想发展。各种思想意识的冲击和网络消极思想的渗透加大了高校思政政治教育工作落实的难度，挑战不断加大。面临新时期的严峻现实，高校思想政治教育工作与"三全育人"教育理念相融合迫在眉睫，推进"三全育人"综合改革，凝聚共识、汇聚合力、激发活力，达到学校思想政治工作提质增效的效果。

## 二、深入理解高等教育"三全育人"的理论内涵

"三全育人"是高等教育立德树人的根本要求，符合人才培养的发展规律，契合了高校思想政治工作的发展趋势。

### （一）体现高等教育立德树人的内在要求

"坚持把立德树人作为根本任务"，是习近平总书记对新时代教育改革发展的重大理论创新和战略部署。"坚持"归根结底在于把立德树人置于教育教学的核心环节，作为衡量学校工作成效的根本标准。

作为落实立德树人的重要保障，关键要全员、全方位、全过程。全员育人是全过程、全方位育人的组织保障和人力基础，全员参与、全方位覆盖的客观要求是全过程育人内核，而全方位育人则既离不开高校全体教职工的责任自觉和积极参与，又需要按照全过程育人的要求，挖掘不同领域中的育人因素、整合不同社会力量的育人功能、探索不同实践载体的育人方式。三者相互联系、密不可分，构成了以立德树人为中心的教育整体，集中体现了党的教育方针有关"育人为本、德育为先""教育与生产劳动相结合，与社会实践相结合"的基本要求。

### （二）顺应高等教育人才培养的发展趋势

"三全育人"聚焦我国经济社会发展的时代特征，顺应高校人才培养的历史变革，指明了我国高等教育的发展方向。

一方面，以立德树人为中心环节的"三全育人"，将德性培养和人格锻炼确立为人才培养的核心任务和根本标准，以"立德"的优先性确保"树人"的正当性，突出"立德"对"树人"的价值限定、过程管理与方向引领作用，有效契合了时代发展对健全人格和全面素质的要求。

另一方面，"三全育人"致力于建设跨时空、全领域、全要素的人才培养体系。面向未来的人才培养将更加强调多维开放、资源共享和力量整合，"三全育人"在时间上向基础教育、终身教育和学生未来职业发展开放，在空间上向家庭、社会开放，对内调动各级各类育人力量，对外引入整合各种社会资源，进而建立起课内与课外、校内与校外、线上与线下全领域覆盖、全要素融合的立体化育人体系，有力突破了长期以来高校人才培养以学科为依托的知识逻辑和以院系为载体的权力逻辑，开辟出一条跨学科跨院系的人才培养之路。

### （三）契合高校思想政治工作的发展规律

"育人"而且是"三全育人"作为党和国家对高校思想政治工作的根本性指导原则，深化了对高校思想政治工作本质定位的认识，指明了"全面立德树人"的发展方向，更加突出"育人"的全局性和优先性；丰富了高校思想政治工作的价值目标，打通了思想政治素质与个人知识增长、道德养成的内在关联，更加注重"社会全面进步"与"人的全面发展"的相互融合；增强了高校思想政治工作的系统性，推进思想政治工作与教育教学深度融合，探索全员参与、全程贯穿、全方位协同的一体化育人体制。

## 三、深入剖析"三全育人"工作落实的重点难点

### （一）"三全育人"重点在"育"

在"三全育人"的全员育人中，"人"成为关键因素，而"人"则包括教师和学生两个教学主体，以及他们之间存在的教学关系。因此，要构建新型的育人模式，必须从这两个教学主体入手。一方面要聚焦学生，发挥学生的主体作用。教学的本质是教学主体之间的"交往"，在实施思政教育过程中，要充分发挥学生的自主性、积极性，激发他们自主开展德育的自省。可以在课堂上给学生站在讲台上讲课的机会，利用课前五分钟，分享他们的人生感悟。也可以开设"新时代青年说"讲坛，选拔大学生走上形势政策课讲坛，让他们立足自身专业背景，向同龄人讲述所学专业、所在领域的发展前景及对社会进步、国家发展带来的贡献，积极参与到教学过程中，实现德育的"互助"。另一方面要聚焦教师，唤起教师立德树人的职责使命。习近平同志强调，办好思想政治理论课关键在于教师，因此教师要担负起立德树人的使命，必须首先明道，信道，做中国特色社会主义的坚定信仰者和忠实实践者，全程全方位参与思政教育，努力成为习近平新时代中国特色社会主义思想的忠实传播者。其次要以德立身。今天"德"的要求就是坚持社会主义核心价值观，这既是个人的私德，也是社会应有的公德。再次，要治学严谨。大学以"大师"和"专业"而著称，这也成为高校水平高低的重要标尺。当前我国高校正积极建设世界一流大学和一流学科，需要培养一大批具有国际水平的战略科技人才，这自然要求人民教师既要有高尚品德，也要有真才实学，更要有严谨的治学态度。

### （二）"三全育人"难点在"全"

"三全育人"的"全"是指要将立德树人目标覆盖在高校工作的方方面面，做到课上课下、校内校外，育人时时刻刻、无处不在，形成"全"的格局和氛围。教育主体要从"单一"转向"全面""全方位""全员"。育人工作是高校全体教职工不可推卸的责任，无论是教师岗、行政岗还是教辅岗的老师，都是教师系统中不可或缺的组成部分，这是其与生俱来的"天职""本职"，因此，除了要充分挖掘专业课教师、思想政治理论课教师等主流教师的育人天职之外，还要注重辅导员、班主任、管理干部等多个岗位老师的育人要素，虽然他们不在教学一线，但是也要开启其育人的天职，将育人职能贯穿其工作始终，实现"教"与"育"，"教"出品德高尚的新时代接班人；"管"与"育"，"管"出有理想有抱负的时代青年；"服"与"育"，"服"出高校应有的品质和目标的融会贯通。

## 四、全面了解"三全育人"的实践难题

"三全育人"在具体实践过程中，存在的问题主要包括三个方面：第一，全员育人落实中高职院校人员类型多跨界多，育人工作任务明确难。全员育人是"三全育人"的首要内涵。就高职院校而言，直接施教者既包括全体一线专职教师，也包括辅导员、班主任、教辅人员和众多行政管理人员；既包括参与教学的企业兼职教师、企业导师等，还涉及学生党员、团支书、社团干部等广大学生骨干。各类育人者很难明确在育人环节中的角色定位；第二，全过程育人，高职院校育人过程长头绪多，育人工作成效监管难。全过程育人要求将立德树人贯穿到教育教学和学生成长全过程，这涉及学生从入学到毕业的全过程。由于实习等多个教学环节，整个过程较长，环节较多；第三，全方位育人，高职院校育人范围广，育人工作资源融合难。全方位育人的难点在于部分分割联动不够，难以实现资源的有机融合和高效调配，其中育人信息阻滞问题、育人主体视角问题、育人机制建设问题最为突出。

## 五、探索创新高等教育"三全育人"的实践路径

从"三全育人"的理念来看，其是对育人工作的深化认识，也是新时代下高校开展育人工作的深入思考。深刻体现在高校开展过程中，必须抓住育人主体、做好过程管理、注重目标导向等的要求。

第一，内涵合力育人文化。对于高校而言，应当注重合力育人的意识提升，让合力育人氛围更加浓厚，从而推进合力育人成果的实现。不仅学生自身的主观意识要加强，家长的育人职责也要跟上步伐，而其中最关键一环在于高校教职工育人能力的加强。从高校视角来看，想要做到这一点，可以考虑开展学习培训，开展典例示范等。对思政课教师、各学院辅导员以及学校的教职工进行相关理论与其他院校育人成果的宣传，让其育人意识有所提升，育人能力有所增强。不仅如此，引导每一位教职工从自身做起，增强育人能力，发挥育人效用。

第二，拓展联动育人资源。从育人资源的内涵来看，不仅包括主体，还伴随育人渠道、育人载体等。确保上述资源之间的互联互通，是做好"三全育人"工作的基本保证。让育人主体资源变得更加丰富，首先应当加强师生与家长之间的沟通，实现联动育人。其次，校友、社会人士的潜能也应当充分展现，更好地用于育人工作中。最后，从大学生主体的特性出发，针对其普遍关注网络生活的特质，构建网络育人空间，做好互联网阵地建设。确保大学生在引领、沟通和潜移默化中，完成"三全育人"的教育目标。

第三，构建"三全育人"工作机制。只有机制建设落到实处，"三全育人"的实际成果才能得以实现。对此，首先应当成立领导工作小组。在一体化的机制中，让顶层设计变得更加科学合理。同时根据相关文件，让"三全育人"工作的制度变得更有规章可循。其次，设立科学有效的考核机制，检验"三全育人"的实际效果。将立德树人作为检验的关键性指标，有效提升高校思政工作的质量。针对部分教师存在师风师德问题，可以适当采取"一票否决制"，加强教师队伍的建设。最后，人才培养机制不能落后，让育人成果得以量化展示。并通过年度考核、评优评先等方式，奖惩有度，以评促建，不断提升高校育人能力，从而建设出一支业务水平高、育人能力强的队伍。

第四，增强高校辅导员的骨干作用。辅导员在高校的育人工作中起到至关重要的作用，高校应增加对辅导员的职业培训力度和培训资本投入，合理安排培训内容，不断增强辅导员解决实际问题的能力。同时，高校也应注重培训辅导员的理论知识功底，合理安排理论课程以丰富和提高辅导员的理论水平，如进行思想政治素质、理论知识、专业技能等方面的培训，为辅导员处理现实问题奠定一定的理论基础。此外，辅导员也应自觉树立职业认同感，树立符合自身工作的职业信念，热爱并珍惜自己的工作岗位，以积极向上、勇于创造、乐于奉献的心态投入工作，用实际行动践行自己的初心和使命。

## 参考文献

[1] 中共中央党史和文献研究院.十八大以来重要文献选编（下）[M].北京：中央文献出版社，2018.

[2] 吴朝晖.为未来而学习：面向21世纪的通史教育[J].中国高等教育，2018（15/16）.

[3] 杨晓慧.高等教育"三全育人"：理论意蕴、现实难题与实践路径[J].中国高等教育，2018（18）：4-8.

[4] 周举坤.走向融合：高校全程全方位育人机制思考[J].中国高等教育，2020（1）：39-41.

[5] 李政涛，文娟.凝聚"系统教育力"[N].光明日报，2017-11-14.

[6] 武娜娜.高校思想政治教育"三全育人"研究[D].石家庄：河北师范大学，2020.

# "全人生指导"教育思想对开展当代大学生思想政治教育的启示

夏朝丰

> **摘　要**："全人生指导"教育思想是马克思主义教育理论中国化的重要成果，在当今全球化浪潮下，"大思政"是切合时代的新命题，习近平总书记多次在全国性大会上从不同层面、不同的角度强调了大学生思想政治教育工作的重要性，站在"大思政"的视阈下将杨贤江"全人生指导"教育思想的"合理内核"与当代高校思想政治教育实际相结合，为丰富当代大学生思政教育寻找若干新的启示。
>
> **关键词**：全人生指导；大思政；启示

习近平总书记指出，"我们办中国特色社会主义教育，就是要理直气壮开好思政课"。领会落实"大思政课"的要求，就要跳出"课程"这一单一的形式和学校传统的模式，进入"大思政"视角，依托思想政治教育探索全员、全过程、全方位育人的新思路，构建社会、学校、网络等多场域教育的新格局，开创思想政治教育的新局面。杨贤江是最早将马克思主义教育理论与中国教育具体实践相结合的开拓者，他提出的"全人生指导"教育思想其内核就是对青年进行全面的关心、教育和引导，以青年的全面发展为目标，使之在德、智、体、美、劳等各个方面都得以健康成长，成为一个"完成的人"。思想政治教育作为一种实践活动，具有历史延续性和继承性，站在"大思政"的视阈下重新总结、研究、分析杨贤江"全人生指导"教育思想的深刻内涵、时代价值，对加强和改进当前形势下大学生思政教育有着重要理论价值和现实意义。

## 一、"全人生指导"教育思想的深刻内涵

什么是"全人生指导"？针对当时学校教育和青年学生实际需要，以马克思主义

"人的全面发展"理论为基础,吸收借鉴古今中外优秀的教育理论,提出青年教育关系到一个人自身发展及整个社会未来的发展,要把青年学生的成长作为一个发展的整体,进行全面的或全方位的教育,以革命的人生观为核心,指导青年在德育、智育、体育、美育和劳动教育等方面,包括他们的知、情、意、行的全面发展,使之成为对社会和人类有用的人有贡献的人。

### (一)首要核心:指导青年树立正确的人生观

人生观乃是"对人生的一种见解,即对于人生的意义和价值的一种看法"。青年人"对于人生问题总该有个确定的观念。因为人的生活要有意义、有价值,必得定个人生观,不然,一天天地过活,还不知道忙个什么,岂不可笑"。因此,对于青年思想品德教育最根本的应该是"人生目的"的教育,引导青年形成革命的人生观,树立正确的人生理想,是"全人生指导"教育思想的首要核心内容。在当时的时代背景下,杨贤红针对青年学生中普遍存在的错误思想,如有人毫无生活目标,不问国事只顾自己的私生活、随波逐流混日子;有人因失学、失业、失恋而悲观消极;有人不满于社会现状,却找不到改造社会具体行动的正确方法和路径。造成这些问题的根本原因,杨贤红认为就是学生没有弄清人生的目的究竟是什么?

"人生就是生长",青年应该树立一种"生长的人生观",确立正确的社会意识,树立革命的人生观,"为社会谋福利——从事改造社会、建设国家的革命事业,定为今日中国青年该定的大志"。这就是要指导青年学生树立马克思主义人生观,树立为实现全人类的幸福而不懈奋斗的无产阶级人生观,要把改造个人和改造社会统一起来,把实现个人的全面发展和全人类自由发展结合起来。

### (二)基本目标:培养德育、智育、体育、美育、劳育等全面发展的"完全的人"

青年教育的全人生指导,不仅要表现在知识的传授与学习上,而且还要注重青年综合能力的培养,实现"德、智、体、美、劳"五育的并行发展,这才是青年教育与发展的重要策略和根本遵循。

"青年的道德修养应该是刚健的、活泼的、负责的及为群众服务的;不应该是斯文的、客气的、驯服的及为个人私利的",德育要注重青年正确的政治思想观念以及高尚的道德情操培养,促进青年们从理智上对客观社会现象进行评价。因此,要对青年学生进行有计划的知识及技能传授,求知识必须做到苦学和善学,而对于不能学习的青年,鼓励自学。体育具有身心两健、养成健全人格之价值,勉励青年养成"体格强壮,忍劳耐苦,精神充足,办事敏捷",体育不仅是塑造健全而美的体格与体质,更是造就青年健全人格的重要载体。杨贤红还倡导美育，认为美育既存有"增长人生乐趣，提高文明的要素"，"一个人有高尚的审美心，足以使志趣纯洁，品格优美"，反对当时社会存在的一种美育无用论思想，提倡文化生活应作为"整个的圆满的人生活动"里的重要部分，而美育就是青年高尚的道德情操及文学乐趣养成的重要途径，对社会生活有着极好的塑造作用。还倡导"修养和劳动的并进"，认为："一个人的生活应把头脑的活动与手足的活动平等对待"，强调智与力的协调发展，因此，要求青年学生养成劳动及协作的习惯，主张学校要教学生个人生活的独立，提出青年教育更应该注重劳动意识观念培养，并树立正确的劳动观。

### （三）根本方法：实践教育法

实践教育是要求学生到实践中去，参加各种实践活动，从而不断提高学生的思想觉悟水平和认知能力。青年的学习应在生活中，在实践中，不应读死书，无论从青年学生树立正确的人生观，到对青年学生健康生活、劳动生活、文化生活和公民生活的具体指导，都处处体现了实践要素，如青年的健康生活不能做"空想的运动家"，劳动生活要注意培养"动"的素养，将理论与实践相结合等等。强调学生在教育活动中的主体作用，要充分发挥学生的主观能动性，培养青年学生主动精神和自律精神，通过教育与自我教育相结合，培养青年学生的"完全人格"。

## 二、"大思政"视阈下"全人生指导"教育思想的时代价值

### （一）"全人生指导"教育思想与"大思政"教育理念有着内在的统一性

"大思政"格局下的育人理念就是以构建全员、全程、全方位的育人格局，将各类课程与思想政治理论课同向同行，形成协同效应，把立德树人作为教育的根本任务的一种综合教育理念。是全时段、全方位、全员的教育，即时时、处处、人人的教育，而"全人生指导"教育思想在形成过程中，其核心理念是"生活有多少内容，就应给学生多少教育，人生有多少困惑，就应该给多少指导。始终坚持以树立正确的人生观为核心，注重对青年学生'全方位'指导，培养全面发展的'完人'。"这里的"全方位"指导与现在的"三全育人"虽然内容、目标上有所不同，但本质上却是相通一致的，都是为了促进每一个人青年学生的全面发展，特别是在开展理想信念教育、爱国主义教育和全面发展教育方面有着高度的契合性。

### （二）"全人生指导"教育思想与"大思政"教育理念有着内在的延续性

习近平总书记强调"高校立身之本在于立德树人"，"大思政"教育理念就是对教书育人本质的回归，是对思政育人内在规律的回答。构建"大思政"育人格局，就是要全方位地融知识教育、社会实践、文化活动、生活环境为一体，融合、贯通德育、智育、体育、美育和劳动教育的有机统一，从全局上加强大学生思想政治教育总的理念，从根本上改进大学生思想政治教育总的实践。而"全人生指导"教育思想坚持以培养青年学生正确的人生观为核心，指导青年学生过健康的生活、劳动的生活、文化的生活和公民的生活，并充分发挥学校和社会大环境对于青年学生的影响。两者内在规律一致，在回答教育培养什么样的人的问题上，为当前高校思想政治教育"培养德、智、体、美、劳等各个方面全面发展的社会主义事业建设者和接班人"奠定了基础，也是马克思主义"人的全面发展"理论的延续和发展。

## 三、"全人生指导"教育思想对大学生思想政治教育的若干启示

### （一）对加强高校思想政治教育抵制错误思潮的启示

高校作为思想文化交融交锋的前沿阵地，一些错误思潮如西方所谓"普世价值"、功利主义、极端个人主义等采用隐蔽、渗透等方式，通过网络、论坛、学术访问、文化产品、影视作品等各类载体，在大学生群体中大肆传播。而大学生正处于青年时期，受价值观多元化、精神文化匮乏、社会适应能力弱等内外部因素影响，致使他们在自身成长过程中容易产生偏差，这些无疑都对大学生自身全面发展和高校思想政治工作的带来了严峻挑战。"全人生指导"思想作为无产阶级的教育思想，指导学生树立长远的革命观，推翻压迫阶级的政治统治，实现无产阶级的解放，这一"革命"主张已经不再适用当代教育背景，但对于当时时代背景下纠正和消除人们在教育问题上的模糊和错误认识起到了重要作用。当前国内外思想文化领域的斗争依然深刻复杂，各种思想文化交流交融交锋愈加频繁，"思想革命"仍在继续，这就需要持续坚持以马克思主义为指导，发挥思想政治理论课主渠道作用，充分发挥实践育人作用，指导大学生树立当代正确的世界观、人生观，进一步明确人生目的，端正人生态度，有效化解各种错误思潮对大学生的负面影响，敢于与各种错误思潮和政治观点做坚决斗争。

### （二）对高校构建"五育并举"体系，推进"三全育人"改革的启示

"全人生指导"教育思想强调通过对青年学生进行德、智、体、美、劳等各个方面的"全方位"指导，坚持理论与实践相结合，坚持灵活多样的教育方法，坚持马克思主义实践观，使之过上"圆满健全的生活"，实现青年学生自由而全面发展。历史在前进，时代在发展，青年学生的教育也应符合时代要求，与时俱进。在大力倡导综合素质教育的今天，"大思政"就是思想政治教育"合力"的体现，也是一种全面发展的教育理念，更是完善"三全育人"体制机制、构建"五育并举"育人体系的理论创新与实践路径。系统观念是马克思主义基本原理的重要内容，"全人生指导"教育思想无疑给我们提供了系统全面的宝贵经验，创造性转化其丰富内涵，以系统观念健全"三全育人"体制机制，将立德树人落实在学校工作的各领域、各方面、各环节，统筹各方面的育人资源和育人力量开展实践育人。

### （三）对探索"全环境育人"模式的启示

"全人生指导"教育思想提出个人与社会不能分离，要求青年学生把个人改造与社会改造相结合，最终在实践中实现"全人生指导"教育思想的个人目标与社会目标的统一，由此可见，"全人生指导"教育思想已将社会环境纳入青年教育范畴，体现了教育理念的先进性。新时代落实"大思政"须推倒学校围墙，把教育纳入社会管理的大系统中去考虑、去设计、去实施，不能仅仅限于校内一个"课"字，更应该协同家庭教育、社会教育等，这就给与我们新的启示，探索"全环境育人"模式，当前我国高校思想政治教育场域发生新变化，由"学校、家庭、社会"三位一体演化重组为"校园、家庭、社会、网络"四维一体，将立德树人资源有效融入教育教学、课程实施、日常生活等诸多教育资源中，从校园、社会、网络、家庭等多方面入手，构建起全环境立德树人的文化育人生态圈，推动思想政治教育在实践中不断创新性发展。

### 参考文献

[1] 杨贤江. 我对人生观的见解 [J]. 学生杂志，1924（3）：13.

[2] 杨贤江. 论个人改造 [J]. 学生杂志，1920（5）：7.

[3] 杨贤江教育文集：中国青年之敌 [M]. 北京：教育科学出版社，1982.

[4] 刘妍良. 杨贤江的青年教育思想及其历史意义 [J]. 兰台世界，2013（1）.

[5] 任忠印. 杨贤江全集（第一卷）[M]. 郑州：河南教育出版社，1995.

[6] 徐睿. 杨贤江"全人生指导"教育思想研究 [D]. 开封：河南大学，2009.

# "市场调查与预测"课程思政教学改革探讨

## 裘晓雯

**摘　要**：全面推进课程思政建设就是要寓价值观引导知识传授和能力培养之中，这是人才培养的应有之义，更是必备内容。本文以"市场调查与预测"课程为例，从课程思政设计思路、实施过程、教学评价探索和创新点四个方面进行多角度探索，为后续专业课程的课程思政建设提供示范和经验。

**关键词**：课程思政；市场调查与预测；教学改革；创新

习近平总书记在青年代表座谈会上指出："青年是中国特色社会主义事业接班人，是国家的未来和民族的希望。"2018年9月10日，习近平总书记在全国教育大会上讲道："教师是人类灵魂的工程师，是人类文明的传承者，承载着传播知识、传播思想、传播真理、塑造灵魂、塑造生命、塑造新人的时代重任"。作为专业课教师，如何解决专业教育和思政教育"两张皮"，把思政教育融入专业教育，以思想政治建设辐射"课程思政"，与思想政治理论课程同向而行，相互支撑。基于这样的问题，本文将以"市场调查与预测"课程为例，从课程思政设计思路、实施过程、教学评价探索和创新点四个方面进行了多角度探索，为后续专业课程的课程思政建设提供示范和经验。

## 一、课程简介

"市场调查与预测"是市场营销专业的一门核心课程，旨在培养学生市场调查专项能力和从事调查工作所必备的职业素质，在经历基于工作过程导向的课程开发建设后，学生能够通过情境任务学习获得从事该项工作所需的能力与素质，主要是全面系统地了解市场调查的工作流程，掌握市场调查的基本理论与方法，学会问卷设计的制作、分析和调查报告的撰写。通过对市场信息的收集和分析，问卷的设计、整理、调查报告的撰写，以实现开展市场调查、分析、预测和解决企业相关市场问题的能力。但早期课程建设时，对职业素质理解，更多侧重于社会能力，对课程的思政要素挖掘和提炼不够，专业课程的思政教育活动偏弱，根据"使各类课程与思想政治理论课同向同行"的指示，需要对市场调查与预测课程进行二次建设，即"将思想政治工作贯穿于课程建设全过程，根据专业特点和课程目标规划思政教学的要点和重点，并体现在课程标准教学内容和教学方法上"。

## 二、课程思政设计思路

### （一）课程总体目标

1.知识目标：

（1）熟练掌握市场调查和市场预测的基本理论和基本知识；

（2）设计市场调查问卷和市场调查方案；

（3）搜集、整理和分析市场调查数据和资料；

（4）熟练运用各种市场预测方法进行市场预测；

（5）撰写市场调查分析和预测报告。

2.能力目标：

（1）会设计完整调查方案；

（2）会设计问卷；

（3）会熟练采用各种调查方法收集信息；

（4）具备组织与实施、监督调查项目的能力；

（5）会整理与分析调查资料；

（6）会独立完成一份完整市场调查报告；

（7）会进行科学决策的综合能力。

3.思政素质目标：

（1）具有良好的爱国情怀，树立良好的调查人员职业道德素质；

（2）树立分析问题的意识，培养专业分析技能，发扬工匠精神；

（3）认同数据的重要性，培养专业分析职业素养，贯彻实事求是的精神；

（4）学会收集数据，增强量化意识，一切从实际出发、爱岗敬业；

（5）具有良好的调查人员品质，树立正确的社会主义核心价值观。

## （二）课程思政具体设计思路

1. 在开展案例教学的过程中把思政元素嵌入案例。通过引入含有课程思政元素的案例，在同学们学习案例和进行讨论的过程中，自然而然地既学习了专业知识，又起到了育人的效果。比如关于政治教育元素融入：把马克思主义的辩证唯物主义、毛泽东思想的实事求是、习近平新时代中国特色社会主义思想以及当今的形势政策元素等融入课程内容，可以由案例、当前热点问题导入，深入浅出，教育引导学生树立共产主义远大理想，提升认识社会、适应发展趋势的能力。通过引入2023年2月28日新出台的《2022年国民经济和社会发展统计公报》，通过数据指标的变化，增强学生对我国社会主义制度的自豪感和自信。

2. 在开展项目化教学的过程中把思政元素嵌入项目。项目化教学能够让学生在项目实施过程中达到"做中学"的效果，项目的设计非常重要，为了做好课程思政，就要按照价值观形成和技能形成的双重目标开发训练项目，比如课程布置同学们以"大学生对网络谣言的认知和行为的研究"这一项目开展调查，同学们通过查找文献资料、开展问卷调查、撰写调查报告并汇报等任务训练，不仅将所学的调查理论知识进行了联系实际的运用，同时也在过程中对网络谣言的发生原因、防范措施等有了更加全面的认识，从而提高了对谣言的免疫力，收获了较好的学习效果。

3. 在网络平台资源建设过程中把思政元素嵌入课程资源。本课程目前为宁波市慕课，课程采用学习通平台的混合教学方式，采用翻转课堂的方法，在学习通平台建立了完整的微课等课程资源，让学生在课前对基本理论进行自主学习。老师制作教学资源时，充分考虑课程思政的要求，在课程资源中选择中大量融入思政元素。比如，在文化对消费行为的影响这一微课内容里，在分析疫情初期中西方对戴口罩接受度的差异时，揭示出这是因为背后的文化差异导致的，中国人有集体主义的价值倾向，个人是群体的一部分，个人利益必须服从群体利益，顾及他人利益，外出戴口罩的行为，不仅使本人免受病毒侵害，更重要的是能够避免潜伏的病毒传染给他人，因而戴口罩的配合度极高，从而增加我们的文化自信。同时给学生指出，防控要以科学为依据，要建立人类命运共同体必须尊重各国的文化才对。

## 三、实施过程

### （一）思政元素的梳理

1. 政治教育元素。把24字社会主义核心价值观所体现的深层内涵融入课程教学过程中，引导学生厚植爱国主义情怀，传播正能量。在潜移默化中引导学生树立正确的世界观、人生观、价值观。在讲授概率内容时，可以将随机事件、赌博必输等案例引入教学，培养学生科学的认知，只有敬业、诚信才是正道。

2. 中华优秀文化元素。把推动中华优秀文化元素、讲好中国故事等融入课程教学，如中国共产党党史、中国优秀古诗词，非物质文化遗产的由来和制作等引入课堂，弘扬爱国主义精神，感受社会主义制度的优越性。如可以把毛主席名言"没有调查没有发言权"引入到对市场调查重要性的认识中，可以把"桃花依旧笑春风"引入到对指数的讲解中，让学生感受中华传统文化的魅力。

3. 职业精神元素。在讲认识调查的作用这一内容时，引入了为应对新冠肺炎疫情，流行病学调查员们顾不上危险和辛苦，顾不上休息和吃饭，争分夺秒地赶到现场调查，为判定密切接触者并采取隔离措施、确定消毒范围等提供依据。他们不顾个人安危，不辞辛苦、一丝不苟的敬业精神和科学严谨的工作态度，正是我们作为市场调查人员从事市场调查工作，搜集市场数据时应该具有的职业精神。

4. 法律法规元素。在以法治国的时代，学生必须掌握一定的法律知识，树立正确的法律观念。在讲市场需求调查时，列举在去年新冠疫情下口罩市场一罩难求，价格上涨，有一些企业响应国家号召积极创造条件转产口罩的生产，支援抗击疫情，但却有不良商家，哄抬物价，或者生产销售不达标的假口罩，这不仅危害了市场秩序，更是对人民的生命健康构成了威胁，将受到相关法律的严惩。从而教育同学们从事市场活动时一定要遵纪守法，这是最基本的底线。

5. 理论观点和方法论元素。把理论观点和方法论元素融入专业授课内容，培养学生理论与实践相结合，科学利用学习工具和媒介的能力和辩证思维能力。如通过数据指标的横向纵向指标对比，反映事物存在的差距以及改进的措施，又比如与时俱进引入疫情调查，了解疫情的变化趋势和控制举措，以及看全球疫情蔓延趋势，引入命运共同体理念等。

6. 创新思维元素。开展创新思维教育、大胆质疑权威，弘扬新时代北斗精神；如EXCEL应用、信息技术应用、大数据应用、微信小程序问卷星应用等，都是对创新思维的体现。

7. 工匠精神元素。高职院校必须要培养学生的工匠精神。教育学生对技术做到熟练精湛，对工作高度负责，要有严谨求实的科学态度，对所做的事情和生产的产品要精雕细琢。如引入"只要功夫深，铁杵磨成针"，引入毛泽东同志说："世上怕就怕'认真'二字，共产党就最讲'认真'"。

### （二）课程思政教学资源的开发

1. 深入挖掘现有教材中的思政教育资源。在教学过程中，应该对教材所蕴含的思想进行深入挖掘，以实现"培养情操"为教学目的，比如，在熟悉市场调查内容中关于民族传统习惯内容，让学生分组讨论我们中国最隆重的传统节日——春节。班级学生来自五湖四海，各地习俗有时不太一样，让他们以此为切入点进行课堂讨论，然后让各小组派代表分享讨论结果。学生们介绍了家乡的一些春节习俗，如贴春联、放鞭炮、穿新衣服、拜长辈、给压岁钱、包饺子、吃汤圆等。这样就把课堂和中国传统文化连接起来了，有利于培养学生的爱国主义精神，弘扬中华优秀传统文化，帮助学生增强民族自豪感和文化自信。

2. 深入做好课前5分钟课堂思政活动。在每次的课前5分钟活动中，让同学们轮流上台讲述最新的和专业相关的即时新闻事件，用抖音、PPT等方式讲述新闻后要点评这则新闻，并且谈一下自己的心得体会，可以让学生在学习中养成看新闻，分析新闻的良好习惯，从而培养学生"家事国事天下事，事事关心"的良好品质。

3. 充分运用学习通平台。本课程在学习通平台上有完整的课程资源，包括大量的企业营销管理视频，可供学生课前及课后学习，也可作为作业的资料使用。如国内知名老干妈、海底捞、海尔、太平鸟、雅戈尔等企业的相关视频，以及最新发布的直播电商报告等相关资料，从而培养同学们的职业精神。

### （三）教学方法与手段的创新

1. 运用互动教学法，使思政教育入脑、入心。教学过程中利用好互动教学法，甄别使用讨论式教学、启发式教学、问答式教学、参与式教学等不同的课程思政教学方式，改变传统课堂教育的简单说教，使学生能够更容易接受思想价值观念。比如如何看待国家大政方针政策对市场营销环境的影响？如何看待保健品营销中的营销方式、营销套路，如何守法经营？如何看待国家遇到危难时企业应当如何捐助？如何应对在国家制定的扶贫战略中承担企业责任等。通过讨论这些问题，可以使学生正确对待营销环境、社会责任以及培养法治思维、辩证思维、战略思维、系统思维。

2.运用实践教学法,培养学生的营销思维和营销品质。课程包含大量的案例分析与讨论、市场调查方案制定、问卷设计、调查方法的运用等课内外实践环节,课程思政教学中要利用好这些实践教学环节,着重培养学生的营销思维和营销品质。比如可以通过设计调查问卷、实施社会调查、撰写调查报告等方式,培养学生的精准思维,通过各种实训可以使学生在调查中培养自强、勇敢、奋斗的营销品质。

3.以赛促改,使学生真正领会课程思政的内容和意义。市场营销专业拥有很多专业赛事平台,以赛促改就是通过指导学生团队参加如"互联网+"创新创业大赛、浙江省营销技能等专业赛事,帮助学生更切实地接触创新创业、市场调查等各种调查实践工作。通过学生对感兴趣的项目撰写,从中进行市场调研、市场定位、营销策略设计、预算等模块的训练,让学生系统地掌握了专业知识,并且能够有效地实现课程的各个思政教学目标,让学生真正领会课程思政的内容及意义。

### (四)教学评价的探索

课程采用过程性考核和期末考核两种形式,过程考核成绩占60%,期末考核成绩占40%。

1.增加过程性考核,融入课程思政内容。在过程考核中,改变作业内容,增加思政内容考核题目和设计、实施类题目。根据教学目标,布置一些利用市场调查理论分析实证案例材料的作业,以此考核学生掌握正确的价值观的程度以及分析问题、解决问题的水平。作业要求学生利用所学理论分析国家大事方针政策带来的影响,给企业带来的市场机会和挑战,比如"一带一路"倡议对市场营销产生的重要影响,使学生正确对待和认识国家大事,树立企业要配合国家战略发展,抢抓机遇的战略观。针对一些不良行为、非法行为,要能够指出其违法动机,培养法治营销思维。

2.期末考核嵌入思政主题。在期末考核中还可以给学生植入思政主题的考核作业,让学生根据主题进行调查报告的撰写,如结合"新农村建设"或结合"一带一路"进行营销的调研。通过思政主题与专业知识的结合,考核学生根据一些国家大战略、大事件,结合思政知识,分析市场环境、营销战略分析,创新了价值引领目标的考核方式。

## 四、创新点

1.融合教学任务与岗位设计需求,激发学生的专业学习动机与潜能。

本课程融合教学任务与岗位设计需求,开展以调查工作为导向的项目化内容设计,在教学课堂中根据学生的实际情况拟定调查项目让学生分组选择自己感兴趣的调查项目，通过查找资料，确定调查主题后，每个小组根据自己的主题设计市场调查方案和调查问题，通过问卷星等线上线下发放问卷，分组分析调查问卷，撰写调查报告，最后每个小组利用PPT汇报调查的基本情况以及体会，通过口头汇报，为每个团队提供展现自我能力的机会，项目式的教学能够培养学生的实践操作能力，养成集体主义观念和相互协作的意识，课堂讨论有助于增强学生的自觉性，主动性和创造性。

2.利用信息化技术实现课前、课中、课后全方位思政内容融合与时事热点资源支撑。

本课程思政实施中，从课前任务——课程引入——课堂教学——课后拓展，整个过程通过学习通平台将思政内容与专业知识紧密结合起来，使得思政内容不空洞，不脱节。

## 五、教学效果及反思

（一）课程思政效果

1.本课程总体上思政元素选取恰当，能结合专业知识并将思政内容融入内化成课程内容，成为课程目标的重要部分。课程实施中通过课前任务的完成、课中汇报讨论、课后拓展等内容，从多方面多角度培养和塑造了学生家国情怀、品德和世界观人生观。

2.从思政教学的方法上看，运用互动教学法、实践教学法和以赛促改的教学方法，达到了提高学生参与度和认可度的目的，也提升了课程思政的效果。

（二）课程思政反思

需要加强课程思政建设规划设计，思政内容与专业课内容的融合度决定了专业课的育人影响力，越是水乳交融，育人效果越好，这就需要依据专业课程的性质和类别特征，做好课程思政建设规划设计，主要包括：确定课程建设思想，编制专业课程的思政目标，并根据课型特点匹配思政内容；思政内容融入工作过程；教学手段选用与方法设计；考核评价与思政目标达成性论证。通过上述课程模式和教学模式建设，可实现思政内容的自然融入。

## 参考文献

[1] 高德毅,宗爱东.从思政课程到课程思政：从战略高度构建高校思想政治教育课程体系[J].中国高等教育,2017（1）：43-46.

[2] 石丽艳.关于构建高校课程思政协同育人机制的思考[J].学校党建与思想教育（高教版）,2018（5）41-43.

[3] 慧周.大思政格局下的"思政课程"与"课程思政"协同育人路径研究[J].现代教育论坛,2019（9）：36-38.

[4] 朱广琴.基于立德树人的"课程思政"教学要素及机制探析[J].南京理工大学学报（社会科学版）,2019（6）：84-87.

# 课程思政视角下高校创新创业实践育人教学研究

施莹弘

> **摘　要**：本文探讨课程思政视角下创新创业教育融合的教改实践，不仅为职业院校创新人才培养提供更有效的教育机制，更为提升学生双创内核提供改革目标和方向，成为高职院校课程思政与双创教改协同教育成功案例。
>
> **关键词**：创新创业教育；课程思政；实践育人

## 一、引言

《关于深化高等学校创新创业教育改革的实施意见》的颁布推动了全国职校创新创业教育发展。在我国双创教育改革的关键节点，将课程思政元素融入创新，高校思政教育工作以双创课程的形式展开能进一步提升大学生双创能力。面对可持续发展遭遇瓶颈，优质双创人才培养方案制定难度大，提高教育质量任务艰巨等问题。各大高校、科研院所及相关教改专家经过认真讨论研究和答疑解惑，提供改革措施与计划方案。积极响应全国职教大会精神，全面贯彻《国家职业教育改革实施方案》和省《关于深化产教融合推进职业教育高质量发展实施方案》，以市《关于加快发展现代职业教育的决定》为指导，以高校学生的思想道德品质为核心教育目标，将双创课程资源与思政教育深度融合，在整合创新思政教育课程和教材上，多元评价学生综合素养，发展融合教育新生态。

## 二、课程思政与"专精特新"思政育人

课程思政是目前高校思政教育模式的全新格局，要贯彻落实全员育人、全程育人以及全课程育人的理念，争取不同学科课程与思政课程同向同行，逐步形成协同教育效

应,将立德树人作为高校思政教育模式的根本任务。思政课程是创新引领课程思政的重要载体,体现大学生思政素养的关键一环。课程思政是创新型课程思政与双创课程相融合形成合力,通过思政研究和课程实践等形式深入了解学生的思政素养。

思政课和创业课程教师需要深入挖掘思政元素,构建多元高校课程模式。课程思政植入"专精特新"高质量崛起的实践路径在《"十四五"促进中小企业发展规划》提出,"到2025年,推动形成100万家创新型中小企业、10万家'专精特新'中小企业、1万家专精特新'小巨人'企业"。中小企业沿着"专精特新"道路不断升级发展,对熟悉中小企业特质和产业链特点的高素质应用型、复合型、创新型人才产生大量需求,迫切需要同高校在产业人才培养领域进行深度的对接与合作。

近年来,宁波正在推动领军企业培育,重点培育一批百亿级龙头企业,优先扶持一批技术水平高、成长性好的"隐形冠军""小巨人"。这给高职院校提出了新的理论与实践命题:如何培养既有专业技能又有工匠精神的技能型人才?事实上,培养工匠精神恰恰是职业学校课程思政重要内容之一。

## 三、创新创业教育与思政教育的关系

### (一)培养目标和教学内容的相似性

高校双创教育课程与思政课程的人才培养目标重点均是培养人才而后服务社会,为大学生全面发展创造良好的教育环境。高校思政教育旨在坚定大学生的政治立场,树立学生正确的世界观、人生观及价值观,以便更好投身中国特色社会主义事业建设中。高校双创课程培养学生创新意识及创业能力,展示学生的社会实践价值,导向课程思政的核心价值观,也体现两者目标一致,具有相似性,是教育理论与实践应用的融合。

高校双创教育课程与思政课程的教学内容也存在相似性。思政课程关注思想政治及道德心理教育层面上的研究应用;双创课程覆盖创新创业能力、奋斗精神、意识教育、团队合作能力等。双创课程体现思政课程的精髓,而思政课程为双创课程提供思想保障,两者融合形成合力,产生协同教学效应。

### (二)教育资源的互补性

两者的互补性体现在从理论和实践两个层面进行互补,提升学生政治素养。大学生的应用技能水平与主体地位重要性的自我认知要融合形成协同效应。而协同合力存在难度,需要开展课程思政教学研究。将思政元素植入创新创业实践提升了大学生职业道德素养，逐步启发学生的探索兴趣，进一步形成教育合力。

本校协同创新中心、开放实验室和研究院等公共技术服务平台具有技术、科研成果、场地和政策等资源，依托项目研发、校企合作、基地建设，汇聚起国内外高精尖专家、企业顾问、优秀博士团队，将产业链中拥有不同核心技术群的异质创新主体进行协同连接，突破部门、地区、单位界限和壁垒，在"政产学研用"深入融合基础上实现互利共赢。与企业合作形成技术研发、产品中试、成果转化、人才培养为一体的创新链，为大宁波区域及浙江省纺织服装产业的可持续发展提供有力保障。

下属产业学院举办"双创社团"、中国创业大赛（宁波赛区）及项目申报、双创教改讲座、暑期社会实践等面向全校学生的双创教育活动。提升专业学生创新创业核心素养，为创业者提供从产品研发设计、产业化平台搭建、政策对接和市场推广的生态支持，实现高职院校"双创教育"与专业教育结合融汇。

## 四、创新创业课程思政的改革"创新"

### （一）明确思政课程建设目标

基于开放、开源和共享的原则建立产学研协同创新中心，持续的科研创新致力于教学、科研和企事业单位产品开发，充实教学内容，提升人才培养质量，赋能行业发展。作为企业研发的加速器，节约企业的研发时间和研发成本，降低企业研发过程中的错误，让企业快速完成产品研发，快速量产。

产学研协同创新中心有很多功能比如深度参与学生创新创业活动的研究，是搭建产品销售和推广平台的主体支撑，为大学生创业团队打造优质创业环境，提高创新资源的质量。这成为推动职业院校学生创新创业的强有力推手，有利于调动学生、教师、科研人员和服务人员的积极性和主观能动性。更有利于盘活资源，加快科研成果的转移转化。最后的科研成果可以在高校的各类产学研协同创新中心推广，也可以在政府建设和认证的产学研协同创新中心平台推广。对于科研成果技术转化、公共技术服务平台的发展和赋能区域产业进步有极其重要的意义。有利于推进科技成果产业化速度，成为转移和转化科技成果的助推器。

### （二）课程思政与双创教育的融合衔接

以课程思政为指导、以科研创新为核心，政府、企业和高校组成的"理事会＋实体平台"的运营机制，将思政课程内容与双创课程的育人目标有效衔接。中国近现代史纲要让学生了解历史国情，继承中华五千年优秀的创新精神；马克思主义基本原理概论课程教授的辩证唯物主义分析方法能够建立学生创新的批判思维模式；毛泽东思想和中国特色社会主义理论体系概论等培养大学生的创新创业思维，加快学校开展双创课程；通过形势与政策课程，深入了解国内外社会发展趋势以及国内政策导向，选择适合自己的创业赛道；通过思想道德修养与法律基础课程，学生在创业过程中增强法律观念，在各种实践项目中掌握双创的基本规律。高校思政与双创教育在融合衔接过程中提升双向教改质量。

### （三）双创思政课程的教学设计

双创课程思政的教学设计至关重要，教学目标直接决定内容的层次，以"共建、共享、共用"为指导原则，构建实体＋数字平台的融合运营模式。以产业研究院为载体，搭建开放实验室和实验实训中心等线下实体；以专业产教融合智慧云平台为载体，搭建线上教育教学、职业技能培训、开源中心等数字平台。本校教师挖掘双创教育与思政教育的契合点，激发学生的主体意识。内容需围绕社会主义核心价值观、法律政策教育及心理健康教育等层面。创业课程导师需深挖双创项目中的潜在思政元素，帮助学生精准掌握创新创业发展规律。

## 五、双创课程思政教改的实施路径与保障

为深入学习贯彻习近平新时代中国特色社会主义思想，贯彻落实中共中央、国务院《关于新时代加强和改进思想政治工作的意见》和中共中央办公厅、国务院办公厅印发的《关于深化新时代学校思想政治理论课改革创新的若干意见》，学校有序推进思政课程改革，协同双创学院部署各项思政工作，引导广大教师积极探索新时代高校思想政治工作的规律、特点和形式，提升教师德育教育水平，切实扛起用习近平新时代中国特色社会主义思想铸魂育人的时代使命。

### （一）整合思政课程，开发实践项目

本校产学研协同创新中心教师们积极整合实践硕果，积累本校职业教育改革发展的经验，不仅为职教创新人才培养提供更好的教育机制，为提升学生核心素养提出改革措施和建议，更为高职院校的教育改革之路指明方向。同时整合课程思政资源，开发创新创业实践项目，鼓励大学生参与企业实践锻炼及实践基地建设，全面认知理解校企合作规律。

### （二）升级教材内容，创新教学改革

鼓励学生在双创课程教师的实践基地实习工作，既解决就业率又激发学生双创意识；教师可以自编教材，适当增加思政教育的篇幅和教学比例，在教材课标教学设计等环节树立以德树人的目标，实时更新双创教材，帮助学生适应社会。

### （三）提升教师素养，加强师资建设

针对教改现状，各部门进一步完善制度，深入推进思政课程改革，建立创业学院及领导小组，部署思政工作。以立德树人为目标，优化教学过程，完善评价体系。提升教师德育教育水准，定期组织培训并评估效果。

### （四）优化评价系统，完善考核体系

教学评价体系的构建是课程思政视角下高校双创课程教改的重要部分，学校和教师需要对不同专业学生在实践表现进行分析，完善教学评价指标。教师逐步优化考核体系和标准，引入增值评价，改善传统终结性考核模式的刻板标准。

## 六、结语

总之，课程思政视角下，要进一步拓展课程思政涵养工匠精神的途径与场景，进一步提升工匠精神涵养的广泛性、便利性和实效性，突显创新创业教育与思政教育的相似性，逐步实现立德树人的匠人精神，使课程思政更好地参与宁波高质量崛起的实践中来。

# 参考文献

[1] 沈国强．建设服务平台 推进产学研合作和企业孵化[J]．中国高校科技，2011（9）：44-45．

[2] 王树芬，周微，逯柳．新工科背景下地方应用型本科高校大学生创新创业能力培养[J]．创新创业理论研究与实践，2020（1）：170-171．

[3] 陈瑕，任洪．应用型高校创新创业课程模式改革及成效研究[J]．创新创业理论研究与实践，2022，5（12）：150-153．

[4] 杨靓．课程思政视域下高校创新创业类课程改革探索与实施路径[J]．职业教育，2023：211-213．

[5] 王艳，邓晓．课程思政背景下应用型高校创新创业课程教学改革探索[J]．黑龙江教师发展学院学报，2022，41（4）：36-38．

[6] 孙瑾．创新创业教育中的协同教育体系建设[J]．西南学林，2020（1）．

[7] 工信部关于印发"十四五"促进中小企业发展规划的通知．中华人民共和国工信部联规[2021]200号[EB/OL]．2021.12．

[8] 陈靖仪，刘猛猛．基于场域理论的我国高校创新创业课程教学中的问题及对策研究[J]．创新创业理论研究与实践，2022，5（18）：85-91．

# 乡村振兴战略背景下高职院校"双创"人才培养的探索与实践

## 魏 明

**摘　要：** 大学生是乡村发展的有效力量，促进大学生农村创新创业是我国农村现代化建设的必要要求，对缓解大学生就业压力、解决"三农"问题以及落实乡村振兴战略具有重要的意义与价值。本文在充分调研分析乡村振兴战略对高校"双创"人才培养带来的新挑战基础上，结合我院的探索与实践，提炼"双创"新农人的培养对策路径。

**关键词：** 乡村振兴；高职；创新创业；新农人

## 一、问题提出

习近平在给中国农业大学科技小院的学生回信中提到，希望大学生志存高远、脚踏实地，把课堂学习和乡村实践紧密结合起来，厚植爱农情怀，练就兴农本领，在乡村振兴的大舞台上建功立业，为加快推进农业农村现代化、全面建设社会主义现代化国家贡献青春力量。在乡村振兴战略背景下，浙江纺织服装职业技术学院商学院积极探索创新创业"新农人"培养模式，通过转变教学理念、"搭平台、训技能、育项目"三环联动、完善课程体系、打造实践基地等"五措并举"，引导学生对乡村振兴战略的关注，培养青年坚定"仰望星空"的青春理想，厚植"枝叶关怀"的青春情怀，切实培养青年扎根农村、返乡创业、服务"三农"，实现青年人才和乡村振兴的双向奔赴，培育创新创业新农人。

## 二、乡村振兴战略对高校"双创"人才培养提出的挑战

人才是激活农村创新创业活力的主体，现阶段迫切需要以人才振兴引领乡村振兴，

创新创业在农村地区凸显关键性问题，但目前高校培养创新创业"新农人"存在误区与目标偏差，对高校创新创业人才培养提出挑战，具体表现在以下几个方面。

### （一）双创人才培养与高水平专业群建设融合欠紧密

高职专业群建设是推进职业教育改革的重大举措，是高职教育高质量发展的重要发力点，高水平专业群建设要求深化产教融合、校企合作、工学结合，推动专业设置与产业需求对接，发挥专业群发挥协同育人作用。而多数高职院校的创新创业教育课程内容单薄，与高水平专业建设要求结合不紧密，普遍存在课程开设时间置于晚修阶段、课时短且集中于低年级教学，内容以基础性通识教育为主、课程与专业课程融合度不高，师资队伍以学工线辅导员为主，没有固定的经费和独立的创新创业课程体系等问题。这导致多数学生学习专业知识与实际实践脱节，创新创业热情下降。传统人才培养的教育理念、质量标准、育人模式制约了杰出的复合型创新创业人才发展。

### （二）双创人才培养过程中理论与实践结合欠深入

实践是检验真理的唯一标准，在新时代发展背景下，学校应全面加强学生实践能力的培养，鼓励高校学生走入乡村，深入了解乡村振兴，在实践任务的履行中，取得更多实践经验，夯实自身知识基础，便于个人价值的发挥。新时代高职教育高质量发展倡导采取灵活性、多样化的教学模式，但由于教学资源差异、师资短缺等问题，部分高职院校双创课程仍采用大班授课形式，以创业计划书报告替代实训实践，课堂局限于创新创业要素、禀赋与实例等理论内容的介绍，课堂案例分析多为正面案例，学生由于缺乏专业导向的理论与实践经验，教学情况一定程度上与现实状况脱轨，学生没有实践机会了解并感受了乡村文化，形成了良好的乡村振兴观念，使学生与乡村振兴之间的距离较远。

### （三）双创人才培养的配套体制机制尚不成熟

目前，各高职院校广泛开展创新创业教育，但仍一定程度上存在体制机制尚不成熟、创新创业机构设置尚不健全、创新创业教学模式和课程体系滞后等问题，这些不成熟的创新创业教育的机制体制不利于高校开展系统完善的创新创业教育工作，一定程度上影响了人才培养质量与创新创业能力。据《中国青年创业发展报告》数据显示，近70%的青年创业企业集中在农林牧渔、批发零售、教育文化、体育、娱乐、住宿餐饮行业，但创业率与成功率均较低。这表明我国创新创业教育效果不佳，大学生作为创新创业主体更倾向于关注课程成绩和专业水平，而不重视创新创业能力与思维的培养，导致学校创新创业教育成果不理想，大学生创新创业理念缺乏活力难以付诸实践。可见，高校创新创业机制体制还需要进一步完善。

### （四）双创人才培养的资源协同性和匹配性均不高

针对服务乡村振兴战略的新农人双创人才培养，其资源一方面主要是以农业企业和乡村，其与院校的产教融合和联动层次并不深入，大多停留在授课、讲座、项目交流等浅层次，多数院校未能为大学生延展扩充实践育人平台，致使大学生的实践创新创业能力不强、农村创新创业机理的认识模糊。另一方面资源是基于理论基础上的实践平台与创新创业发展体系，从目前来看，多数院校还缺乏农业创新创业教育所需的强大师资队伍、内涵丰富的优质教材、稳定的专项资金与实训场地等，未能满足现阶段高素质、多学科融合发展的创新创业人才的培养要求。

### （五）双创人才的教学质量评估和保障系统尚不完善

高职院校目前教学质量检查和评估主要关注课堂教学的出勤率、教学过程的规范性和学生考试成绩，而对于开设的创新创业教育课程质量的评估工作有所忽略，采取课程报告和期末教学评教等措施手段，通常都无法对学生的思想道德修养、创新创业能力水平进行考核，难以反映实际的教学质量与教育效果，教学质量评估与保障系统不完善无法满足学生的个性化的教育需求。

## 三、乡村振兴战略背景下"双创"人才培养的对策——基于我院的探索与实践

### （一）转变教育教学理念，调整人才培养方案

教学思想与教学理念最终影响到教学质量与成果。高校在契合社会经济发展趋势的前提下，加快转变教育教学理念，适时调整人才培养方案，不仅是满足高校自身对农村创新创业人才培养质量的要求，更顺应了乡村振兴战略实施背景下农村地区对高素质人才的质量的需求。以学生为核心，将培养和造就具备创新精神和创造能力的复合型人才作为人才素质培养的最高目标。加强创新创业教育与专业教育有机结合，在开展专业教育的基础上，将创新创业思维合理地融入专业知识，渗透到课堂教学过程，将专业知识适应实际发展以实现知识更新、创新创业能力与行业发展的高度契合。通过促进创新创业教育与专业教育有机结合，加快创新创业"新农人"培养，从而助力乡村全面振兴。

### （二）"三环联动"搭建双创新农人培养框架

1. 搭平台。搭建校级双创综合服务平台，成立创业学院，开展创新创业培训、创业项目咨询、路演、创业项目孵化器等。推进宁波市大学生创业培训示范基地建设，设立创新创业实践基地、创新工作室、时尚众创空间、乡村振兴直播基地等，搭建校地、校企双创育人和教学实践平台。

2. 训技能。与行业龙头企业开展现代学徒制"双元"育人改革，构建基于产教融合的"课堂+基地+公司"双创人才培养模式，开展乡村振兴电商运营、直播推广等真实项目的实操技能训练。

3. 育项目。选择优质学生双创项目，从运营模式规划、品牌形象设计、推广方式优化等方面给予指导和培育，打造双创人才典范。

### （三）"五措并举"走通双创新农人培养路径

1. 完善具共富内容的课程体系。立足于高职院校的教学特色和专业特点，将乡村振兴社会实践内容纳入必修课程体系，如在课程内容中设立乡村振兴专题，引入具体的农业发展、农业经济、农业种植养殖等相关实践性课程内容，让学生亲身参与农村生产和发展项目，通过实践锻炼大学生的实际动手能力和解决问题的能力。同时，在其他专业课程中融入乡村振兴的相关内容，鼓励学生将自己的专业知识和技能应用于实际的农村生产中，从而提高农业生产效率、创新经营模式，改善农业环境，促进农业发展。如开设电商运营、直播推广等课程，将乡村振兴和农村电商等教学内容植入人才培养方案中，通过课前五分钟的乡村振兴政策引入和课上农产品在课堂任务的导入，把专业实践和乡村振兴进行有效融合，让学生提升自己的专业水平的同时又促进乡村振兴。

2. 打造校内外乡村振兴实践基地。学院在校内搭建新农人双创综合服务平台，引进宁波市消费协作联盟单位、尚田街道等建立乡村振兴直播基地，学生通过"线上直播+线下销售"，在校内提升创新创业实践能力，积累一定的经验后，将校内培育的乡村振兴项目放到校地新农人双创综合服务平台，学生将课堂教学所学的电子商务、数据分析、新媒体营销、直播运营策划等知识运用在农产品的销售中去，提供农产品电商平台运营管理、电商培训和咨询等相关服务，将项目在真实的乡村振兴场地落地，学生运用所学知识助力宁波市经济发展落后的农村地区及对口支援地区特色农产品的销售，赋能当地乡村振兴，促进经济发展。

3. 真实项目运行检验双创成果。创新创业教育应该注重培养学生的创新思维和创业能力，鼓励他们在实践中发现问题并提供解决方案。在2022年浙江第五届浙江省大学生乡村振兴创意大赛主体赛共有86所高校，972支团队参赛，大赛通常要求参赛者提交改造农村帮扶农业的项目，这么大规模的参赛队伍，充分体现了大学生对乡村振兴的深入思考和广泛参与。通过校赛比赛平台的搭建，学校鼓励大学生参与乡村振兴的项目，通过前往农村开展调研，深入了解当前乡村发展的状况和问题。大学生可以把学术研究与实践相结合，将课堂上学到的理论知识与实际问题相结合，寻找可行的解决方案，并通过比赛验证，截至目前，学校荣获浙江省大学生乡村振兴创意大赛3项金奖，10余个项目在农村落地。通过学生的团队合作和项目管理，培养学生的创新思维、劳动品质和创业精神，使他们真正地成为乡村振兴的创业者和领导者，学校为大学生提供专业的导师团队，长期对学生的创业项目提供咨询和指导，为学生的农村创业提供多元的帮扶。

4. 推动思政课与乡村振兴相结合。思想政治理论课是高职院校立德树人的重要课程，将其与乡村振兴相结合可以增强学生的社会责任感和家国情怀。思政课程内容可以将乡村振兴的相关理念、案例和价值观纳入教学内容，通过讲授相关知识和实践经验，引导学生将思政理论与乡村实践相结合，促进思辨和反思，培养学生对乡村振兴的深刻理解和思考能力。课程内容融入古代中国的农耕文化和当今的乡村振兴战略，让学生深入了解农业的生态保护、可持续发展、人文关怀和社会治理等内容和中华民族吃苦耐劳、精于技艺的精神。思政课强化实践教学，结合思政课的教学特点，组织学生参与社会实践、公益活动等形式的乡村实践，使学生在实践中体会思政理论的指导作用，帮助学生树立正确的人生观和价值观，增强他们的实践能力和社会责任感。

5. 多途径激发学生乡村创新创业热情。学院通过多种途径培养学生的投身乡村的热情和精神力量。组织开设乡村振兴相关的社团，如农耕社、农艺社、环保社，社团的建立可以根据学生的兴趣和学校的资源来灵活组织，让志同道合的学生聚在一起组织活动，提供学生展示自己才能和服务农村的平台。创建志愿者社团，组织学生参与农村服务、慈善活动、支教支援等志愿服务工作，通过志愿者活动，学生可以体验到劳动为他人带来的乐趣和成就感，培养社会责任感和团队合作意识。加强政策宣传，在高校的宣传平台发布乡村振兴的相关政策宣传、返乡创业的信息和新农人创业的优秀案例，尤其要做好农村籍大学生返乡就业创业成功事例的统计和宣传，为吸引在校大学生积极参与劳动教育提供感性认识，营造浓厚的乡村振兴氛围。

## 四、乡村振兴战略背景下"双创"人才培养成效

我院乡村振兴战略背景下"双创"人才培养的对策路径经多年实践检验取得了较好成效，涌现出众多投身乡村振兴的"新农人"，学院也全面彰显出其中的典型化示范效

果，进而为学生树立好"双创"的榜样力量，保证乡村振兴的发展中积极对学生进行创新创业，获得更为良好的指导。其中较有代表性的是2019级学生许立的乡村振兴团队。商学院许立团队于2020年成立"浙江立立农业开发有限公司"，设计"许小立"太湖鸡品牌形象，联合当地农户进行特色生产，采用"公司+农户+电商推广团队"的帮产联合特色运营模式，带动周边农户一起养殖太湖鸡。项目通过特色选育、技术研发、环境改造、饲料优化，科学防疫等养殖技术创新，培育优良的太湖土鸡，申请了太湖鸡品种和"阉鸡带小鸡"的新型养殖技术2项专利，使小鸡成活率提高了10%。通过知识讲座的方式开展科学技术输出，已开展50余次养殖知识讲座，受益人群500余人，推动养殖业的规范管理和技术创新。2020年项目实现盈利额68万元，比上年增长42%。以该项目为载体，团队在第十届全国大学生电子商务"创新、创意及创业"挑战赛全国总决赛中获得全国特等奖。

## 参考文献

[1] 李杰. 乡村振兴战略下的创新创业人才培养愿景[J]. 中国果树，2021（10）：130.

[2] 杨啸，李甲英. 中医院校"ESCPR"五位一体创新创业教育体系构建[J]. 经济研究导刊，2020（13）：176-179.

[3] 中国青年创业就业基金会联合任泽平团队发布. 中国青年创业发展报告（2021）[R]，先导研报. 2021（11）：11-12.

[4] 江玫，汤文华. 乡村振兴背景下高校农村"双创"人才培养问题及对策[J]. 新西部. 2022（7）：106-107.

[5] 刘畅. 产学合作背景下地方高校创新创业教育研究[J]. 吉林工商学院学报. 2019（4）：126-128.

# "三全育人"理念下高职院校学生党员教育管理工作的对策研究

邬芳燕

> **摘　要**：高职院校需构建高职院校学生党员教育管理"三全育人"工作格局，需牢牢把握立德树人的根本任务，结合职教育人的实际和学生成长的规律，通过制定完善的教育管理体系、制定党员的考核体系，建立入党学生导师制度，打造第二三课堂，强化协调机制，通过对不同阶段的学生采取连续培养，达到全员、全过程、全方位育人的效果。
>
> **关键词**：三全育人；学生党员；学生党建

## 一、"三全育人"理念对高校学生党建工作具有的重要指导意义

高校要把立德树人作为根本任务，融入思想道德教育、文化知识教育、社会实践教育各环节，把思想政治工作贯穿教育教学全过程，把思想价值引领贯穿教育教学全过程和各环节，形成教书育人、科研育人、实践育人、管理育人、服务育人、文化育人、组织育人长效机制。大学生作为社会群体中最活跃的群体，大学生党建工作事关高校管理工作，关系到大学生心理成长和自身的发展，也关系到中国特色社会主义建设的接班人的培养。按照党的二十大精神和新党章要求，高职院校必须立足现实，剖析问题，对目前的高校学生党建工作进行一定的反思，建立一套完整的学生党员教育管理方法，发挥思政育人的作用，通过对过去传统的学生党员培养教育方式进行创新，扩大高职院校学生党建的思想政治教育的覆盖面和可持续性，用"三全育人"的新思维促进党建工作，完善现有的学生党员教育管理制度，将其融入大学生成长成才的全过程，具有非常重要的意义。

## 二、"三全育人"目标下高职院校学生党员教育管理工作存在的问题

1. 学生党员教育培养周期不足。高职院校的学制是三年或者两年，较本科院校在校期间时间较短，从入党申请书到接收为预备党员一般需要四个学期，学生入党后除去顶岗实习、寒暑假的时间后，在校培养教育的时间只有数月不足半年，甚至有部分学生在入党后直接离校参加顶岗实习，由于入党后在校时间短，预备党员的考察也比较笼统，给这些党员教育培养工作带来了很大的困难，影响了学生党员作用的发挥。

2. 党员教育管理工作形式单一。目前，高职学校的学生党建管理工作存在形式单一、内容过于教条化的问题，往往只注重召开党组织会议，组织学生参加集中学习等形式，而忽视了对学生党员的思想教育和实际工作的引导，教师党员对学生党员培养教育工作不重视，存在敷衍了事的情况，这些现象不利于学生党员的成长，也会影响党组织的有效运行。

3. 学生党员队伍建设不够健全。由于学生入党后在校时间短，参加组织生活时间较短，高职院校党员流动比较大，三年级学生党员大多数成为流动党员，频繁地调换工作，分别在全国各地，较难管理，会出现实际上无人管理的局面，党员缺乏对党组织的归属感不强，对党的认识和信仰淡薄，党员意识薄弱，不能够发挥党员的先锋模范作用，党组织内的党员变动频繁，很难切实地参与到党组织的建设中去，党组织的建设和发展受到一定的制约。

4. 学生党员的培养教育质量有待提高。根据《中国共产党发展党员工作细则》明确规定，学生递交入党申请书后，党组织在一个月内派人同入党申请人谈话。目前高职院校基层党支部对学生的培养教育工作主要是从学生成为积极分子开始，基层党支部对入党积极分子之前的培养教育工作参与不高，基层党组织对大一新生的培养教育工作不能得到充分发挥。一些学生党员党日活动参与度不高，把参加组织生活当作一种"负担"，活动积极性不高，党员教育理论和实践学习结合得不紧密。

## 三、"三全育人"理念下高职院校学生党员教育管理工作的对策研究

构建高职院校学生党员教育管理"三全育人"工作格局，需牢牢把握立德树人的根本任务，结合职教育人的实际和学生成长的规律，通过完善方式方法，强化运行机制，为养又红又专的人才提供强有力的组织保证，基层党组织要将党建引领与育人工作相结合，充分发挥育人功能，全面构建科学、合理的三全育人理念下学生党员教育管理工作

体系。

1.制定完善的教育管理体系。高职院校党员培养工作室高职院校党建工作中的一项重点工作，按照二十大精神和新党章的要求，需要将三全育人理念贯穿在学生党员培养教育中去。在考虑学校教育管理的整体规划下，明确制定学生和党员的教育管理计划，包括时间、任务、目标、计划、实施步骤和考核等，从大一新生入校到毕业制定和完善学生党员的教育管理办法，明确学校各岗位对学生党员培养教育的职责，学院党建负责人统筹党员培养教育管理工作，专业教师通过专业课、思政课和党课对学生进行思想引领，辅导员、班主任通过日常管理对学生思想教育，行政管理人员做好带头示范，提高服务质量，真正建立全员、全过程、全方位育人的学生党员管理教育长效机制，将学生教育管理工作纳入院系党建工作重要议程中去，同时纳入院系发展的整体发展规划中去。

2.制定党员的考核体系，实现全方位育人。根据确定学生党员的教育管理目标和高等院校的育人目标，制定具体、可衡量、可操作的党员考核体系。对学生进行全方位考核评价，评价指标涉及思想政治教、学习成绩、志愿服务、日常行为、工作表现、社会实践、获奖情况、寝室卫生、群众评价、理论培训等多个维度进行评价考核，评价过程贯穿学生从递交入党申请书到成为正式党员，客观数据来自第二课堂、成绩单、荣誉证书等，主观数据来自同学、班主任、专业教师、辅导员、顶岗实习指导老师、企业党组织等，建立更加合理、科学、全面的考核机制，进一步健全学生党员的成长的教育体系，建立过程跟踪的考核体系，及时掌握学生的思想动态，对出现的问题也要及时反馈给学生并进行指导，对考核体系也需要经常反思，及时纠正不足，推进学生党员教育管理工作的改进和提高。

3.建立入党学生导师制度、实现全员育人。党支部是学生培养教育的重要基层组织，实际上，党员培养往往是从积极分子阶段才开始，建立积极分子培养联系人制度，通过积极分子培养联系人引领入党积极分子端正入党动机。在高职院校目前实行的积极分子培养联系制度对学生的培养时间较短，无法做到对学生的全过程育人。建立入党学生导师制度，对所有递交入党申请书的学生配有导师，对想要入党的学生进行深入性的指导，入党导师不仅仅是思想引路人，还是学业和生涯的引路人，导师遴选的要求是政治觉悟高、专业水平高的专业党员教师、班主任、辅导员、思政课教师，对新生在学生、工作、生活各个环节进行全过程的培养教育。高职院校学生在校时间短，学生入党一般在大三阶段，大三学生党员马上要面临进入顶岗实习，学生党员教育在实习阶段存在"空档"，支部可以联合实习阶段的校内顶岗实习指导老师和入党导师对学生进行思想教育和实习指导。有条件的可以对接学生顶岗实习企业，在企业党组织内寻找入党导师，联合企业党组织对学生党员进行考察培养，指导学生。

4.打造第二三课堂，实现全过程育人。在第二课堂方面，可以将同专业的入党申请人、积极分子、预备党员、正式党员学生组成一个小组开展丰富多彩的主题活动，正式党员可以在组内发挥先进典型的示范引领力量，将教育活动和学生的思想政治教育相结合，活动可以有别于座谈会、走访慰问等形式的传统的党建活动，设计出题材丰富，形式多样，符合年轻人面貌的主题活动，如红色体验，公益活动、主题演讲、辩论比赛、社会调研、文化交流等，通过多种渠道，引导学生党员认识到自己的社会责任和使命，养成正确的价值观念和思想方式，增强民族自豪感、爱国精神、社会责任感等，通过这些活动将党的理念、党的思想通过学生活动向更广大的群体进行宣传，不仅加强了学生党性修养，也激发学生的创新创造意识。在第三课堂方面，高职院校可以组织学生参加社会实践活动，在校内开设文明校园实践岗位、实训室管理实践岗位、校史馆实践岗位等，学生可以通过课余时间长期参与校内实践活动，学校也可以在校外的校地合作单位设置实践岗位，学生利用自己的假期在社区、乡村参加社会实践，在所在实践地方搞好党群关系，树立全心全意为他人服务的意识，用自己的行动发挥自己的先锋模范带头作用，也可以在实践中实际运用自己的专业能力，对接社会需求提高综合素质，贡献自己的青春力量。

5.强化协调机制，利用数据管理。构建了"三全育人"理念下高职院校学生党员教育管理工作后，要充分发挥党员教师、专业教师、辅导员、班主任等各方人员的力量，高校的组织部门是学生党员教育管理工作的管理者，负责学生党员教育工作的具体设计、检查、监督。各基层党组织是学生党员教育管理工作的执行者，各基层党组织根据上级的计划和目标，多各方进行协调，落实每年的培养教育工作。学校还可将学生党建工作纳入教师的年终考核中去，对相关教育管理工作建立评价反馈机制，出现问题及时调整。高校还可以利用相关技术，收集学生党员发展过程中的成绩、第二课堂、实践活动、志愿活动，获奖荣誉等数据，积累学生党员培养的经验和方法，为将来相关工作的进一步地优化改进积累数据。

## 参考文献

[1] 王传利. 党员教育培训需要注意的五个问题 [J]. 人民论坛,2019(34):41-43.

[2] 孙会岩. 开创新时代党员教育管理工作新局面:基于《中国共产党党员教育管理工作条例》的探讨 [J]. 探索,2019(4):110-117.

[3] 刘兴平. 新时代党员教育的三个基本属性 [J]. 人民论坛,2020(8):86-89.

[4] 王伟宾,杨朋,靳现凯."三五一体"的大学生预备党员教育培养模式初探 [J]. 北京教育(高教版),2017(4):55-57.

[5] 曹国永. 加快构建高质量思想政治工作体系 [J]. 中国高等教育,2018(11):9-10.

[6] 王伟宾,姜凤. 高校学生党员教育"三全育人"工作格局的路径探索 [J]. 科技文汇,2021(20):31-33.

# 大学生全面发展要重视科学精神与人文素养的融合

## 张雪芬

**摘　要**：随着我国经济社会的发展，对大学生的全面发展提出了新的要求。大学生全面发展需要重视科学教育与人文教育相融合。更新教学观、质量观和人才观，与时俱进，注重人文教育与科学教育的融合。

**关键词**：大学生；全面发展；重视；科学；人文

人的自由而全面发展是马克思、恩格斯所描绘的未来社会的基本特征。大学生是最宝贵的人才资源，是祖国的希望和未来。他们又是一个思想活跃的知识群体，是社会主义现代化建设的生力军，对大学生进行人的全面发展思想教育，使之成为全面发展的人，是当前的一项重要而又迫切的任务。

## 一

人的全面发展的内涵和标准的界定是教育学的一个基本命题。从理论发展的时代性和实践性来考察，把人的全面发展定义为：人的精神或心理充分、自由的发展，具有学理价值和现实意义。首先，人作为社会化的动物，其发展的主要内容以及发展的复杂性、艰巨性主要来自精神或心理方面，生理发展只不过是生物学意义上人实现全面发展的必备前提和条件。其次，德智体全面发展的观点虽然比较简明地概括出了人全面发展的主要特征和内涵，但用其中"德"和"智"并不能涵盖和囊括人的精神发展或心理发展的全部内容，如个性发展的问题、心理健康的问题等。再者，全面发展概念本身是一个历史的、动态的范畴，其内涵旨趣在不同的历史阶段或社会条件下有所侧重和不同。在高等教育已经大众化、劳动力性质已由体能型转化为智能型、知识型的当代社会，从人的精神或心理充分、自由发展的角度才能把握现代社会条件下人全面发展的真实含蕴和意义。

科学是研究、认识、掌握客观事物及其规律的知识体系。一般地说,科学教育大致包括四个方面:科学知识教育、科学思维(思想)教育、科学方法教育和科学精神教育。这是一个整体的不同层次,不可或缺。科学知识教育是让学生掌握现代科学技术的基本知识、基本理论等;科学思维(思想)教育是通过科学思维能力的培养,使学生掌握分析和解决问题的能力等;科学方法教育是通过科学方法的训练,使学生形成科学的实验方法和思维方法等;科学精神教育是通过科学精神的陶冶,让学生养成实事求是、开拓创新、坚持不懈地追求真理的科学精神。科学方法和科学精神是科学的深层内涵,相对于科学知识和科学思维能力的教育,科学方法和科学精神的教育更为重要,如果没有科学方法和科学精神,现代科学不会取得如此巨大的成就。特别是作为求真的科学精神,是科学的精髓。而凡是精神的,都是人文的,科学精神也是人文的,是求真的人文精神。人文教育当然也包括人文知识、人文思想、人文方法和人文精神的教育,这也是一个整体,不可或缺。人文知识是人文文化的基础,通过人文知识的传授,让学生掌握人类特别是本民族人文文化的基本知识、基本理论等;人文思维是原创性思维的主要源泉,它是开放的形象思维和灵感思维,是直觉,是顿悟,是发现,是人所特有的,是人之灵性最重要的体现,通过人文思维教育,使学生更有创造力;人文方法按照人文思维的实施,成为原创性工作展现的途径,因为人文思维必须通过人文方法来展现;人文精神是维系人类社会的牢固纽带,它是求善的精神,也是人文的精髓,人的一切活动,特别是教育,应该是"在止于至善"。人文文化所包括的这四个方面都同人性与灵性有关。人文知识是人性与灵性的统一,人文思维与人文方法同灵性关系密切,而人文精神则特别体现着人性。人文教育也是个整体,它有助于形象思维和灵感思维,培养想象力,提高人文修养,开拓创新思路。人文教育的目的归结为实现对人的尊重,对人力量的肯定,对人格完善的追求。科学教育与人文教育的融合,是科学、技术、社会和教育发展以及人的全面发展的必然要求和结果,是教育职能得以全面发挥的条件,是教育创新的基础与源泉。大学有三大基本职能:人才培养、科学研究、为社会提供服务。这三种基本职能的发挥和实现,都只有在坚持人文教育与科学教育整体并重的前提下才能完成。人文中体现科学基础,科学中内含人文精神,二者任何一方的缺损与削弱,都会影响大学功能的正常发挥。教育的根本目标是培养全面发展的人,因而需要全面地培养人的德性、智能、情感、意志、理想、信念和情操等。教育创新的着眼点和出发点,就是培养富有科学精神和人文素质的创造性人才。只有科学教育与人文教育加强融合和渗透,而不是顾此失彼,大学生的全面发展才能成为客观的现实和可能。

## 二

当今市场经济发展的现代社会，大学生在实现全面发展过程中所面临的主要矛盾和突出问题主要是科学与人文、理性与人道、物质与精神、智力与道德、利益与道义等在发展的方向和程度上存在着偏失与不平衡。当科学精神的发展促使人类的物质世界日益充裕和繁荣的时候，却由于人的人文精神的失落而导致物质主义、拜金主义、利己主义、感官主义泛滥，出现道德沦陷、价值迷失、信仰危机、精神空虚等各种不容忽视的问题。

首先，表现在大学生学习功利性强，忽略德育的培养。高等教育存在着重知识传授轻人格培养的倾向。大学生从一进入大学开始，普遍存在实利主义，目的性明显，接受高等教育纯粹视为"就业准备的过程""智力投资的过程""潜在生产的过程""价值积累的过程"，普遍染上了实用唯学、急用先学、急功近利、热蒸现卖的通病，就只关注实用性强的专业课程和有利于以后就业的课程，如各种职业资格考试、英语考试等的学习，忽略了对人文课程的学习。问卷调查结果显示，55.56%的学生都认为上大学的目的就是为了找份好工作，仅27.74%的学生选择上大学是为了实现理想。63.76%的学生在选择未来职业时主要考虑的是这个职业是否有利于个人发展，而仅有4.5%的学生选择到祖国最需要的地方去。上述状况的出现，意味着我国高等教育的客观效果在一定程度上已经偏离了原有的初衷，出现了目的与结果之间的悖论，这种现象也被称为"教育的异化"。

其次，表现在价值观扭曲，社会责任意识淡薄。在市场经济的冲击下，当代大学生的价值观被金钱和利益左右，严重趋于功利化。这表现在大学生缺乏社会责任意识，在集体中缺乏协作观念，索取多于付出，更不用谈无私奉献的精神了。还有的大学生过度注重眼前的利益，缺乏长远的眼光，过度看重个人的利益，缺乏社会责任意识。他们的学习不再是自身的一种渴求，不是为了提高自身的文化修养，而是为了获得专业技能，谋求职业或改变个人生存状况，他们只关心专业能否在社会中取得较高的经济利益。

再者，表现在缺乏理想追求，集体意识淡化。大学生虽然接受着高等教育，但他们的道德水平还停留在认知层面上。大学校园里女生"求包养"的信息走红网络，希望可以傍大款、嫁富翁，她们贪图享乐，缺乏自力更生、艰苦创业的精神。在学习生活中，他们过度注重自身的所谓理想追求，而忽视尊重师长的传统美德，缺乏和同学之间互助互爱的友谊和情谊。许多学生无法忍受创业时期的艰辛和困难，缺乏克服困难的决心和意志力，缺乏集体进步和团队合作精神。在创业的过程中，他们将金钱作为衡量事业是否成功的标准，习惯以自我为中心，集体意识淡薄。在为人处世上，他们不懂得谦卑礼让，不懂得与他人多沟通，不懂得从他人立场考虑问题，而是特立独行，自视清高，这也是许多大学生的处世哲学。

最后，表现在片面追求文凭，缺乏科学探索精神。大学生追求高文凭和各种技能证书的目的性太强，急于求成，往往忽略了对科学文化本身的研究与热忱，更多的是"拿来主义"，缺乏探索、求真、试验取证、客观求实的精神。在科学研究方面，缺乏调查研究，急于出文章，泛泛而谈，低水平地重复别人的观点，有的甚至抄袭剽窃，功利性较强，思想浮躁，缺乏科学研究所要求的求真务实精神。这些都为大学生以后的工作生活留下隐患，业务不精，理论不强，会严重影响他们的正常工作，对社会也是一种潜在的危害。

## 三

重视人文教育与科学教育的融合，并不是两者的简单调和，也不是教育的科学取向与人文取向的二元相加，而是全方位的，是教育思想、教育价值观与功能观、教育制度和课程编制等方面的根本改变。科学化的人文教育和人文化的科学教育有机结合，它力图使科学人文化，接受人文的价值取向，并使人文建立在科学的基础之上，以大学生的全面发展为最高目标，而以科学的发展作为基础和实现目标的手段。重视人文教育与科学教育的渗透与融合，要注重结合高等教育的实际特征，要注意道德自觉、理性自觉与文化自觉等三个方面自觉性的提高，通过制度创新保证人文教育与科学教育的融合，使之真正落到实处。

首先，理念是人们进行决策和行为的思想指向。大学不仅是一种研究与创造科学知识、培养专业人才、并为社会经济发展提供服务的职能机构，而且还是一种文化机构，要集聚人文精神、散发深厚的人文气息。因此，要提倡人文与科学相融合的大学教育理念，作为设计和开展大学教育工作的指针。要树立高等教育、促进社会全面进步和促进人的全面发展相统一的价值观，树立人文与科学两种知识、两种精神全面发展的质量观，树立高等教育既是专业教育又是综合素质教育的办学理念，要把树立新的教育理念摆到教育改革和发展的重要位置，要把教育理念创新作为教育的重要任务，要把人文教育和科学教育的融合作为教育理念的重要方面。在价值观念上对人文教育进行合理的定位。要自觉地树立人文教育在当代教育中的基本地位，坚持科学教育与人文教育并举共张、协调实施。要注意纠正观念领域里严重存在的唯智主义和科技理性主义倾向，应充分认识到，教育一方面具有开发人力、增强智能、提高个体生计本领、服务社会经济发展的功能，另一方面更具有纯正人性、净化灵魂、提升个体精神境界、促进社会文明进步的功能。绝不能单纯从工具理性主义或功利主义的视野来看待教育，否则，会使大学沦落为一种磨刀磨剪子的谋生作坊。全面推进素质教育。素质教育的宗旨是促进学生全面发展，有助于人文教育和道德教育在战略上得到认真贯彻和有效实施。从人文教育与素质教育的内在关系来看，素质教育包含人文教育，人文教育是素质教育的有机组成部分。因此也只有重视人文教育，才能谓之全面贯彻素质教育。大力扶持人文社会科学的发展。不能一味地只向理工科学、高新技术科学倾斜，也应统筹兼顾到人文社会科学的发展，确保人文社会科学的一席之地；同时，在人文社科领域里，不仅要重视经济学、管理学、法学等应用性人文社会学科的发展，还应大力加强和扶持文、史、哲等基础性人文社会科学的发展。深化人文教育改革，强化人文教育的科学性。人文教育只有不断地以先进的科学理论来充实和支撑，才能增强说服力，提高实效性。为此，我们既要倡导科学教育人文化，更要坚持人文教育科学化。必须改变以传授知识为主的单一目标人文课程的教学，而应将知识的传授与人性的陶养有机结合起来，要让学生在掌握民族文化和世界文化优秀遗产的同时，更重要地获得智慧的启迪、心灵的润泽和精神的熏陶。要改变以灌输为主的人文教育方式，增强学生主体活动，密切师生双向交流，丰富社会实践环节，使学生生动直观、深入浅出地接受人文教育。

其次，要加强学科专业建设和课程体系改革力度。将人文精神与科学精神纳入专业培养目标，以通识教育课程为基础构建与专业培养目标有关的人文和科学教育课程体系，发展人文与科学相结合的新学科、新专业，调整课程设置，增删教学内容，改革教学方法，使人文与科学实现深度融合。调整学科设置、拓宽专业口径，改变专业过细、过窄的状况；课程设置综合化、多样化，实行文理渗透，理工科专业和文科专业两种类型的课程共存，形成合理的配置，这可以通过学分的调配作出相应的规定来实现。同时，课堂教学过程中应体现科学与人文相统一，在自然科学课程的教学中挖人文因素，在人文社会课程教学中反映科学思维与精神，科学与人文的融合体现在每一门课程的教学当中。改变人才培养标准、质量保障体系和考核评价机制，引导学生全面发展，改变对各科教学中普遍存在的重知识传授、轻素质培养的倾向，应该使学生在掌握该学科基本知识和技能的同时，使学生感受和领略该学科的精神，学到渗透在科学中的人文知识，真正建立有利于人文和科学相融合的人才培养环境和氛围，使学生受到人文精神和科学精神的熏陶。大家形成一种普遍的共识，大学不仅是学习专业的地方，而更应该是培养人格、塑造精神、贯彻理想的地方。除了术业有专攻，大学生也还需要接受人之为人的基本教育，以克服过度专业化所带来的精神缺失。人文教育并非是艰深的教育内容，也并非只是针对文科的学生而言的，它是对学生所进行的共同教育、素质教育，是普及一种基本的、常识性的经典阅读和文化情怀。如果一所大学，只重视科学、技术和专业知识，而遗忘了人文精神，用梁思成的话说，这就是"半个人的世界"。强调人文教育，就是为了强调人与人之间，在专业的不同之外，还有共同的东西，这些共同的东西，就是文明史中的经典和人类精神中那些永恒不变的价值。尤其是在这个日新月异的世界，变化几乎是一切人所信仰的价值，人文教育是要提醒大学生，这个世界还有不变的东西，还有常温常新的价值，能帮助他们在精神上建立起健全的视野，并由此接通一个人和过往文明之间的血脉。

最后，要努力培育校园文化。一方面要加强校园文化建设，造就一个浓厚的文化氛围，用高品位、高雅的文化艺术环境去熏陶学生，在学校各个环节教育中渗透民族优秀传统文化教育和爱国主义教育。另一方面要开设文、史、哲等方面选修课，开设人文讲座、专题报告会、学术交流会，对热门话题进行专题讨论或举办辩论会。充分发挥第二课堂的综合效应，开展丰富多彩的校园文化活动，营造全面提高学生素质的良好环境，陶冶情操，培养人文精神，提高学生综合素质。再一方面要重视提高高校教师人文素质和科学素养。教师不仅在日常生活中为人师表，并且在课堂教学中贯穿科学与人文精神的教育，使教师从过去单一地传授"专业知识"成为一个懂得哲学、教育学、心理学、行为科学的颇具人文历史知识、颇具文化修养的"文化人"，以影响和激励学生。

一个国家的振兴和民族的复兴希望在于大学生在个性创造力、道德 品质、心身健康等方面的全面发展。我们也越来越深切地感受到，如果忽略人的方面，忽略人的自身的发展，这样的发展不仅是片面的，而且是不可能持久的，还会使社会畸形。因此，大学生要使自己获得全面发展，必须在科学本位与人文本位中找到一个平衡点，个人的发展应考虑到社会的需求，社会的发展才会给大学生自己的发展留下理想的空间。有了这个基础，大学生才能在激烈竞争中立于不败之地，为中华民族伟大复兴，实现中国梦做出自己应有的贡献。

## 参考文献

[1] 胡冬煦.建立新的教学理念，推进人文教育与科学教育的融合[J].中国高教研究，2002（11）：13-15.

[2] 朱炜.大学教育：科学与人文的融合[J].辽宁教育研究，2003（12）：50-51.

[3] 罗天虎.高校人才培养要注重人文教育与科学教育的融合[J].西北工业大学学报（人文科学版），2005（3）：75-78.

[4] 司晓宏.人文精神、人文教育与人的全面发展[J].陕西师范大学学报（哲学社会科学版），2002（5）：105-110.

[5] 余维祥.大学生全面发展面临的现实困境及解决对策[J].经济与社会发展，2010（2）：164-166.

# 以"思想实验"为中心的高校思政课实验教学体系研究

杨璐瑶

> **摘　要**：在哲学、教育学和心理学理论认知基础之上，围绕教学基本内容、教学组织过程、教学反思研究三个维度构建以"思想实验"为中心的高校思政课实验教学体系，促进高校思政堂教学更加严谨、更显灵活、更具涵养。以"思想实验"为中心的高校思政课实验教学的目标、引导以及推进三条路径增强高校思政课教学的思想性、理论性和亲和力，让感性的共鸣走向理性的认同，使思政课鲜活起来。
>
> **关键词**：思政课；思想实验；教学改革

## 一、以"思想实验"为中心的高校思政课实验教学体系的认知理论基础

思想实验首先需要构建假设的命题和条件，实验者在原有的认知基础上，再通过构想真实场景，以推理预测或者驳斥存疑理论来论证预见性结果。因此，思想实验的形成和实施拥有完整的认知逻辑，其得以在课堂教学中应用，更是无法脱离其认知逻辑背后理论基础的支撑。

### （一）哲学范畴的认知论

英国哲学家洛克提出著名的白板说，他认为人出生时心灵像白板一样，人的观念都源于外界事物在白板下留下的痕迹，来源于经验。洛克认为，人类所有的思想和观念都是来自人类感官经验或是感官经验的反映。他抛弃了笛卡儿等的天赋观念说，主张人的心灵开始时就像是一个什么也没装的容器，经验（即他所谓的观念）不断向它提供精神的内容。洛克的观念分为两种：感觉（sensation）的观念和反思（reflection）的观念。感觉来源于感官感受外部世界，而反思则来自心灵观察本身。与理性主义者不同的是，洛

克强调这两种观念是知识的唯一来源。不论是简单观念还是复杂观念都会在心灵容器中产生。思想实验基于洛克的经验主义具备以下认知条件：

1. 实验室：心灵
2. 实验过程：进行心灵观察从而产生反思（添加观念或知识）
3. 实验结果：获得经验和知识

### （二）教育双主体理论

教学作为一个完整复杂的系统，教学是师生之间有目的的交往活动，是共在的主体之间的相互作用、相互交流、相互沟通、相互理解。在交往中，每个人都是主体，都是彼此间相互关系的创造者，将他者的独立人格和自由作为与自己沟通理解的前提。

良好的教学活动是教师与学生共同创造的积极、民主、和谐的互动实践，是最优教学与最优学习相统一的最优系统活动。在思想实验中，教师的主体性体现于思想实验的设计、实验过程的组织、教学的引导和教学活动的延续。学生在教师引导下最大限度地进行自主思考和自主探索，释放学生的主体性。在思想实验的全过程，师生双主体共同寻找问题，解释问题，思考问题，解决问题，激发学生学习自主性，促进教学双向互动。

### （三）认知心理学理论

认知学派的代表人物瑞士心理学家皮亚杰、美国的布鲁纳和奥萨贝尔都强调了认知结构的重要性。他们一致认为，学习含有新材料或新经验和旧的材料或经验结一体，这样形成一个内部知识结构，即认知结构。许多认知心理学家使用图式来表征存在记忆中的知识。通过经验习得的信息有些是不同于以往经验的，认知结构和心理结构是不断改进的。因此，当新信息不同于现有的信息时，是最容易学习的。思想实验为学习者带来不同的经验和知识，差异性使认知结构和心理结构产生变化，形成关于问题的相关表征。

皮亚杰认为，"我们通过吸收和容纳过程获得的信息，然后组织获得的信息。这样的组织就构成了我们的认知结构。在认知结构中，有时新的范畴（图表）会产生，旧的范畴还会保留"。人头脑中的经验起初并不能被鉴定是否为真，当经过科学解释对旧范畴进行改造后才能替换。思想实验能够构建真实情景的简化模型，模拟图式的验证和累积过程，由此弥补无法进行真实感官体验的遗憾。

## 二、以"思想实验"为中心的高校思政课实验教学体系的基本内容

思想实验在自然科学、哲学、经济学等学科中广泛应用，引入高校思政理论课课堂，需要对思想实验的设计、组织、引导进行探索和改进，以此来适应高校思政理论课教学实践，以思想实验为中心，辅以多种形式的实验教学方法，构建完整的高校思政理论课实验教学体系。

### （一）教学中心内容：构建具有针对性的课堂思想实验教学体系

立足于思政理论课的社会科学思想实验。高校思想政治理论课是立德树人、培根铸魂的课程。大学生进入新的人生阶段，需要正确世界观、价值观、人生观的引导，塑造担当大任的时代新人。思政理论课对大学生扣好人生第一颗扣子具有重要作用。对于人生问题，思政课应当给予学生自主思辨探索的机会，避免说教或单纯的心灵鸡汤，将人生主语从"学生"偷换成"教师"。因此，从伦理学、哲学、心理学等人文学科角度选择如"电车难题""体验机""洞穴寓言"等涉及道德、人生价值、自由等具有人文思辨性的思想实验，将人生主语交给学生，能够使其有限的课堂内探索无限的人生思辨可能。

结合专业学科精神的自然科学思想实验。思想实验最初在自然科学史上为科学进步带来巨大启迪作用，后逐渐被应用到各个学科领域，自然科学史上的经典思想实验中都蕴含着探索真理的科学精神和哲学亮点。思政理论课的教学对象来自各个专业，脱离学生的专业背景进行孤立的思想政治教育是干枯虚幻的。在"课程思政＋思政课程"协同育人的背景下，挖掘专业领域中经典的思想实验所蕴含的科学家故事以及钻研精神能够为大学生的职业发展和职业精神提供价值遵循，形成完整有力的思政育人力量。

情景模拟与心理体验同步构建的仿真实验。思想实验的实施过程必然关乎设计者和思想者的意图，学习者和设计者会在内心构建个人所认为的贴近最佳的想象环境。因此，不同学习者的心理模拟机制可能不尽相同，表现出的行为也不会完全一致。面对思政理论课中需要明确立场、站稳脚跟、把好方向的问题时，需要控制实验的变量，为学习者提供正确一致的学习导向。此时就需要利用仿真技术，为所有学习者创造完全无差别的模拟情景，引入 VR 体验等情境虚拟教学，视听刺激带动心理体验和情感触动，使理论春风化雨，浸润人心。

### （二）教学组织过程：教师与学生双主体进行实验教学

实验设计双主体。教师根据教学内容，为每个教学主题选择和设计对应的思想实验。在思想实验的设计上，教师把握正确的方向，搭建主要实验框架。但是在思想实验的设计和实施本质上是为了更好地使学生在课堂上突破物质条件限制，由被动学习转变为主动学习。因此在思想实验的设计中，学生必须成为另一个主体。教师把握思想实验设计与教学内容的关系，学生的主体性则更多地体现在对于思想实验设计与学习焦点的关系上。当代大学生对于个人与社会，职业发展与青春困惑等问题的关注焦点区别于教师，学生视角的加入为思想实验的实施提供了原动力和亲和力。

实验实施双主体。在思想实验在思政课堂的实施过程中，师生双主体的良好互动是保证课堂实验教学完整进行的关键。学生作为实验参与者，不断探索，提出观点和问题，生生之间出现观点碰撞，通过螺旋上升式的思辨，达成对问题的深入认知。学生在此过程中需要充分发挥想象力，课堂给予学生极大的自主空间。同时，巨大的自主空间也对课堂教学组织提出了更高的要求。此时，教师需要担负起"指挥棒"的作用，对整体实验教学过程进行把控，对实验内容和认识逻辑进行推进和深化。

### （三）教学反思和研究：以科学测绘教学效果促进精准教学改革

教学过程中利用智慧教室以及学习通等智慧教育技术对实验教学的关键节点进行记录，获得关于学生学习情况的一手资料。比如，教师在实验过程的关键节点进行主题讨论，学生在学习通 APP 上的发表观点，根据词频分析对学生的总体学习偏好以及认知转变。同时在课前课后利用问卷对学生的知情意行四个维度进行评估，比对教学实施前后的数据结果来进行教学评价和教学反思。

每一次的实验教学的记录分析为形成完整的学生"学习成长档案"提供数据材料支撑，教学反思基于此可分为共同性反思和个性化反思。共同性教学反思着眼于全体学生的动态变化以及学习效果，个性化教学反思则精确到学生个人的学习画像。以科学的教学测绘精准评估学生知识水平、能力水平和思维品质，建立精准的学习者画像，实现对学习内容与学习路径的适应性精准推送，支持学生个性化深层学习。与此同时，翔实的教育实践记录与分析为教师的教学改革提供了切实可行的方向。客观性的数据为主观性较强的教育观察锚定了更加精准的教学改革点，规划了更加具有直接有效的教学改革路径。

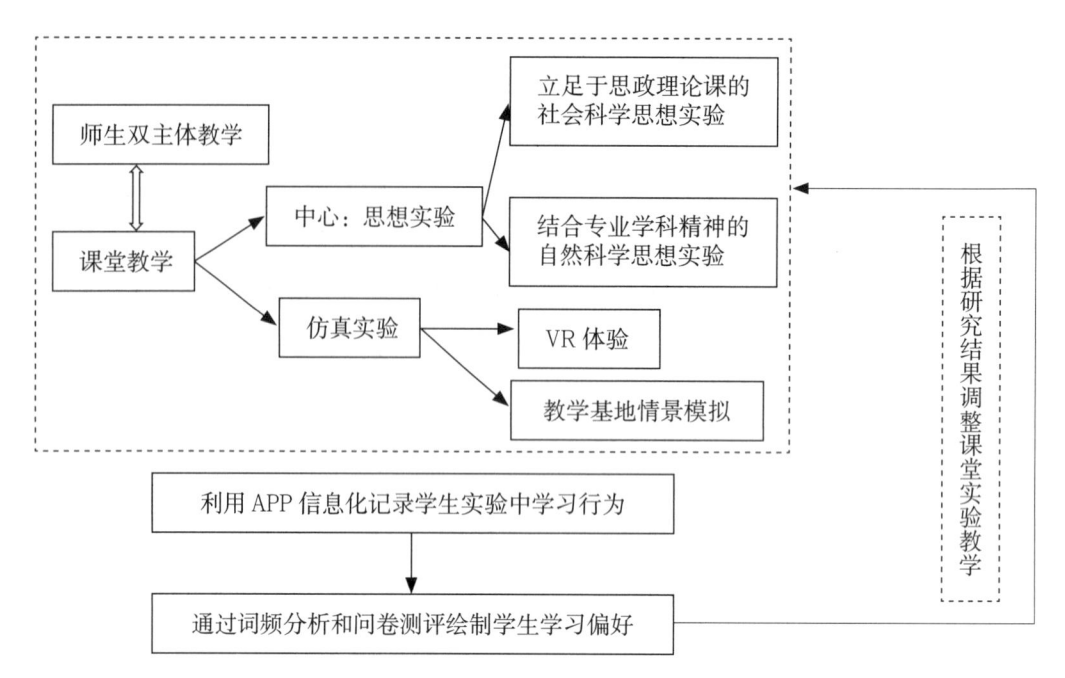

```
┌─────────────────────────────────────────────────────────┐
│  ┌──────────────┐           ┌──────────────────┐        │
│  │ 师生双主体教学 │      ┌──→│ 立足于思政理论课的 │        │
│  └──────┬───────┘      │   │ 社会科学思想实验   │        │
│         ↕              │   └──────────────────┘        │
│  ┌──────────────┐   ┌──┴──────────┐ ┌──────────────┐   │
│  │   课堂教学   │──→│ 中心：思想实验 │→│结合专业学科精神的│   │
│  └──────┬───────┘   └─────────────┘ │自然科学思想实验  │   │
│         │                            └──────────────┘   │
│         │           ┌──────────┐   ┌──────────┐         │
│         └──────────→│ 仿真实验  │──→│ VR 体验   │         │
│                     └─────┬────┘   └──────────┘         │
│                           │        ┌──────────────┐     │
│                           └───────→│ 教学基地情景模拟│     │
│                                    └──────────────┘     │
└─────────────────────────────────────────────────────────┘
```

```
┌────────────────────────────────────────────┐
│ 利用 APP 信息化记录学生实验中学习行为          │
└────────────────────┬───────────────────────┘
                     ↓
┌────────────────────────────────────────────┐
│ 通过词频分析和问卷测评绘制学生学习偏好        │
└────────────────────────────────────────────┘
```

根据研究结果调整课堂实验教学

❋ 以"思想实验"为中心的高校思政课实验教学体系的基本内容

## 三、以"思想实验"为中心的高校思政课实验教学体系的作用

### （一）破除经验性错误：为获取学生学习画像提供科学数据支撑

良好的课堂教学离不开对学生学情特点的分析和掌握，针对学情作出相应的课堂教学策略调整是必要的教学前准备。在实践教学中，教师通过教学经验的积累能够更快地对学生学情进行判断和分析，但是也很可能会形成思维定势，认为某些专业的学生一定难以接受较为枯燥的理论学习，某些专业的学生一定抗拒自主课堂活动的参与。

大学校园迎来全新的"00后"时代后，学生的学习方式和学习习惯与经验印象中的大学生已经发生变化。作为数字原住民"00后"获取的信息和认识模式更是动态变化着的，原有的经验性概括已经无法描述当代大学生的学情。利用以"思想实验"为中心的高校思政课实验教学体系中的学习测评绘制环节，可以通过一次又一次的教学记录对学生的学习画像进行描绘。同时，通过比对两次教学过程中的学习偏好和学习行为可以动态掌握学生的学情变化，以科学的数据支撑学生画像生成，破除"经验围城"。

## （二）将课堂转化为实验室：打破时间空间物质条件限制

随着教育实践的发展深入，课内外联动的体验式教学模式将学习空间得以拓展和延伸，不仅局限于课堂、校园教学，而是将教学地点拓展到了革命旧址、纪念馆、社会机构等，为教学活动的开展提供了更加丰富的空间物质条件以及教学资源。与传统的教室授课相比，教学地点的延伸打破了学校的围墙限制，更好地为学习体验创造了真实情景。但是在疫情的影响下，校内活动和校内教学场地仍是实际教学的主要场所。将课堂教学的方式进行转变成为如何身在校内而突破围墙的破题之法。

思想实验与真实实验相比，具有非实际演示的操作性、情景再现性。思想实验在思政课堂开展时，教室随之成为实验室，而这个实验室不需要具有仪器和其他物质实验条件，使思政课堂可以不经任何物质改造就转变为和专业实验室一样的科学操作意义。非实际演示的特点使得在教师利用仿真实验构建虚拟场景成为可能。由此打破空间的限制，破解"校园围墙"。同时，情景再现性帮助课堂教学突破时间限制，思想实验的建立往往在已有知识和经验之上，学生可以通过穿越历史长河在探寻和反驳存疑的问题，把握中国社会历史发展的规律，也可以基于现阶段的中国经济发展预测未来中国发展的方向获取新知识。

## （三）大脑认知与心理变化的融合：知识性与价值性相统一

思政理论课开展马克思主义理论教育，用习近平新时代中国特色社会主义思想铸魂育人，是落实立德树人的关键课程，具有鲜明的价值特点。同时，思政理论课又是具备深刻知识性的课程，其核心内容是马克思主义理论，是系统的科学理论，能够为学生的成长发展提供理论基础。2019年3月18日学校思想政治理论课教师座谈会上，习近平总书记明确指出"要坚持价值性和知识性相统一，寓价值观引导于知识传授之中。"认知深化的同时兼具情感价值体验成为思政课教学的应有之义。

面对部分宏大的理论条目，学生通过思想实验的构建以及论证过程可以得出合理的解释或说明。在此认知过程中，这样的解释力量整合了概念、逻辑、信念、心理等方面的知识，促成了思维启发和最终的结论验证。同时，思想实验的开启必然引起心理变化，比如爱因斯坦的双胞胎悖论、薛定谔猫等实例都能将人带入奇妙全新的思维空间，激发丰富的心理想象，身心遨游在梦幻之河。在思想实验的思维带领下，补充仿真实验，营造情景，使学生在进行大脑深层推理过程中自然而然地完成了知识性与价值性的融合学习。

## 四、以"思想实验"为中心的高校思政课实验教学体系的实践进路

### (一)注重实验教学与思想政治教育目标方向的一致性

"思想实验"为中心的高校思政课实验教学体系本质上是思政课的教学手段和形式,思想实验教学的根本目标与思政理论课教学目标在本质上具有一致性。思想实验在设计、实施、反思过程中都需要以高校思想政治教育培养"有理想、有本领、有担当"的人才这一根本目标为前提,将思想实验教学落实在正确的轨道上。

思想政治方向一致。思政理论课要使当代大学生形成良好的思想政治素养,培养共同思想基础。在思想实验教学中要使当代大学生能够正确认识世界和中国发展大势,从我们党探索中国特色社会主义历史发展和伟大实践中,认识和把握人类社会发展的历史必然性,认识和把握中国特色社会主义的历史必然性;要正

价值追求一致。思政理论课的育人目标要求思想实验教学引导好当代大学生的人生价值追求。在教学中需要帮助当代大学生认知时代与历史赋予当代青年的使命,点燃大学生理想信念的人生明灯,将个人理想融入中国梦的伟大实践中,脚踏实地,实干兴邦。

### (二)教师在实验过程中作为隐形主体引导实验发展

思想实验活动中师生均为实验的主体,但是在实际教学活动中,学生作为实验者占据着主要舞台,教师则成为导演站在幕后进行主要引导。若教师走向前台。学生作为思想实验者可能会出现权威依赖和消极思考的现象,无法达到自主能力激发的最大化。思想实验的开展离不开学生这一显性主体展露自我,也不能脱离教师这一隐性主体的幕后推动。

隐形启发。思想实验本身是一项启发式的思想活动,教师的启发意图隐形融入在思想实验的设计意图中,从思想实验的文本陈述到论证条件设置蕴含着教师对于议题的观点把握和论证启发。这种启发并不会宣之于口,在课堂教学中直接进行,而是隐形地成为实验者的思维起航点。

隐形纠偏。思想实验需要排除白日梦和妄想,它不是单纯以提问和回答展开的实验活动。学生可能因为自身经验和认知基础原因,不自觉地将明显影响个人具体生活前途的假设带入到思想实验的假设当中,由此可能会体验到个人的情绪快乐。例如,如果我中了大奖会怎么样,此类假设会带给人有趣的体验,但是却不能作为证明问题的论点。

面对课堂教学实际中可能出现的无意义展开，教师应当及时纠偏，将这种娱乐式的发散聚焦到启发式的思想实验上。同时，思想实验的开展可能出现观点碰撞，小组内外之间通过观点驳斥推动思维深入，在出现观点走向出现狭隘和死角时应给予适当引导。

### （三）及时推动实验所得理性认知飞跃为实践行动

学生在思想实验教学中在已有知识基础上通过构想进行预测或驳斥原有存疑理论，从而获得大量新知识和新信息，对信息进行整合和联想的认知过程中必然产生认知机制以及心理变化。由此，完成了感性认知到理性认知的第一次飞跃，而促使理性认知向实践飞跃则需要进一步推动。

把握德育契机。学生的个性困惑往往体现在课前课后对学生进行问卷调查和行为偏好分析过程中，此时的问题即成为一次德育契机，通过个性化辅导或是融入教学策略调整都能够促进学生解决认知困惑。比如在学生提出"一夜暴富"的人生理想时，可以将此转化为一次德育契机，以扬弃的眼光看待学生的观点。首先不着急否定学生，挖掘其目标明确的优点，再引导全体学生认识奋斗与财富的关系、个人成就与社会发展的关系，满足学生心理需要，促使其自我调整。

回归生活实践。思想实验教学帮助学生论证人生命题，扣好人生的第一颗扣子，本质上是引导学生建构更加美好的生活，是人性的生活，与国家、社会、家庭各种公共生活的构建。正如马克思在《〈黑格尔法哲学批判〉导言》中所说，"人不是抽象地栖居于世界以外的东西。人就是人的世界，就是国家，社会"。人是由社会生活构成，从人的存在角度考察，人的认识就来源于其生活的场域，并不能够独立于社会生活场域而认识自我和自我存在。因此，对于学生行为实践的引导方向需要回归到社会生活中去，参与到国家民族的发展中去。

### 参考文献

[1] 习近平. 在学校思想政治理论课教师座谈会上的讲话 [N]. 人民日报，2019-03-19.

[2] 马克思，恩格斯. 马克思恩格斯文集（第 1 卷）[M]. 北京：人民出版社，1956：452.

# 课程思政在高校心理健康课教学中的实践路径研究

俞 圆

**摘 要**：思政教育和心理健康教育有相似的培养目标和培养方向，两者可协同发挥作用，有机融合。通过分析目前高校心理健康教育课程的现状，制定"课程思政"教学的总目标，明确心理健康课程中的思政教育元素，在教学各环节明确育人要求。注重"课程思政"的价值聚焦，聚焦育人价值的本源，帮助高校心理健康教育课程在教学过程中找准方向，明确"立德"的价值定位和"树人"的目标导向。

**关键词**：课程思政；心理健康教育；课程探索与实践

"课程思政"建设是开办中国特色社会主义大学的重要举措。习近平总书记在全国高校思想政治工作会议上指出"要坚持把立德树人作为中心环节，把思想政治工作贯穿教育教学全过程，实现全程育人、全方位育人。要紧紧抓住教师队伍主力军、课程建设主战场、课堂教学主渠道，让所有高校、所有教师、所有课程都承担好育人责任"。心理健康教育和思政教育有相似的培养目标和培养方向，为提升学生的综合素质、完善自身情感认知，提高适应社会的能力。两者可协同发挥作用，进行有机融合。心理学独立之前一直在哲学范畴里，思想哲学是心理学的基础。思政课程中的部分教学内容、教学元素可以为心理健康教育所借鉴。良好积极的思想价值观念可以引导学生的心理健康发展，反之，拥有健康人格的学生更容易接受和理解思想政治教育的相关内容。因此，在课程授课中将课程思政的教育理念，有意识地融入课程内容，提高学生综合素质，形成积极向上的价值观，对深入推进心理育人，提升立德树人实效，是新时代赋予高校心理健康教育新的使命。

## 一、大学生思想政治教育与心理健康教育课程内容契合度

### （一）课程培养目标与思想政治教育目标一致

心理健康教育课程不同于其他学科课程，目标不是单纯传授心理学知识，而是在于提高大学生自我管理，人格发展、情绪调节和人际交往等方面的能力，增强学生心理健康水平和心理素质，帮助大学生更好地学习、交友、恋爱，促进大学生在适应环境、掌握专业知识和技能的同时，德智体美劳等全面发展。

心理健康教育是具有理想信念导向价值、道德人格塑造价值、积极行为激励价值、心理素质提升价值、健康心态培育与干预价值和对培养新时代新人发挥着重要作用。此外，心理育人作为高校十大育人体系之一，其蕴含的人文关怀精神、对人尊重信任、理解共情的态度也是做好育人工作的基础。这与大学生思想政治教育的培养目标一致。

### （二）课程内容与思想政治教育内容相互推进

心理健康教育课程是教育和引导大学生如何应对挫折，适应环境、人际关系等问题，帮助大学生走出心理误区，引导他们树立正确的人生观、道德观、价值观。通过实施心理健康教育课程，提升学生的心理健康水平，促进学生养成良好的心理素质，进一步推动大学生思想政治教育工作的开展。而大学生思想政治教育工作的进一步发展，也对心理健康教育课程提出了更高的要求，"以全员人、全程育人、全面育人"为核心理念，改变传统授课理念，遵循学生的成长规律和年龄特点，构建具有本土化特色的心理健康教育课程，打造特色的心理健康教育课程。

## 二、高校心理健康教育课程教学现状

高校心理健康教育课程旨在使大学生掌握必需的心理健康知识，知晓心理健康的标准，培养自我认知能力、人际沟通能力、情绪管理能力的基础上，客观认识个人心理发展过程中的挑战和困惑，学习和采用合理恰当的行为方法去应对心理发展中的问题，提高大学生的心理健康品质。

### （一）教学目标思想政治教育体现不足

通过实际调查工作发现：课程思想政治教育目标体现尚弱。高校在设定课程教学

目标时多聚焦个体自身或个体与周围微观环境的生活、学习和交往，较少参照课程的育人目标。2020年5月《高等学习课程思政建设指导纲要》中指出"培养什么人、怎样培养人、为谁培养人是教育的根本问题，立德树人成效是检验高校一切工作的根本标准。""帮助学生塑造正确的世界观、人生观、价值观，这是人才培养的应有之义，更是必备内容"。在心理健康教育课程目标的设置上应融入社会主义核心价值观和习近平新时代中国特色社会主义思想。

### （二）教学设计环节育人价值体现不足

在教学设计环节，教学内容按章节目录开展，偏重于理论知识的讲授，教学案例多集中于当代的心理案例分析，缺少根据学生的身心特点和发展规律的精心设计。课程中较少融合时事政治，缺乏宏观视角，同时也缺乏本土化特色的探索。

## 三、课程思政在高校心理健康教育课程教学中的实践路径

### （一）大学生心理健康课程的目标设置

习近平总书记强调要"加强社会心理服务体系建设，培育自尊自信、理性平和、积极向上的社会心态"。（1）知识目标方面，使学生认识心理学，了解心理学的理论、概念，心理健康的标准及意义。牢固树立马克思主义世界观和方法论，引入"四个意识""四个自信""两个维护"的坚定信念。（2）技能目标方面，完善人际关系，提高社交沟通能力，增强团队合作能力，提高心理调适能力及发展技能，提高独立自主能力，提高自我效能感，目标建立及决策能力。引入职业定位、就业、创业、有效沟通、团队意识、应用文写作、职业生涯规划等内容。（3）自我认知目标。增强归属感，促进道德感，识别与评价自身心理、行为和认知特点，建立正面自我，树立正面行为，培养积极乐观心态，提高心灵素质。引入心理训练与潜能开发，自我整合和自我选择训练，角色应变训练，内在唤醒等内容。

### （二）大学生心理健康课程的教学设计

"大学生心理健康教育"选取"健康心理、自我认知、健全人格、人际交往、恋爱心理、情绪管理、挫折应对"七个模块等一系列内容，在心理育人视阈下，构建科学合理的课程教学体系。同时，坚持以"学生为中心，产出为导向，持续性改进"为教学理念，提升学生的主动参与、学以致用的学习体验。

### （三）课程思政在大学生心理健康课程建设的探索

深入推进心理育人，提升立德树人实效，是新时代赋予高校心理健康教育新的使命。因此，在心理健康教育课堂上，首先，教师要充分发挥价值引领作用，要实学、真懂，运用马克思主义世界观和方法论明晰学生的心理问题。在心理健康教育中，教师要深挖教学内容的本质和内涵，将中国传统文化和新时代价值引领典范引入课堂，融入教材，精心编排教学案例、设计授课形式和教学方法，充分发挥学生的主动性和探索欲，达到润物无声的育人效果。

其次，构建以学生为中心的学习共同体。树立服务学生、尊重学生的育人之心。在心理健康教育课程学习中，创建对话平等、和谐融洽的课堂气氛。在授课过程中，教师可以走进学生中间，通过与学生共同讨论、分析等方式，与学生近距离接触，拉近彼此的心理距离，营造积极、友好的学习氛围。通过团队辅导活动、案例分析、情景角色体验等方式，在良性的互动过程中，构建积极健康的心理健康教育学习共同体，在真诚、尊重、理解、接纳的关系中，集教、学、做、悟于一体，教师学生共同探索、发现问题，共同成长。

再次，营造以"主题体验式教育"为契机的心理育人教育氛围。通过主题体验式教育，激发学生的情感，让学生在体验中构建认知，发展能力，更好地自我完善。譬如在教育教学过程中，通过"解开千千结""驿站传书""同舟共济"等各类体验式活动，让学生真切地感受"团结""协作""沟通"的重要性，收获通过有效沟通，共同努力，完成任务的喜悦，让学生深刻感受集体、团结的力量，深刻体验彼此"尊重""包容"带来的心理满足感和幸福感，促进学生更好地发展。

最后，"课程后"注重多元过程性评价方式。不能仅局限于了解基础理论知识的掌握，而是要了解学生对心理健康相关知识以及心理调适和解决实际心理问题能力的掌握程度，结合课堂的课程学习报告、自我成长报告，心理变化的心得体会等。关注学生是否能够尝试运用相关理论解析自身的负面情绪或相关困扰，是否能够发现身边需要帮助的人，同时能给予一定的帮助或意见。

课程思政在高校心理健康教育课程的实践探索，不仅更好地提高了教学效果，还进一步提升了心理育人实效，润物细无声地发挥课程立德树人的铸魂育人作用，使教育更有温度、立德树人更有效度。此外，课程思政理念的融合，使学生心怀中国特色社会主义理想信念，学会运用马克思主义的世界观和方法论辨识自身心理发展的需求与规律，悦纳自己，珍爱生命并关爱他人。

## 参考文献

[1] 周莹."大学生心理健康"课程思政的探索与实践[J].济南职业学院学报.2020（6）：57-59+62.

[2] 高德毅，宗爱东.课程思政：有效发挥课堂育人主渠道作用的必然选择[J].思想理论教育导刊，2017（1）：31-34.

[3] 吕林，陈擘威.《教育心理学》课程思政的探索与实践[J].教育现代化，2019，6（57）：231-233.

# 劳动，与美同在，与时尚同行

## ——以"四个课堂"构建创造性劳动育人体系

张 淼

> **摘　要**：高职院校应紧抓课堂育人主阵地，以"思政教育+专业培养""教师主导+学生自主""校内学习+校外实践"等多元课堂模式进行探索，以"四个课堂"构建全员协同、全程覆盖、全方位渗透、职业教育特色突出的劳动育人体系，将劳动教育元素有机融入学生成长的各个方面，以期形成树德、增智、强体、育美的综合育人价值，促进学生德技并修，培养更多具有国际视野、家国情怀的"大国工匠""能工巧匠"。
>
> **关键词**：高职院校；劳动教育；新时代；立德树人

习近平总书记在全国教育大会上指出，"要努力构建德智体美劳全面培养的教育体系，形成更高水平的人才培养体系"。高职院校是培养技术技能型人才的主阵地，具有开展劳动教育的天然载体优势。高职院校应精准把握劳动教育的内涵与特征，发挥课堂育人主渠道主阵地作用，优化课程体系，积极探索多元课堂模式，不断探索富有实效的劳动教育实施路径，让学生感受劳动之美，让劳动成为一种"新时尚"。

## 一、充分认识新时代高职院校开展劳动教育的重大意义

1. 劳动教育是中国特色社会主义制度的重要内容。劳动是中华民族的传统美德，也是我们党一直保持的优良传统，更是对社会主义核心价值观的最佳诠释。党的十八大以来，中国取得了一系列的瞩目成就，都是靠劳动人民艰苦奋斗出来的。劳动为社会创造巨大的财富价值和精神价值。高职院校开展劳动教育，有利于培养广大青年学子传承好、继承好党和国家的优良传统，大大提升社会主义建设者和接班人的劳动精神面貌和

劳动技能水平，为我们建成社会主义现代化强国提供了源源不断的人才支撑。

2.劳动教育是落实立德树人根本任务的重要举措。立德树人是教育的根本任务，高职院校开展劳动教育，是落实立德树人根本任务的重要内容。劳动教育是高职学生走向社会、参加生产建设的必要准备，通过实施劳动教育，教育引导学生树立正确的劳动观、价值观，崇尚劳动、尊重劳动，厚植"劳动最光荣、劳动最崇高、劳动最伟大、劳动最美丽"的价值理念和深厚情怀，让学生深刻领会到劳动的价值蕴意，激励学生养成劳动习惯，锤炼艰苦奋斗精神，塑造劳动品格，从而筑牢立德树人的基石。

3.劳动教育是培养全面发展的时代新人的重要途径。劳动教育具有树德、增智、强体、育美的综合育人价值，贯穿并作用于其他"四育"。劳动教育不仅能培养学生的生活技能，而且能促进人的体力和智力发展，培养学生的创新精神和实践能力，同时还能提高学生对"美"的理解和认知，促进学生审美的发展。高职院校通过开展劳动理论和实践教育，建立健全德智体美劳"五育并举"全面培养的教育体系，让广大青年学生愿劳动、会劳动、爱劳动，真正把学生培养为德智体美劳全面发展的社会主义建设者和接班人，促进学生的全面发展、健康成长。

## 二、以"四个课堂"构建创造性劳动育人体系

为贯彻落实《中共中央、国务院关于全面加强新时代大中小学劳动教育的意见》《国家职业教育改革实施方案》等文件精神，完善"大思政"工作格局，高校应围绕立德树人根本任务，紧抓课堂育人主阵地，以"思政教育＋专业培养""教师主导＋学生自主""校内学习＋校外实践"等多元课堂模式进行探索，以"四个课堂"构建创造性劳动育人体系。其中，"思政课堂"是劳动教育的基础保障、"专业课堂"是劳动教育的主要阵地、"自主课堂"是劳动教育的有效载体、"校外课堂"则是劳动教育的拓展延伸，这"四个课堂"所承担的劳动育人功能各有侧重。

### （一）党建引领强化协同，让劳动教育"紧"起来

首先，坚持以党建为统领，加强组织建设。高职院校成立劳动教育工作领导小组，专题研究部署劳动教育工作，研究制定《劳动教育计划及实施方案》，制定劳动教育任务落实清单，明确劳动教育的目标任务、实施路径和分工职责，落实经费保障，足额设立劳动教育专项经费。其次，加强师资保障，配齐配强劳动教育工作队伍。劳动教育目标的实现和课程的实施，需要专业师资的保障。可设立涵盖教务、学工、专业骨干教师、劳模、非遗传承人及企业能工巧匠等专兼职的劳动教育教学团队，加强劳动教育课

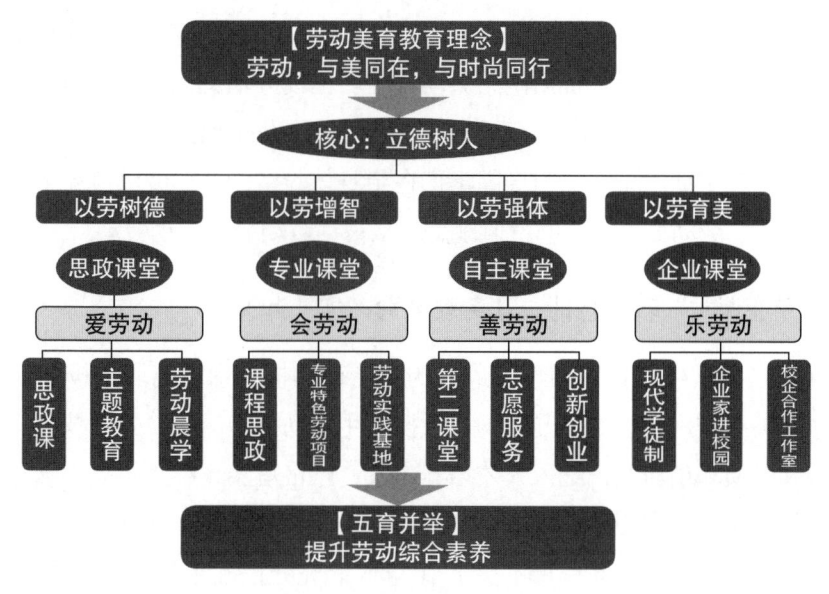

```
【劳动美育教育理念】
劳动，与美同在，与时尚同行
          ↓
    核心：立德树人
```

四个课堂劳动育人体系

程教学研究，编写劳动教育实践指导手册，开展专题培训，提升教师实施劳动教育课程的能力水平。最后，健全完善成果展示和评价机制。可推行积分制学生劳动教育评价模式，积极组织开展劳动技能竞赛和劳动成果展示等活动，可设立劳动积分评价模式，把劳动素养评价结果纳入学生综合素质评价体系，作为在校期间评优、评先的重要参考依据，激发学生的参与积极性。同时将教师劳动教育履责情况纳入教师年度考核内容，进一步调动教师参与劳动教育的积极性和内驱力，让劳动教育真正落到实处，全员全过程全方位地推进劳动教育工作。

### （二）"思政课堂"启发培养，让劳动教育"活"起来

高职院校要坚持育人为本，促进德技并修，全面打造劳动教育的"大思政课"。一是创新劳动教育理念。打破传统思维定势，创新劳动美育教育理念，不断探索具有高职办学特色的劳动教育模式和平台课程，引导学生认识美、理解美、欣赏美、创作美，让会劳动、爱劳动、乐劳动成为一种校园时尚。将劳动精神、美育教育有机结合并落到实处，引导大学生树立正确的劳动价值取向，使劳动教育与理想信念教育协同发展，着力培养学生的使命担当和家国情怀。二是用好思政课堂主渠道。要按照教育部要求开足开好思政课程，同时充分结合新时代社会劳动发展规律和当代大学生身心发展规律，以马克思主义劳动美学为理论基础，可运用研讨式、专题式、探究式、启发式等教学方法，依托校史馆、廉洁教育基地、大师技能工作室等校内思政教育实践场所，有针对性地设计和开展劳动思政实践教学，形成多样一体的思政课劳动教育教学体系。三是创设劳动

特色校园文化。坚持以文化人、以文育人，依托官方微信、微博、抖音等新媒体平台和手段大力宣传劳动文化，提供优质网络劳动供给。创设劳动文化月系列活动，以班级为单位定期召开"悦劳动·越时尚·乐成长"主题班会及团日活动，积极开展劳动志愿服务活动，做好勤工助学工作，引导同学们在亲身体验中涵养"劳动最光荣、劳动最崇高、劳动最伟大、劳动最美丽"的价值观念，从被动劳动变为主动劳动。

### （三）"专业课堂"教授技能，让劳动教育"实"起来

专业课程是大学生在校期间学时最长的主干课和核心课，高职院校应充分抓好专业课堂的核心关键作用，立足工匠精神，教授学生劳动技能，提升强国技艺。一是将劳动精神、劳动品质和创新意识纳入人才培养方案。严格落实《中共中央、国务院关于全面加强新时代大中小学劳动教育的意见》和《大中小学劳动教育指导纲要（试行）》文件精神，开设劳动专题教育必修课不少于16学时。充分挖掘专业课程中的"劳动教育"元素，发掘专业课程所蕴含的科学精神、工匠精神和创新品质等特色教学资源，将专业课程知识点、技能点与劳动教育进行结合，深入开展课程思政，确保"专业课堂"在劳动教育中发挥重要作用。二是将劳动教育融入专业实践性教学。高职院校应结合人才培养目标，积极设计开发与课程配套的特色劳动教育项目，构建"专""精""新""特"的实践教学体系，建设具有地域优势和专业特色的专业群校企实践基地，以"实践劳育"实现"立劳强能""立劳健体"。如服装设计专业每年需安排一定的实践调研课时，组织学生去国际服装节、时装周、各类文化遗址等地开展时尚文化及服装调研活动，学生将调研成果应用于服装设计及文创产品，带领学生体验创造性劳动的乐趣，实现应用型技能型人才培养目标。

### （四）"自主课堂"实践提升，让劳动教育"动"起来

实践活动是大学生劳动教育"日常化生活化"的重要依托，高职院校应秉持以劳融美的教育理念，积极融合第一课堂与第二课堂教学资源，充分利用校内外资源，以志愿服务、创新创业活动为抓手，开展丰富多彩的劳动教育公益实践活动，让劳动精神贯穿到学校的各项活动中，打造劳动教育"自主课堂"。一是将劳动教育积极融入大学生公益实践活动。高职院校可成立青年志愿服务品牌，常态化开展文明校园建设、爱心义卖、三下乡、乡村振兴等志愿服务活动，主动对接服务地方、企业重大活动赛事，引导学生将专业知识与服务社会相结合，在志愿活动中进一步深化对劳动理论的认知，在潜移默化中提升学生劳动素养。二是将劳动教育积极融入创新创业活动。培养创造性人才是创新创业教育的重要使命，也是新时代高校劳动教育的主旋律。高校应聚焦专业产业

需求，积极开展技能培训和学科竞赛活动，将劳动实践以"知识点"方式嵌入大学生创新创业实践全过程，积极引导组织学生参加"互联网＋"等各类创新创业大赛，通过"以赛代练"不断提升学生的就业创业能力，提升创造性劳动素养，实现劳动教育技能增效。

### （五）"企业课堂"研学磨砺，让劳动教育"硬"起来

高职院校可充分利用校企合作优势，积极创设劳动教育"企业课堂"。一是建立校企联合培养模式。充分发挥校企协同育人功能，深化"双线培养、校企共育"的育人机制改革，对标企业产业岗位需求，绘制岗位技能画像，积极与当地龙头企业进行合作，探索开展现代学徒制及订单班培养项目。同时可选派优秀学生进入企业进行课程实践锻炼，校内专业教师和企业老师"双导师"共同指导学生，实现学生劳动素质精准培养。二是打造榜样分享交流品牌。开展技能报国教育，强化榜样引领，邀请全国行业劳动模范及优秀企业家进校园，学生与能工巧匠近距离交流谈心，面对面倾听成长故事、见证精湛技艺，让学生从鲜活的人物和具体的事例中感悟工匠精神所包含的职业品格、职业态度以及价值取向，让劳动精神成为大学生成长成才的精神动力。三是引进校企合作技能工作室。高职院校可积极拓展工匠精神培育途径，聘请企业能工巧匠成立"技能大师工作室"，分层分类为学生提供针对性的技能培养和技能赛事辅导，引导学生践行工匠精神，提升职业自豪感。引进非遗大师成立校内非遗文化传承研究基地，加强对非物质文化遗产的传承和教育，让学生在言传身教中感受中国传统优秀文化技艺的魅力，真正让劳动教育、劳动精神入心入脑。

## 三、构建创造性劳动育人体系的经验与启示

劳动教育是国民教育体系的重要环节，具有树德、增智、强体、育美的综合育人价值。新时代，高职院校在推进劳动教育的过程中，一要与时俱进，正确认识劳动教育的时代内涵。加强顶层设计，创新劳动育人理念，整合中华优秀传统文化中的劳动思想文化资源，将劳动教育和新技术、新需求结合，根据时代需要改进劳动形态，打造创新式劳动、时尚式劳动，提高学生创造性劳动能力。二要敢于创新，把劳动教育搞得有声有色。高职院校要结合自己的人才培养目标和学院特色，寻找与劳动教育的契合点，进行劳动教育的方式、载体及"课堂"创新，积极拓展劳动教育育人平台，打造劳动教育特色品牌，营造劳动教育文化氛围。三要协同推进，积极打造劳动教育共同体。在发挥学校劳动教育主导作用的基础上，充分挖掘企业及社会的劳动教育功能及资源，加强统筹

规划，探索多元化的劳动实践项目，相互协同、相互促进、共生发展，形成多元主体条件下协同育人的长效机制。

## 四、结语

人生在勤，勤则不匮。劳动教育是发挥劳动育人功能的重要渠道，高职院校应不断探索和完善"四个课堂＋劳动教育"育人新模式，充分结合人才培养目标和学院特色，拓展学生专业学习实践能力，切实将高职院校劳动育人融入学生思政教育工作中，逐步完善"大思政"格局，让学生感受劳动之美，让劳动成为一种"新时尚"，培养德智体美劳全面发展的社会主义建设者和接班人。

## 参考文献

[1] 刘升忠. 课程思政视阈下高职院校劳动教育融入专业课程的实施策略[J]. 南方职业教育学刊，2021（6）：55-63.

[2] 浦爱华. "五育并举"视域下高校应用型人才培养问题与对策研究[D]. 大庆：东北石油大学，2021：27.

[3] 周娇. 校企合作视域下职业本科劳动教育的路径研究[J]. 湖南大众传媒职业技术学院学报，2021（1）：90-94.

[4] 桂文龙. 三课堂·六融合："五育并举"视域下高职劳动教育育人体系构建[J]. 德育与文化，2022（32）：31-35.

[5] 田慧生. 全方位育人：开启劳动教育新时代[J]. 中小学管理，2020（4）：6-8.

# 以就业能力提升为导向的高职职业生涯规划教育模式研究

张旭棠

> **摘　要**：无边界职业生涯时代的到来，对就业者个人提出了更高的要求。高职院校是行业技能人才培养的主要阵地，本文以高职院校职业生涯规划教育的内容、模式为研究对象，探索在无边界职业生涯视角下构建基于就业能力提升的生涯规划教育模式。
>
> **关键词**：无边界职业生涯；高校；就业能力；职业生涯规划

在我国，2008年正式开启高职院校系统性职业生涯规划教育。随着高职院校毕业生较高的离职率和下降的专业对口率，越来越多毕业生在不同行业、不同组织、不同职业及不同岗位间漂移，以忠诚换升职加薪的职业发展模式被突破。在这一背景下，高职院校在生涯教育方面需更多地关注学生个体的就业能力，从职业认同能力、可迁移技能、职业适应力、职业续航力等方面入手，关注学生就业能力的提升，构建符合国内就业市场发展趋势的职业生涯规划教育模式，帮助学生理解和接纳就业模式的变化，构建合理的职业生涯规划目标和路径，实现个体职业生涯幸福。

## 一、无边界职业生涯理论的概念、内涵及特点

产生于知识经济时代的无边界职业生涯模型被学术界认为是"新型职业生涯模型"，而产生于工业经济时代的职业生涯模型则被认为是"传统职业生涯模型"。20世纪90年代，随着互联网技术的飞速发展，知识经济悄然到来，传统职业生涯赖以依托的环境发生了深刻变化。市场环境的多变导致行业间、组织间此消彼长的频率不断加快，传统的终身雇佣模式产生动摇。随着组织变革日益增多，组织边界趋向模糊，组织结构由传统的金字塔型趋向扁平化，个体和组织在职业价值观、职业信念方面产生了的新认识，显

示了双方对终身雇佣承诺的放弃，个体更倾向于通过组织内外的职业或岗位转换中来寻求个人职业价值的实现，组织也不再做更多的终身保障承诺。基于对环境变化因素的重视，1994年Arthur在《组织行为学》(Journal of Organizational Behavior)中首次提出"无边界职业生涯"概念，认为组织内职业路径的消解也许不意味着工作机会的减少，职业路径应该包含跨越单一组织边界的一系列工作机会，这种职业发展路径被称为"无边界职业生涯"(Arthur & DeFillippi, 1994)，其本质是突出职业的不稳定性和动荡性，并不意味着边界的真实消亡，而是指边界的跨越。之后，Arthur进一步修正和丰富了无边界职业生涯的内涵，提出了具体的六个含义，而这六个含义均指向个人在建构职业生涯时的独立性，而非依赖组织。

与传统职业生涯相比，无边界职业生涯具有以下特点：短期雇佣取代长期雇佣。个体与组织形成交易关系，个体通过高绩效换取雇佣关系。个体受雇或服务于多个组织，从事多种职业。个体技能不限定于特定组织，具有可迁移性。培训方式以在职培训、即时培训为主，以个体的自觉学习为主。职业生涯的发展阶段、获得的成就与个体自身的学习能力呈正相关而非受年龄影响。职业生涯发展呈现螺旋形、短暂性而非直线性、专家型。个体以自我心理意义上的满意为成功标准，而非传统意义的职务晋升、薪酬变化。个体的职业生涯主要由个人负责而非组织。

## 二、高职学生就业能力概述

"就业能力"，是与个体就业过程息息相关的综合能力，包含着一系列知识、技能、心理状态和个体特质，是劳动者能够获得工作、保持工作以及适应工作的决定要素。从职业生涯发展角度来看，就业能力由职业规划能力、职业行动能力和职业适应能力三项核心内容构成。从高等教育的角度来看，就业能力是指学生通过在校期间课堂内外的学习和实践，在毕业时能够凭借个人技能、经验、特质等获得组织工作，具有保持工作与晋升职务的能力或在边界模糊状态下具有跨边界就业与职业的能力。其核心是通过内化个体的知识与技能，增强获得、保持和适应职业的能力，是一种由知识、技能、个体特质等多要素共同作用的复合能力，各要素间有机结合，相互作用、相互影响及转化，随着职业生涯的发展而发展，贯穿于个体职业生涯发展始终。

高职教育是职业教育的重要组成部分，其人才培养与行业发展紧密结合，相比非职业教育，更具行业特点，更强调技能属性。因此，在高职学生就业能力的多要素结构中，专业技能应受到强化，在无边界职业生涯中便于形成以专业技能为依托的职业发展模式。

## 三、高职传统职业生涯规划教育模式解构

高职院校传统职业生涯规划教育基于传统职业生涯规划理论,主要以帕森斯的特质因素理论又称帕森斯的人职匹配理论、舒伯的生涯发展理论、霍兰德职业兴趣(职业性向)理论、施恩的职业锚理论为基础,通过开展自我认知、职业认知,提供职业决策方法来指导学生掌握职业生涯规划方法,完成人职匹配,确定职业目标并设定路径与计划。

1. 以"个体+职业"为核心,强调人职匹配,注重基本原理的梳理和测评方法的使用。在高职传统的职业生涯规划教育模式中,无论是课程、咨询、辅导都贯彻了"人职匹配"这一重要理念,强调个人与职业的适配性,将职业生涯的混沌状态归因为自我认知或职业认知的不充分,不清晰。多运用3 600自我认知、职业价值观测试、霍兰德职业兴趣测试、MBTI职业性格测试、九型人格测试、GATB职业能力倾向测试等方法来进行自我认知。通过对外部资源、行业、职业、岗位等外部信息的梳理,筛选出备选职业。借助决策工作,主要是决策平衡单等确定目标职业,并结合内外部实际情况制定科学的职业发展路径。在教育教学过程中,固化个体、职业特质,强化匹配的重要性,弱化环境要素变化产生的影响,缺少灵活性。

2. 以"专业"为背景,鼓励在单一组织内的稳定性,注重培养忠诚信念。受过往社会经济制度及就业制度发展历程的影响,人们对传统组织保障"从一而终"的职业生涯发展模式抱有先天的向往,因而强调拥有"一技之长"的重要性,多通道发展的职业生涯在未取得成功前往往被认为不务正业。在高校,专业对口率、离职率是衡量专业人才培养质量的重要考量因素,体现在职业生涯规划教育中则是强调专业相关性在职业生涯发展过程中的重要性,持续精进专业技能是获得职位晋升,薪酬提升的主要途径。与此同时,在职业生涯适应性教育上未能得到普遍重视。

3. 以"实用"为目的,着力培养学生的求职能力,生涯幸福相关教育不足。高校传统的职业生涯教育初衷是帮助学生理解职业生涯规划,并通过相关教育教学获得职业生涯规划能力,帮助实现个体职业生涯目标。但在实际的教育过程中,职业生涯规划教育更多地被赋予"毕业后找份工作"的现实目标,基于此,教育的重点更多地落在方法的运用上,而对于"什么是生涯幸福?如何获得生涯幸福?如何适应多变的世界"等关系人一生的价值体现和幸福人生的主题则被忽视了。

4. 以"实用"为目的还体现在侧重解决短期现实问题的团体辅导与个体咨询中,主要解决选择困惑、能力或认知不足产生的择业就业问题辅导与咨询。高校传统职业生涯

规划教育呈现出"边界清晰、目的明确、维度单一"的特点，即以专业为背景，立足于线性发展的，较少考虑环境变化的职业生涯规划教育。这一模式的缺点是无法满足组织内部和外部环境的快速变化，容易造成学生迷茫、职业目标混沌，继而带来无力感，失去就业动力。

## 四、无边界职业生涯视角下高校职业生涯规划教育模式构建路径

传统职业生涯理论是工业时代基于个体在单一组织的终身发展，强调了组织的作用，忽视了职业环境的变化带来的影响，无法适应知识经济时代的组织变化和职业变迁。高职院校人才培养本身滞后于行业发展，因此，要在高速发展的经济时代里培养适应社会大环境，有就业能力、有职业发展信心，有职业变迁适应力，能通过个人职业发展获得自身价值目标的学生，需要在传统职业生涯教育模式基础上整合无边界职业生涯，构建新的生涯规划教育模式。

1.重视可迁移能力的培养。可迁移能力，顾名思义就是可在不同场景、不同领域、不同岗位都能够通用的技能。大久保幸夫认为可迁移能力的核心由自我管理、人际沟通、团队协作三大方面构成，并将其细分为十二个方面。相对于传统职业生涯规划，变化是无边界职业生涯的显著特点。面对不可预知的组织内外部变化，个体需要为适应动态变化的组织环境提升可迁移能力，以顺应个体职业生涯的转折。

高职院校毕业生具有专业技能的天然优势，更易于在同类组织间流动，但流动过程中的适应力则因人而异。基于此，高职院校应设立更多的场景来引导和帮助学生培养职业"关注力""适应力"、和"行动力"，实现职业生涯良性发展。在第一、第二课堂学习和各类竞赛、实践活动中培养学生的自我管理能力，即乐观力、持续学习力、目标发现力、专业构筑力；人际沟通能力，即亲和力、反应力、语境理解力和人脉开拓力；团队协作能力，即委任力、商谈力、传授力、协调力等，形成就业能力的合力，适应职场变化。

2.强化知识获取、运用、转移能力的培养。无边际职业生涯诞生于知识经济时代，高职院校学生作为知识经济时代的重要主体和存量人才，拥有接纳、学习、运用新知识、新技能的能力是帮助个体实现无边界职业生涯的基础。在教育教学过程中，形成"专业教育＋生涯教育"模式，在专业教育过程中融入生涯教育，打破专业学习的界限，融入新技术的发展知识，扩大学生的知识界面；通过改进课堂教学模式，改变作业、考试方式，增加学生自主学习的机会，提升学生学习和运用新知识的能力，以满足无边界职业生涯规划对个体的知识容量和学习能力的要求。

3. 加强职业认同感教育。在无边界职业生涯视域下，职业认同是个体对职业认可、接纳及强化的过程。接纳来源于了解，高校的专业教育是培养职业认同感的关键途径，因此在进行专业教育过程中，除了专业知识和技能的培养外，要加强职业概念的渗透，包括相关职业在国民经济中的作用、现状、发展前景、各类职业相关要素等，重视职业精神的宣传和引导，将工匠精神等融入实践教育过程中。在专业教育中渗透生涯教育，注重生涯意识培养，引导学生确立科学的、符合现实的职业价值观，引发学生对个体职业生涯的深度思考，正视专业学习、生涯锻炼、社会实践的意义及关联性，理解各要素之间的关系与相互作用，合理地开展择业、就业、固业、转业等就业行为。高校应设置专业转换通道或学分互认机制，帮助无法实现职业认同的学生通过转换专业或选修其他课程来奠定未来职业变迁的基础。

4. 提升职业适应能力。在社会经济转型升级，产业结构调整的历史时期，高职院校职业生涯规划教育要着眼于提升学生的职业适应能力，注重生命全周期的职业生涯规划教育，聚焦于人的全面发展。职业适应力的提升基于对社会变革的理解，对行业更替的接纳，对职业变化的接受，并为此做好心理、知识和能力的储备。

## 参考文献

[1] 吕杰，徐延庆. 无边界职业生涯研究演进探析与未来展望 [J]. 外国经济与管理，2010，32（9）：37-44.

[2] 陈小艺，赵海伟. 以就业力提升为导向的高校人才培养质量过程监控体系构建研究——基于无边界职业生涯视角 [J]. 江苏高教，2023（7）：100-103.

[3] 黄新敏，吴旭红，黄一岚. 无边界职业生涯时代大学生就业能力探究 [J]. 教育发展研究，2012，32（1）：41-45.

[4] 王丹，郑晓明. 无边界职业生涯时代大学生生涯发展探析 [J]. 社会科学战线，2020（12）：276-280.

# 人的自由全面发展视域下
# 新时代大学生劳动价值观培育研究

张雪芬

**摘 要**：本文简述了马克思人的自由全面发展的思想内涵及其蕴含的时代价值，分析了新时代大学生劳动价值观内涵，并通过认识劳动的本源性、教育性、创造性价值，提出了新时代大学生劳动价值观培育的实践路径。

**关键词**：新时代；大学生；劳动价值观；培育

习近平总书记曾指出："必须坚持以人民为中心的发展思想，不断促进人的全面发展、全体人民共同富裕。"正确劳动价值观的培育是高校对大学生进行全方面培养，更是新时代高校德育教育体系中不可或缺的内容，是德智体美劳五个方面全面发展必不可少的重要组成部分。本文拟从人的自由全面发展的视角对大学生劳动价值观的培育进行探讨研究。

## 一、马克思人的自由全面发展的思想内涵及其时代价值

### （一）马克思人的自由全面发展的思想内涵

人的自由全面发展的思想是马克思主义理论的重要组成部分，是中国共产党人的价值目标和实践追求。其核心思想内涵：一是人的劳动能力的全面发展。它指的是人的体力、智力、自然力、创造力、社会能力及各种潜能的充分运用和统一的发展，实现各种能力在充分发展基础上的完整结合，真正实现人的解放和发展。二是人的社会关系的全面丰富。"人的本质并不是单个人所固有的抽象物。在其现实性上，它是一切社会关系的总和"。人类之间的关系从最初的物质交换发展到政治法律、伦理道德、思想意识，人们之间的交往更加广泛丰富，个人的主体地位更加充分地显现出来。三是人的个性的充

分发展。个体的人只有不断发挥和运用个人的全部才能、各种能力、个人独创发展，才能创造性地改造客观世界。它是人类发展的终极理想，是每个人梦寐以求的未来生活状态。

### （二）马克思人的自由全面发展思想的时代价值

马克思人的自由全面发展思想自诞生以来，虽然经历着世界的巨变，但其价值理念一直熠熠生辉，并在马克思主义中国化的进程中展现出其独特的时代价值。

1. 坚持以人民为中心的主体定位。马克思人的自由全面发展思想的核心是使人成为自己的主人。将该思想纳入当代中国政治生活中的中国共产党，坚持以人为本，让人民当家作主，让人民共同参与、共同执行国家公共事务的管理，才使"人民"的含义真正名实相符。进入新时代，中国共产党鲜明提出坚持以人民为中心，想人民之所想、急人民之所急、办人民之所需，抓住人民群众最关心最直接最现实的利益问题，不断保障和改善民生，全面推进人的自由全面发展和社会和谐进步。

2. 实现中华民族伟大复兴的中国梦的奋斗价值。在中国特色社会主义进入新时代这样的背景下，实现中国梦就需要把马克思人的自由全面发展思想中国化，把握好当前社会的主要矛盾，明确不断满足人民群众日益增长的美好生活需要的实践路径，让每一个中国人"共同享有人生出彩的机会，共同享有梦想成真的机会，共同享有同祖国和时代一起成长与进步的机会"，最终实现国家富强、民族振兴、人民幸福这个承载了国人百年梦想的中国梦。

3. 推动构建人类命运共同体的价值向度。马克思曾指出："单个人才能摆脱种种民族局限和地域局限而同整个世界的生产发生实际联系，才能获得利用全球的这种全面的生产的能力"，只有这样，人的自由全面发展才具有了世界历史意义。习近平总书记以巨大的勇气和超人的智慧，高举和平、发展、合作、共赢的旗帜，提出了构建人类命运共同体的倡议，越来越多的中国智慧、中国方案和中国力量推动着建设开放包容、和平安全、繁荣美丽的新世界。

## 二、人的自由全面发展视域下的大学生劳动价值观

个性自由和全面发展是马克思人的自由全面发展思想的灵魂。大学生自由全面发展既是一个理想目标，更是一个渐进的实践过程；既要求大学生在主体性、能动性、创造性学习三个量的维度上提升，也要求大学生在高度、广度、深度三个质的维度上强化，努力把自己培养成为自信、自强的德智体美劳全面发展的新时代大学生。从马克思人的自由全面发展的角度审视，大学生劳动价值观核心内容主要可概括为以下三个方面：

1.弘扬尊重劳动、崇尚劳动、热爱劳动的理念认知。劳动创造了世界，也创造了人类本身。要尊重和保护一切有益于人民的劳动和劳动成果，不论是体力劳动还是脑力劳动，不论是简单劳动还是复杂劳动。崇尚劳动是基于劳动是创造价值和生产财富的源泉，是社会进步、民族昌盛、人民幸福的重要依赖。培养"以辛勤劳动为荣，以好逸恶劳为耻"的观念，热爱每一个劳动职业，热爱每一个劳动岗位，热爱每一份劳动成果，让劳动神圣光荣、劳动者崇高伟大成为引领社会风尚的"风向标"。

2.坚定诚实劳动、辛勤劳动、创造性劳动的实践操守。苦干笃行辛勤劳动，倡导的是人类最基本的生存法则即劳动是每一个中华儿女应有的态度和生命状态。"艰难困苦，玉汝于成"，付出才有回报，劳动付出与劳动成果从来都是对等的，任何一点进步、任何一次成功都是由人民辛勤劳动创造出来的。实干求真诚实劳动，是劳动实践中必须遵循的基本准则，以积极、实干、诚信的态度合法合理提供产品服务。人生可以不勤劳，但不可以不诚实，绝不可以不劳而获，甚至强夺、窃取他人的劳动成果。进取创新创造性劳动是以劳动者的专业知识技能为基础、以科学知识为依托的独具匠心，其本质是进取创新，是建设创新型国家的发展战略需要，也是培养自由全面发展的人的内在要求。

3.锚定追求劳动幸福，助力实现中国梦的奋斗目标。劳动是一切幸福的源泉。劳动改变客观世界，创造物质财富，劳动也创造丰硕的精神成果，满足人的精神文化需求是实现共同富裕的根本前提。实现中华民族伟大复兴的中国梦，需要大学生用劳动去创造开拓，努力拼搏，把个人的梦与中国梦关联在一起，在劳动中实现个人价值，做出社会贡献。

## 三、新时代大学生劳动价值观培育的实践路径

马克思认为：劳动不仅是谋生的手段，更是通向客观世界与主观世界的媒介，也是实现人性至美至善、彻底自由的必由之路。对大学生来讲，掌握具体显性的"形而下"的劳动知识、劳动技能固然需要，更要育人优先、遵循规律、着力创新培育形成正确隐性的"形而上"的劳动价值观，培养劳动情怀，提升劳动技能，推动德智体美劳五个方面教育的全面发展，为实现现代化国家和民族的伟大复兴提供坚实的人才保障。

1.认识劳动的本源性价值，引导大学生崇尚劳动，尊重劳动。马克思曾在《1844年经济学哲学手稿》中指出，"整个所谓世界历史不外是人通过人的劳动而诞生的过程，是自然界对人来说的生成过程"。劳动创造世界，劳动创造了人类历史和人本身，是推动人类历史和社会发展进步的根本动力。以此为认识起点，明晰劳动的本质与本源性价值，引导大学生树立崇尚劳动和劳动者、尊重劳动和劳动者的风尚。

（1）认清劳动本质，重塑劳动观念。马克思指出："劳动是一切价值的创造者，只有

劳动才赋予已发现的自然产物以一种经济学意义上的价值"。教育大学生人类历史由劳动创造，社会发展进步由劳动来推动，人的自由全面发展是依靠劳动实现的道理。增强主人翁意识，充分认识包括自己在内的每一个劳动者都是创造社会财富和劳动价值的主体，引导他们不以地位高低与拥有财富多少来衡量人生的价值，更应关注国家的发展需要和自身实际需求。消除对脑力劳动和体力劳动的错误认识，矫正不愿劳动，轻视劳动尤其是鄙视低收入的体力劳动者的错误认识。

（2）讲好劳动故事，增强价值认同。通过讲述劳动故事，让大学生在寓教于情、寓教于乐中感受并认可劳动的价值所在。梳理挖掘愚公移山、大禹治水等中国传统劳动故事，收集整理长征精神、延安精神等红色资源中的劳动故事，宣传讲述袁隆平、黄大年等当代英模与匠人的劳动故事，讲好来自身边平凡岗位普通劳动者的动人故事，提升大学生对"劳动最光荣、劳动最伟大、劳动最崇高"的情感认同，以情理合一教养结合的方式营造热爱劳动风尚。

（3）开展劳动实践，培育劳动养成。劳动习惯的养成需要劳动实践的反复力行。家务劳动实践要求学生家长要以身作则，率先示范，其他家庭成员要力所能及地参与实践各种家务劳动，以此来锻炼自理能力，磨炼心志、成就德性。学校要通过建设劳动理论课程和劳动实践课程，加强大学生日常学习与管理中的劳动参与，增加团组织与社团各类校内实践劳动活动，实现知行合一，寓教于乐。依托学校顶岗实习、社会实践等平台，组织大学生到生产劳动第一线体验劳动新形态、新方式，将学生带入真实的劳动实践体验情境，增强大学生对劳动尊严感、成就感和幸福感。

2.认识劳动的教育性价值，教导大学生热爱劳动，诚实守信。"教育必须与生产劳动相结合，才是造就全面发展的人的唯一方法"。要充分认识劳动教育所具有的"树德、增智、强体、塑美"的多维价值功效，认清"以劳促全"的本质内涵，确保未来社会主义建设者接班人恪守诚实劳动，具有良好的劳动精神面貌、劳动价值取向和劳动技能水平。

（1）强化环境熏陶，增强大学生的劳动情感认同。马克思认为："人创造环境，同样环境也创造了人"。要优化整治社会文化环境，管好用好各类网络媒体等宣传阵地，加大对马克思主义劳动观教育，增强对劳动的认同、尊重与热爱大力弘扬劳动精神、劳模精神，积极倡导大学生要通过辛勤劳动、诚实劳动改变自己的命运，懂得生活靠劳动创造，美好人生也靠劳动实现，使热爱劳动、爱岗敬业蔚然成风，为大学生提供良好的成长环境，帮助他们端正和树立正确的劳动价值观，奠定人生健康成长的基石。

（2）加强劳动教育，提高大学生的劳动素质与能力。马克思认为，生产劳动同智育和体育相结合，它不仅是提高社会生产的一种方法，而且是造就全面发展的人的唯一方法。劳动教育应当融入高等教育各环节，贯穿高校教育的全程始终，把好"入口关""过程关"和"出口关",制订劳动教育计划,充分利用好思想政治理论课这个主渠道、主阵地,高度重视部分大学生中存在的不爱劳动、不愿劳动、不会劳动的现象,坚决消除厌恶轻视劳动的不良情绪。营造良好的校园文化氛围,组织开展劳动文化活动,潜移默化提升大学生的劳动素养。营造家校充分互动的劳育环境,协同学生家长发挥良好家教、家风的作用,劝阻家长过度的物质、金钱激励的方式,纠偏消极各种劳动思想和不良劳动习惯,增强大学生自理、自立的独立生活能力。

(3) 激发内生动力,促进大学生在劳动学习与锻炼中实现成长成才。前苏联教育家苏霍姆林斯基认为:"年轻人对劳动不能凭空产生热爱,只有通过实实在在的学习与劳动实践才能获得这个珍宝"。大学生要善于从马克思主义经典著作和马克思主义中国化的最新理论成果中学习与领悟,提高对劳动的正确认识,增强识别力和抵抗力。大学生要主动参与家务劳动、志愿服务、专业实践等各种劳动实践,让自身在劳动中实现强健体魄,提高劳动的技术技能,培养艰苦奋斗意识与责任担当的品质,促进自身成长成才与自由全面发展。

(4) 培育信用意识,提高大学生的诚信养成。"君子养心,莫善于诚"。诚信是社会主义核心价值观对公民个人层面的基本要求。作为新时代大学生要增强诚信意识,勿以诚小而不为,坚守诚信原则,不忘诚信初心,树立诚信价值观,让诚信价值观内化于心,要求大学生以主人翁的态度认真对待劳动的职责和义务,反对不劳而获、投机取巧、贪图享乐的思想。倡导每一位同学都要从自身做起,从考试不作弊、说到做到等点滴小事做起,争做诚信价值观的践行者和诚实劳动的典型模范。

3. 认识劳动的创造性价值,鼓励大学生在创新创业中敢闯敢为。人世间的一切成就、一切幸福都源于劳动和创造。人的创造性劳动是建立在开放性思维和挑战性实践的基础之上的创新劳动,通过人的体力和脑力消耗创造或改进产品技术、思想方法、知识理论等,从而高效提升劳动效率、产出超值社会财富或成果,具有产生创造性的价值的功能,是人的综合素质和自由全面发展的展现。苏联教育学家马卡连柯曾说过:"教会创造性劳动,这是教育的一项特殊任务"。培养大学生创造性劳动的能力与素养是新时代高校落实立德树人根本任务、承担人才培养职能之必要。我们要厘清创造性劳动能力培养的关联性、融通性、统一性,在"知—情—意—行"四个维度,探索提升大学生创造性劳动能力和素养的路径和方法。

(1) 融合专业教育,掌握创造性劳动必要的知识与技能。开展创造性劳动必须建立在一定的基础知识、专业素养和专业技能之上。大学生一方面要加强专业理论学习和专业技术实践,构建完整的知识体系,尤其要紧跟新兴科技和产业变革的步伐,注重新技术、新工艺、新方法的应用与实践。另一方面,要着力提升大学生的科学精神和人文素质,培育工匠精神,牢固树立以技艺安身立命的意识,心无旁骛,勤奋专注,勇于钻研，认真对待自己的学习和工作，关注细节小事，追求极致，挑战自己，以精益求精的品格指引大学生价值取向，引导大学生对先进生产力和先进文化的吸纳转介，形成大学生适应社会创造的内在素质，使其在日后能够迅速外化并不断丰富和发展。

（2）融汇思政教育：树立创造性劳动正确的价值取向。高校不仅教授知识，更要通过思想政治教育，塑造大学生的理想信念、爱国情怀、道德品质，树立尊重劳动人民、珍惜劳动成果的真挚情感，让大学生充分认识"人民创造历史，劳动开创未来"的真理，理解"劳动是财富的源泉，也是幸福的源泉"的道理，真切体验在劳动创造中的幸福感，教育引导大学生自觉把个人理想和个人志向与祖国命运和民族复兴紧紧联系起来，把爱国之情、报国之志融入现代化建设的伟大洪流中去。

（3）融入心理教育：增强创造性劳动意志品质。"处优而不养尊，受挫而不短志"，大学生在创造性劳动中要历练宠辱不惊的心理素质和百折不挠的进取意志，形成自强自立、勤劳俭朴、艰苦奋斗、乐观向上的品质，善于变挫折为动力，勇于从挫折中吸取教训，体认劳动精神、锤炼品格和磨炼意志，使自己的人生获得升华和超越。

（4）融通创业教育：提高参与创造性劳动实践的自觉。大学生努力培养以创新精神为核心的创造性劳动素质，提升自己主动适应未来知识经济的适应性与主动性，要更加具有创新精神去开拓视野，牢牢把握创新的要义，做到"变中求新、新中求进、进中突破"，储备新知识新技能，充分利用各种创新创造平台，大胆培养创造性劳动意识、创新思维和创新能力，尝试不同的创造性实践，享受创造性劳动带来的精神愉悦，感受"劳动最美丽"的深刻内涵。

## 参考文献

[1] 马克思，恩格斯.马克思恩格斯文集（第1卷）[M].北京：人民出版社，2009：10.

[2] 马克思，恩格斯.马克思恩格斯文集（第1卷）[M].北京：人民出版社，2009：89.

[3] 马克思，恩格斯.马克思恩格斯文集（第1卷）[M].北京：人民出版社，2009：131.

[4] 马克思，恩格斯.马克思恩格斯文集（第1卷）[M].北京：人民出版社，2009：46.

[5] 马克思，恩格斯.马克思恩格斯文集（第1卷）[M].北京：人民出版社，2009：545.

[6] 马克思，恩格斯.马克思恩格斯文集（第1卷）[M].北京：人民出版社，2009：530.

[7] 马卡连柯.家庭和儿童教育[M].上海：上海人民教育出版社，2010：69.

[8] 叶柏森，高福营.劳创融合：基于创新创业教育的大学生创造性劳动能力培养模式的构建与实践[J].劳动教育评论，2022（4）：31.

# 高职院校劳动教育与创新创业教育协同育人路径研究

## 赵 静

> **摘 要**：本文基于高职院校劳动教育和创新创业教育协同共生的内在逻辑，探索分析了在新时代背景下劳动教育与创新创业教育协同并进的时代要求和个人需求，并针对当前劳动教育与创新创业教育协同发展在现实层面的突出问题，提出了劳动教育和创新创业教育协同发展的路径优化策略。
>
> **关键词**：劳动教育；创新创业教育；协同育人

随着新时代社会经济发展，高素质创新型劳动人才的需求日益提升，对高职院校的劳动教育与创新创业教育的协同推进提出了新的挑战。2019年，教育部首次提出"创新创业教育应贯穿'五育'培养过程，于更高层次、更深程度、更关键环节上深入推进创新创业教育改革"的新要求，此后，教育部高等教育司更在2021年工作要点中进一步指出，高等院校要全力打造创新创业教育的升级版，将创新创业教育和劳动教育贯穿于人才培养全过程。为此，在新时代背景下，探索高职院校劳动教育与创新创业教育的协同发展理路，构建高职院校劳动教育与创新创业教育协同育人路径，是深化高职教育改革、培养高素质技能人才的重要举措。

## 一、劳动教育与创新创业教育协同共生的内在逻辑

1. 本质内涵相通。劳动教育的本质是通过劳动实践培养劳动意识，锻炼学生的动手能力，创造力和社会责任感，从而使学生能够适应社会发展的需要，为个人发展和社会进步作出贡献。创新创业教育的本质是通过培养学生的创新思维，创造能力和创业精神，激发他们的创新潜能和创业意识，以应对日益复杂变化的社会经济环境。两者都强

调在实干中锻炼能力，提高素养，在达成自我发展同时创造社会价值。由此可见，劳动教育和创新创业教育都旨向社会适应能力的培养，是促进实现人的全面发展的重要教育环节。

2.价值意蕴互补。高职的劳动教育着眼于帮助学生培养劳动习惯，树立正确的劳动观念，发扬新时代劳动精神。对于在良好的物质生活环境下成长起来的"00"后大学生，生活琐事多由父母长辈代劳，没怎么吃过劳动的苦，自然也难以体会劳动的甜，对"00"后学生的劳动教育主要培养他们的劳动意识，认识到劳动的光荣和伟大，在生活和实践中避免不劳而获，从而做到踏实劳动、辛勤劳动和热爱劳动。创新创业教育则是在脚踏实地的基础上，更为强调创新性思维的培养，鼓励学生打破桎梏，勇于发展创新，树立起工匠精神和企业家精神。两者的教育目标和价值导向明显各有侧重，但也互有交叉、相互支撑。正是劳动教育导向的踏实劳动构成了创新创业的基础，创新创业教育培养工匠精神和创新意识促成了劳动的升华和再造，两者相互联系、互为补充。

3.教育途径契合。无论是高职劳动教育还是创新创业教育，都建立在大量实际操作和实践活动基础之上。从实践方式来看，劳动教育和创新创业教育都需要借助于实训教室、创新实训室、实训工厂来开展实践，在组织和引导引导学生实训实践的过程中培养劳动习惯、渗透劳动意识、培养其创新创业的能力。在具体实践平台上，劳动教育和创新创业教育都强调与专业知识技能的融合、与社会实际需求的呼应、与真实生产研发项目的对接，双方可依托同一批实践平台在项目合作、成果转化、人才培养等方面开展协同合作。在实践内容上，两者虽各有侧重，但都强调通过具体而真实的劳动和创新创业实践让学生在每一步的细枝末节体会到劳动的实质和价值，养成吃苦耐劳、精益求精、勇于创新的品质。

## 二、劳动教育与创新创业教育协同并进的时代要求和个人需求

新时代背景下，随着中国制造2025和"双创"战略的提出，社会性的产业变革正在加快到来，开发创新型产业模式就必须在创新型的产品功能设计、先进的技术、精湛的工艺生产等方面寻求突破，这也对当前的高职院校的人才培养模式提出了更高要求。将高职院校劳动教育与创新创业教育协同推进，开展创新型劳动人才培养模式变革是解决当下人才培养与社会现实需求脱节等问题的有效方案。在协同培养中锤炼学生意志，体会劳动实践的要义，提升创造性劳动的能力，强化学生的责任担当，培养出一批同时具备正确劳动观念和创新创业能力的高素质技能劳动人才，才能促使更多的单一体力劳动向综合劳动转变，以生产领域的创新带动行业领域的创新和发展，创造出更多的中国

品牌，提升品牌质量，从而实现从中国制造到中国智造的转型升级。

从教育对象而言，现今的大学生生活在智能信息化时代，被流量裹挟，被大数据绑架，被精密算法操控，在日复一日的抖音短视频和小游戏里沉迷，思维变得日益顿感僵化，缺乏行动能力和自我意识，呈现明显的个人主体异化的倾向。很多学生都崇尚一夜暴富，却好逸恶劳，只想不劳而获；崇拜企业家，却又不知白手起家之难；羡慕别人高薪，自己却不想做打工人，只想躺平。这都与高职教育的人才培养目标有较大的差距。只有学生在实践劳动中体会劳动之不易、稼穑之艰辛、创业之艰难，在劳动中感悟、劳动中思考、在劳动中创造，养成良好的劳动习惯和劳动品质才能更好地帮助大学生对抗和消解主体异化，带来真正的思想自由和全面发展。

## 三、劳动教育与创新创业教育协同发展在现实层面的突出问题

当前，不少高职院校都已开始初步尝试推进劳动教育与创新创业教育的协同发展，也取得了一定的成果，但在目标导向、协同途径、融合机制等方面还存在部分突出问题。

1.目标导向偏离。近年来，高职院校对劳动教育和创新创业教育的重视程度都有了很大提升，但在两者的目标导向上，却出现了两极分化的情况。劳动教育建立在实践活动的基础上，但绝不能仅仅只重视实践的过程体验而忽视劳动的成果，新时代劳动教育劳动教育的内涵已有了更深层次的发展，强调实践性和价值性的统一、过程性和结果性的统一、体力劳动和脑力劳动的统一。在创业创新教育方面，学校往往更为重视创新创业项目、产业孵化项目和各类创新创业比赛的结果，认为相关奖项的获得即代表了创新创业教育教育的水平，而忽视了在日常教学中，实践活动中对学生劳动习惯、实干精神、创新思维的培养。

2.协同机制缺位。很多高职院校对劳动教育和创新创业教育的协同推进往往还停留在表面的指导性意见和理论层面，缺乏深度和有效的融合。主要是难以构建起基于专业实践教学、产教融合的劳动教育和创新创业教育协同机制。这一方面要在学校明确相关部门主体职责，牵头进行教育融合具体设计、方案和计划，推动劳动教育与创新教育从理论到实践的深度融合，另一方面也要充分发挥好政府、企业公司的协助作用，通过产学研协作模式发挥教育教学服务于地方、服务于单位的作用，在真实的生产、创造等劳动过程中达成知行合一。

3.融合方式单一。现阶段部分高职院校的劳动教育和创新创业教育融合一般集中于理论教学，在课堂教学和专题讲座的内容中凸显两者的理论契合，忽视了在具体情境和

真实实践场景的融合，在实际操作上，往往是实践劳动和创新创业项目分项推进，毫无关联。这样单一和固化的融合方式也使得学生难以发自内心地建立起诚实劳动和创新创业之间的联系，这也导致了大学生一边为了获得学分完成实践劳动，一边不认同劳动的意义和价值；一边积极备赛参与创新创业赛事，一边对真实的创新型劳动，创业活动热情不高，自觉性不够。

4. 师资条件受限。推动劳动教育与创新创业教育的协同，对相关授课教师提出了极高的要求。既需要授课教师能够同时具备劳动教育和创新创业教育方面的相关素养，同时也要能够在专业领域上具备过硬的实力，熟悉专业各项实践的内容和流程，有极为丰富的专业知识和经验。而当前在高职院校从事劳动教育与创新创业教育的教师大多无相关专业背景，有的是创新创业学院的专职教师或兼职辅导员，也有部分思想政治理论课教师，他们往往存在着理论与实践脱节的现象，这也在一定程度上造成了给劳动教育和创新创业教育带来了难题。

## 四、劳动教育与创新创业教育协同路径优化

1. 深化融合理念，理正整体协同设计方案。在前期调研中发现，当前高校劳动教育和创新创业协同发展中的诸多问题多是源自协同理念不够深入，整体协同设计方案的不够明确。有的对劳动教育和创新创业教育的关系认识不够到位，导致两者协同融合的片面化、狭窄化；有的对两者协同的重要性和必要性认识有限，从而导致在具体教育实践上的表面化、泛泛化。为此，劳动教育和创新创业教育要达成深度有效的融合，首先必须在明晰劳动教育和创新创业教育内在联结机制的基础上，深化对劳动教育和创新创业教育协同育人的其重要性及必要性的认知。要认识到两者本质内涵相通、价值意蕴互补、教育途径契合的内在逻辑，从而在教育教学目标、教育内容、教育方式和手段、教育平台等方面进行全方面深度的整体性协同设计。在具体实施上，高职劳动教育和创新创业教育可分步骤、阶段性开展实施，先在校、地、企携手合作的基础上进行劳动教育和创新创业教育协同模式的框架体系设计，夯实进一步深入细化的基础。其次，建设劳动教育和创新创业教育的平台、资源和师资建设，强化资源整合、共享机制，逐步形成完善的劳动教育和创新创业教育协同机制。

2. 强化组织保障，建设全面协同育人机制。其一，要建设校、地、企三方协同育人体系，以地方需求为导向，依托真实的企业项目，开展校企合作育人。高职院校可与企业协议建设"校企合作实训平台""联合研发中心"等校企研发平台，以项目化、平台化、生态化的方式全面推进校企深度合作，丰富和创新产教融合，着力在实践教学基地

的建设、产学研深度融合和人才培养模式改革等方面形成育人合力。其次，培养一批专兼结合、结构合理的"复合型"教师队伍。师资队伍建设在一定程度上决定着劳动教育和创新创业教育具体实施的效果。在师资配备上，可采用校内外结合、专兼结合的方式来配齐配强创新创业教育和劳动教育教师队伍。校内可遴选一批掌握劳动教育和创新创业教育理论同时也具备丰富专业实践经验的双师型教师作为专职教师，同时再根据具体项目安排和实践方向选聘企业管理人员、高级技师、能工巧匠来作为劳动导师，在具体实践操作中以帮带形式指导学生掌握劳动技能、培养劳动习惯、开展实践创新。其三，健全学校内部相关组织体系。明确相关职能部门的具体职责，在各项课程设置上、实践项目安排上、大型活动组织上协调好创新创业学院和专业院系、行政职能部门之间的协作与分工，确保各司其职，促进协同工作的有序开展。

3. 构建多维课堂，落实落细协同育人过程。劳动教育和创新创业教育的协同育人要取得实效，关键在于落实落细其育人过程。劳动教育与创新创业教育是集理论、技术、经验、精神相统一的系统教学活动，必须构建起多维度的协同教学体系和多元化的课程设计格局。在第一课堂，主要聚焦对劳动知识、劳动观念、安全意识、基本技能等基础劳动素养的培育，帮助学生掌握基本劳动知识和技能，安全的劳动意识、正确的劳动观念；在第二课堂，聚焦于校内实践活动，日常生活性劳动，通过专业实践、实训等活动重点培养学生的日常劳动习惯和实践能力，提升其生活能力和技能水平；在第三课堂，通过社会性公益活动、志愿服务、公司实训、企业见习在真实场域中从事生产性劳动、社会性服务，提升学生的职业意识和职业技能，同时深化对劳动的价值认识；在第四课堂为学生提供丰富而鲜活的网络学习资源和交流平台，帮助学生开展创造性劳动，培养学生的创新思维和创业能力，充分发挥多维度课堂的作用和活力，以便于更好地应对时代变化与现实需求，推动教学改革的发展。

4. 跟进动态管理，完善协同育人评价体系。想要动态推进协同育人机制的有效运行，就必须完善协同育人评价体系，持续关注和跟进创新性高素养劳动人才的培养全过程。要建立全面的教学评价考核机制，明确各项评价指标，要将劳动技能、劳动观念、安全意识、创造性劳动能力等各项能力纳入测评，建立综合测评体系。同时也要关注过程评价，一方面要运用好大数据教学平台，实时观测、汇总和反馈教学数据，以便于老师及时调整教学方式，学生及时发现自我改进。另一方面在跟进的过程中观察学生成长变化，根据初始评价设置增值评价分值、以鼓励学生的个人发展进步。

## 参考文献

[1] 中共中央、国务院关于全面加强新时代大中小学劳动教育的意见 [EB/OL].（2020-03-26）[2024-04-11]. http://www.gov.cn/zhengce/2020-03 /26 /content_5495977.html,.

[2] 国务院办公厅关于深化高等学校创新创业教育改革的实施意见 [EB/OL].（2020-05-13）[2024-04-11]. http://www.gov.cn/xinwen/2015-05/13 /content_2861327.html.

[3] 付淑敏，孙元. 高校思政教育、创新创业教育与劳动教育融合育人研究 [J]. 创新与创业教育，2021，12（5）：138-143.

[4] 孙莉. 职业院校劳动教育与创新创业教育有机融合的逻辑、问题与路径 [J]. 教育与职业，2020（20）：66-71.

[5] 杨亚星 徐奕涵. 新时代背景下高校创新创业教育与劳动教育的融合及其实践路径 [J]. 思想政治教育研究，2022（2）：125-133.

# 从"虚幻"到"真实":马克思共同体思想的进化及其价值超越

## 周 丹

**摘　要**:共同体的进化有其内在规律与逻辑理路。通过剖析和解读马克思经典著作文本,对马克思共同体思想进行多重维度解析,可窥探其共同体理论所经历的初步探索、逐渐形成、发展完善等过程,不同时期对于共同体关注点的变化也凸显出马克思共同体思想生成发展的逻辑规律,来深入挖掘马克思对于共同体形态与人的发展两者内在关联的价值意蕴。

**关键词**:共同体;虚幻共同体;真实共同体;价值

## 一、问题的提出

共同体这一概念被广泛运用到政治、经济、伦理学等各个领域,18世纪晚期的工业革命给人们生产、生活带来巨大变化。与传统社会相比,资本主义制度下货币带来的金钱至上取代了人们之间原来的道德模式,传统价值观念被打破。相对于资本主义"社会"概念,"共同体"一词代表传统生活方式逐渐被人们所熟悉,西方社会学家滕尼斯、涂尔干以及马克斯·韦伯均对"共同体"这一概念展开研究,他们认为:共同体是指个人以大多数社会成员普遍认同的社会纽带而结合起来的社会生活集体。

习近平人类命运共同体思想秉承"和平共处""互利共赢""共商共建"等价值理论,其理论来源之一是马克思共同体思想。马克思早期著作中"Gemeinwesen"多指代共同体。刘海江较为认可日本学者渡边宪正"共同社会"的译法,将其称为"实践共同体"。马克思从现实社会出发,积极思考资本主义制度下人们的贫困原因与解决方法,体现出他对人类生存状态的担忧与关怀。

国内学者关于马克思共同体思想的研究成果较为丰富,研究主要集中在共同体内涵、特征以及作用。"共同体"概念被广泛应用于多个领域,不同领域都从学科背景出发对"共同体"这一概念做出不同的阐释和理解。因此,"共同体"概念界定相对宽泛。李永杰和靳书君追溯其概念到古希腊城邦市民共同体,通过对"共同体"的内涵、问题域、思想功能等方面的解释作出更深入的探究。李义天认为,如今共同体被应用越来越广泛,应该结合不同学科背景进行梳理,以个人社会生活为着眼点,探究"共同体的伦理意义"等。马俊峰、王斌从马克思社会有机理论出发,阐述马克思共同体理论基础,认为其有两个突出特征:一是突出事物发展特质,注重现象历史性,追溯其历史生成和发展过程;二是注重联系,将其作为一个整体的不同方面予以分析。张康之、张乾友所撰写的《共同体的进化》从共同体视角中所看到的是人的共生关系。刘海江认为人的物质生产及其劳动产品不仅仅维持个体生存,更是将不同个人联系在一起。王小章指出,人类从走向现代社会开始,政治和社会理论家们脱离了以亚里士多德为代表的古典政治哲学传统,将人的本质上看作纯粹个体存在,把人"自然"的行为过程理解为无须通过"社会"的个体行为过程,而社会则完全是从外部强加的"他者"。由此,人类只能在"个人自由"或"共同体"这两种历史价值之间做出选择。马克思批判地继承黑格尔哲学,结合价值取向上的"应然"和历史规定下的"实然"双重维度重新界定人和社会的关系。

从某种程度上来说,共同体的进化史其实就是一部人类社会发展史,毕竟人类社会是以共同体形式出现的,并在不同社会发展阶段呈现出不同形态的进化共同体。不同形态的共同体随着时代发展又是如何生成演变?这两个维度的思想在马克思共同体理论中相互缠绕,并且随着他对现实问题的剖析不断深化。其中马克思经典著作文本中关于"虚幻共同体"与"真实共同体"的理论阐释,体现着马克思对共同体的进化理论与规律的发掘与探索,同时对当前我国的共同体治理,有着重要的理论价值和现实意义。

## 二、马克思共同体思想的历史演进及特征

从马克思视域来看,共同体通常指个人以大多数社会成员普遍认同的社会关联而结合起来的社会生活群体。19世纪欧洲资本主义迅速发展,资本家为攫取高额利润不断压榨工人,社会贫富差距扩大,阶级矛盾激化引起了马克思对现实问题的关注。

### (一)马克思共同体思想初步探索

青年时期的马克思深受黑格尔学派理论学说的影响,他通过在《莱茵报》工作的机会,接触到大量触目惊心的社会现实后,认识到国家理性的虚假性和资本主义货币带来的抽象性,转向对资本主义社会的批判以及对真正共同体的构想。国家不仅没有实现全

体人的利益，反而成为统治阶级的代表，黑格尔设想的理想国家难以实现，社会根本矛盾需要从市民社会入手，这一意识使得马克思摒弃黑格尔学派，投入到市民社会的研究中。马克思在《青年在选择职业时的考虑》中提出，面对自然条件的限制，动物只能顺应本性被动接受，人却能发挥自主性去改造自然，这也体现马克思立志为人类命运而奋斗的理想目标。马克思在博士论文中通过解构原子运动把握人的本质，他将原子概念引入现实世界，尝试将原子本质与人的本质联合，为其后来的"共同体"思想生成发展奠定基础。

### （二）马克思共同体思想逐步形成

随着对资本主义社会本质的认识逐渐深入，马克思意识到政治解放根本无法解决资本主义私有制度的根本弊端，政治共同体只是缓和社会矛盾的工具，无法实现人类的真正解放。他深入剖析市民社会的运行机制，提出"抽象共同体"这一范畴，认为私有制和分工是导致异化劳动的根本原因。一方面，马克思区分政治解放与人的解放二者之间的差异。政治解放主要是指资产阶级施行的政教封锁，希望通过政治斗争完成政教分离，获得宗教自由和公民身份，具有一定的历史进步性。另一方面，马克思坚信无产阶级蕴含强大的革命力量，并将其视为改造共同体的中坚骨干力量。在《黑格尔法哲学批判〈导言〉》中，马克思注意到在工人运动中崭露头角的无产阶级，认为能够真正帮助德国实现自身解放的只能是无产阶级。在资本主义社会中，无产阶级始终遭受极端的榨取与盘剥，唯有通过彻底的无产阶级革命才能实现自身解放，它一无所有的特性注定其革命的彻底性和先进性。

### （三）马克思共同体思想发展完善

马克思通过对前人各种思想的批判吸收，以及对资本主义社会制度的鞭辟入里地剖析，他提出资本主义社会所代表的"虚幻共同体"与"抽象共同体"。但他并不止步于理论建构，而是回溯历史发展，从"自然共同体"和东方社会经验出发，进一步验证人与共同体的关系。

随着《德意志意识形态》的完成，马克思确立自己的唯物史观，他在《共产党宣言》中首次提出"自由人的联合体"才是"真正的共同体"的本质所在。随着资本主义发展，生产力提高，"新社会"将逐步满足所有人的物质需要，人会更加关注精神需求促进自我的解放与发展。"自由人"寄托了马克思对人类解放与发展的关切，希望能鼓舞无产阶级联合起来共同奋斗。马克思回溯"自然共同体"发展历程，不断完善共同体发展的理论构想。但他并未止步于提出"自由人联合体"这一理论假设，而是希望通过深入全面地剖解资本主义社会形态,从而不断增强乃至完善共同体思想。

### (四)马克思对共同体特征的认识

马克思认为共同体具有三大特征。一是整体性。这与人的类本质有关,马克思将人本质的实现寄希望于伦理精神上的"国家"。费尔巴哈则过于重视人的抽象感情,将类本质归纳为感性直观的共同点,忽略了人现实具体的联系。马克思在批判吸收两者合理部分的基础上,提出从社会存在基础上理解人的本质,人个体性的自由与发展需要以社会整体性为基础,共同体正是基于这种整体性需求才组建起来的。

二是多样性。马克思对于"共同体"这一概念并没有明确的界限和划分,其表述也是多种多样。从规模角度来看,从小家庭到大社会,马克思都有所关注;从发展阶段来看,"自然共同体"包含的原始群、氏族、家庭、部落、农村公社等,"抽象共同体"代表的资本与货币,"虚幻共同体"代表的国家与阶级,以及"自由人的联合体"所畅想的未来共产主义社会。在马克思这里,"共同体"并无特定概念,而隶属于一个概括范畴。

三是目的性。共同体作为人的共同生活方式,并非随机组合,而是基于成员某种需要或目的逐渐形成。"自然共同体"中因生产力水平低下,人们为了抵御风险大多选择部落生存;"市民社会"共同体是以资本主义运行方式为前提,资本家为攫取更多利润而不断剥削工人;马克思所构想的"真正共同体"是在废除私有制和生产力高度发达前提下,真正为人的自由发展提供一个更加适合的社会环境。

## 三、马克思关于"共同体"思想

### (一)"虚幻共同体"思想

"虚幻共同体"指人们通过自发联合,当一个共同体被部分成员所利用脱离原来为全体成员服务的目标,甚至为寻求私利而伤害其他成员利益时,这样的共同体就具有一定的虚幻性。马克思利用此概念直指资本主义国家机器,根本原因是私有制和分工,它经过三次社会大分工逐步形成阶级分化与对立,资产阶级为了追求更多财富不断剥削工人阶级,加剧阶级矛盾。资本主义发展早期,资产阶级因自身力量弱小联合无产阶级共同对抗封建统治,允诺美好前景,但实际掌权后却只维护自身特殊利益,无法真正做到服务全体人民,因此其虚幻性与落后性暴露无遗。

"虚幻共同体"在某种程度上也具有一定的合理性。因而,国家对调和个人利益与公共利益二者之间的矛盾具有一定的积极意义。其实共同体是个体得以发展的手段，但并不是所有的共同体都是个人全面发展的手段，个体的全面发展与否成为判断共同体虚假性的标准。当然，虚幻共同体是共同体进化的必经阶段，其本身也蕴含着打破虚幻共同体的力量，重构真实的共同体，即真实公共利益的实现，以及个体自由全面发展。

**（二）"真实共同体"思想**

"真实共同体"指作为未来社会人类的理想化生活方式，与资本主义社会虚幻、抽象的共同体不同，它并非成员发展的束缚和禁锢，而是个体成员真正自由的联合。因为资本主义制度自身矛盾必然要被超越和代替，但也应看到资本主义生产能力依然存在发展空间。"真正共同体"特征具有三点：首先，共同体实质是"自由人的联合体"，它为人的自由全面发展提供环境与条件，帮助人们真正实现自我价值，回归人的本质。其次，"真正共同体"运行方式是根据新的生产方式建立新的社会关系，资本主义大发展带来生产力的提高和民族交往加深，在联合体共有基础上充分发挥人的主体能动性确保个人财产自由。最后，"真正共同体"追求目标在于缓和社会矛盾，使金钱从支配奴役人的角色变为真正为人服务的工具，有利于人们摆脱生存压力去追求自我个性发展，符合人类社会发展的规律与目标。

马克思"真正共同体"深刻揭示人类社会发展规律，主要从三方面展开。一是其逻辑前提在于"现实的人"，指有生命的、存在于社会现实中的个人，并非想象与抽象的概念，整个人类历史就是人的发展史。人类在不断改造自身，使自我更好地适应历史发展，人主体性的实现就是人通过交往实践不断追求"真正共同体"的实现过程。二是其物质条件在于生产力大幅提高，生产力是人类历史发展的根本动力和物质基础。生产力不断提高，社会才出现私有制和分工，也正是因为私有制和加工分剧，异化劳动才会更加严重，资本主义制度固有矛盾必然引发其灭亡的命运。三是其真正目标在于人的自由而全面发展，马克思通过探究人与共同体的关系，认为人类生存经过三个阶段，从对人的依赖到以物的依赖性为前提的人的独立性阶段再到人的全面发展。"真正自由体"要求实现无产阶级的阶级自由和全人类解放，在此基础上人才有可能实现自由和发展。

马克思提出了真正共同体的概念。显而易见，真正的共同体是扬弃了资产阶级统治的政治共同体，以及扬弃以货币和资本为基础，人与人划分为阶级的虚幻共同体。对于扬弃过程的路径选择，马克思指出，虚幻共同体向真实共同体转化不是理论问题，而是一个实践问题，人是现实的人，人的发展，现实虚幻共同体的破灭只能从现实中寻找，"而归根到底都要取决于分工的消灭"和私有制的消灭。马克思认为未来的自由人的联合体是真正的共同体，就是当生产力和交往关系发展到一定程度，在这个"分工和私有制"被消灭的真实共同体中，个人的个性得到充分的发展，每个人控制了自己的生存条件并成了自由自觉的人，人成了自己的本质。马克思还通过对共产主义相关理论的论述，以及其构建发展的过程，证明了走向"真正的共同体"是世界历史发展的内在趋势，人在真正共同体中是本质的实现与归宿。

## 四、马克思关于"共同体的进化"思想

共同体的进化是一个自然历史过程，纵观人类社会发展，我们可以清晰地看到共同体的演化脉络与进化方向。马克思对共同体问题的探索，从其发展历程出发，认为共同体是由自然共同体——虚幻共同体——真实的共同体的进化过程，并指出了共同体的进化规律、进化动力和进化目标。

### （一）共同体的进化目标："真实的共同体"——合作共同体

马克思的"真实共同体"的理论归宿是人的自由全面发展，而这个目标是马克思一生孜孜以求的"彼岸世界"。纵观共同体的发展变化，结合当今时代背景，处于后工业化时代的共同体进化目标，即"真实的共同体"的时代转换和现实表达形态。之所以把合作共同体成为真正的共同体，是因为"合作共同体将呈现给我们的是一种合作秩序，从而成为真正独立的、完整的和自由自觉的个人"。因而，这里的合作共同体诠释了真实共同体的样态，也可以说是真实共同体的建构目标与方向。

具体来说，一方面，从哲学角度来看，无论自然共同体（家元共同体）的对家的认同或"自己人"的观念，还是虚幻共同体（族阈共同体）的国家利益或公共利益，都体现着共同体对统一性的追求。但是，在工业社会里，世界变得复杂起来，差异性问题凸显，而虚幻共同体在对统一性的追求中，只能用同一的标准、同一规则去规制具体的多样性世界，毕竟让复杂多样的世界满足一个尺度实质上是不可能的，只能退而求其次，用形式统一性完成任务，差异就被形式化的同一性所掩盖。世界呈现出中心——边缘结构，复杂多样的问题与矛盾不断凸显，在如此的历史背景和发展趋势下，呼吁合作共同体的建构与生成是必然。"真实共同体"应当是一个互惠合作的共同体，由经济斗争而引发的捍卫民族文化的斗争也不应再出现，民族间在文化上会存在着差异，但这种差异不是民族斗争的理由，反而是一个民族展示自己特色并唤起骄傲感的演出活动。

### （二）共同体的进化基础：共同体的共识再造

人是群体性动物，无论是自然共同体还是虚幻共同体，就共同体而言，无非都是

人的群体性存在而已，所包含的是人的共生关系。共同体存续和发展必然要以一定的共识为前提，没有共识的共同体中的个体之间的矛盾会"此起彼伏"，进而导致共同体的解体。因而，共同体的进化基础是共识再造，即对当前虚幻共同体共识的重构，在共同体的差异和共性中谋求共识。为弥补这个共识"裂谷"，共识再造必不可少。另一方面合作共同体作为全球化的共同体建构目标，只有共同体中个体和工体的关系是和谐、合作、共进，才能达到真正共同体的理想目标。

在多元社会中，所有法律表达都是一种形式上的共识，法律的形成总是以对大量实质性差异的排斥为代价的。因而，法律与民主都是虚幻共同体共识的支撑要素，但其对实质性差异的排斥，决定了共识的有限性和不稳定性，随着差异的扩大化，社会发展的"碎片化"，可能会出现难以形成共识的局面，支撑着虚幻共同体的共识幻灭，共同体也就随之不复存在了。其实，"虚幻共同体"是一种为了共识而共识，把共识作为一种目的追求，维护形式上的而孜孜以求，这样社会治理和人们自由全面发展就退而次之，不顾差异的共识，其命运与发展同样是可以预见的共识消逝。合作是对差异与共识的辩证处理，实质性与形式上的共识合二为一，合作共同体自然就逐渐取代了虚幻共同体。

（三）共同体的进化路径：对"虚幻共同体"的扬弃超越

从政治学的视角出发，共同体进化同样也具有路径依赖的特点，共同体的不同进化阶段都要建立在前一阶段高度发展的基础。首先，虚幻共同体其实也是一种契约共同体，因为法律无非就是一种社会契约，正是这种契约，把社会中个体的人整合到共同体中，从而以共同体的形式出现，社会契约在一定程度上发挥了秩序、平等、公平的功能，使共同体中的个体交往成为可能，并达成了共识，在差异与共性动态平衡中发挥了作用。其次，虚幻共同体有着一种追求统一性的内在冲动，虽然其仅停留在形式统一，但毕竟为共同体提供了一种共识，成为虚幻共同体存在和发展的基础。巩固共识的措施却导致了共识的解体趋势，维系虚幻共同体的共识越膨胀，破坏虚幻共同体的力量就越大。再次，对"虚幻共同体"的扬弃超越，必须要从根源上去寻找，即"分工和私有制"，当"分工和私有制成为了新的桎梏"，虚幻共同体才走向解体，对分工与私有制的超越是最主要的路径之一。最后，契约的出现，也是人的原子化过程，人的原子化导致社会的分崩离析，异化与物化成为这个共同体存在的重要特征，契约间接导致了社会道德与社会信用的缺失，功利化社会里的人只是在利益追逐，人成为了"碎片化"的个人，个人在共同体中只能是片面的发展，共识也在契约中不断消蚀，尤其是网络社会的出现，整个社会似乎衍生了"第三世界"，新的共同体也就破土而出。综上所述，对"虚幻共同体"的超越和扬弃，"是对契约以及基于契约的社会治理体系的超越，它确立了一种合作理念，又自觉地去寻找实质理性的支持，必须在包容差异的同时把差异转化为合作的动力，因而，它将是人类社会治理史上的又一场革命性变革。"

## 五、结语

人类命运共同体概念虽较为宏观，但其实践路径却可以多角度综合推进。从发展历程来看，中国推崇共担责任、共享利益、共连命运，逐步深化发展层次；从涉及领域来看，政治、经济、文化、生态、安全多维度合作，构成"五位一体"的总布局。习近平总书记所倡导的人类命运共同体则着眼于全球危机，从不同方面入手构建多层次、深度化的交流合作，努力打破原有不合理的国际秩序。人类命运共同体的发展思路突破以往的国际视野，不再局限于单个国家的利益与追求，而是关注全体人类的解放与发展。

新时期新背景下，以习近平同志为核心的中国领导集体借鉴马克思共同体思想的价值内涵与中国传统文化精髓，提出符合时代脉络与大国情怀的人类命运共同体，以经济的交流合作带动发展，以文化的学习借鉴理解差异，以政治的尊重共存促进平等，既有利于推动中国特色大国外交，带动中国自身的前进与发展，也有利于促进全体人类的共同发展，早日实现人的解放与自由。在此意义上，我们更应该深刻理解、把握马克思共同体思想的丰富内涵，运用其发展规律更好地指导当前人类命运共同体的建设与发展。

## 参考文献

[1] 马克思，恩格斯.马克思恩格斯全集（第三卷）[M].北京：人民出版社，2006：6.

[2] 刘海江.马克思的异化劳动理论对费尔巴哈的辩证超越[J].学习月刊，2016（10）：17-19.

[3] 李永杰，靳书君.马克思共同体概念考辨与时代化解读[J].湖北大学学报（哲学社会科学版），2017（7）：68-74.

[4] 李义天，薛晓源、陈家刚、赖海榕.民主、全球化与历史的未来——弗朗西斯·福山教授访谈录[J].马克思主义与现实，2011（3）：101-105.

[5] 马俊峰，王斌.人类命运共同体的叙事与丰盈生命力的彰显[J].思想政治教育研究，2019（2）：1-7.

[6] 张康之，张乾友.共同体的进化[M].北京：中国社会科学出版社，2012.

[7] 刘海江.补上"政治异化"的缺环——马克思早期异化思想发展逻辑研究[J].吉首大学学报（社会科学版），2014（5）：98-102.

[8] 土小章.应然、实然与必然：马克思与历史决定论问题[J].观察与思考，2014（9）：19-22.

[9] J.H.伯恩斯.剑桥中世纪政治思想史：350年到1450年（下）[M].程志敏，等译.上海：三联书店，2009：721.

[10] 马克思，恩格斯. 马克思恩格斯文集（第七卷）[M]. 北京：人民出版社，2009：684.

[11] 马克思.1844 年经济学哲学手稿 [M]. 北京：人民出版社，2009：115.

[12] 马克思，恩格斯. 马克思恩格斯全集（第三卷）[M]. 北京：人民出版社，2006：70.

[13] 马克思，恩格斯. 共产党宣言 [M]. 北京：人民出版社，1996：17.

[14] 国务院新闻办. 中国的和平发展 [EB/OL].（2011-09-06）[2024-04-23]. http://politics.people.com.cn/GB/1026/15598619.html.

[15] 习近平. 面向未来开拓进取促进亚太发展繁荣 [EB/OL].（2016-11-20）[2024-04-23]. http://news.gmw.cn/2016-11/22/content_23054439.html.

# 高职院校入党积极分子党史认知现状研究

张璐婷

**摘　要**：加强入党积极分子的教育、培养和考察是提升党员发展质量的基础工程，推进党史学习教育对提升入党积极分子政治理论水平，增强"四个意识"，坚定"四个自信"，做到"两个维护"，厚植爱国、爱党、爱社会主义情怀有重要意义。通过调查研究发现，入党积极分子党史学习动机比较端正，党史学习主动性较强，党史学习兴趣主要集中在参观红色基地和观赏红色电影等，党史学习教育途径主要有学校政治理论课和党课、影视作品和网络等，党史学习教育有一定成效。

**关键词**：入党积极分子；党史认知；党史学习

## 一、问题的提出

习近平总书记在 2021 年党史学习教育动员大会上指出："党的历史是最生动、最有说服力的教科书"。大学生作为新时代青年，是中国特色社会主义事业的建设者和接班人。在大学生中加强党史学习教育，对大学生坚定对共产主义的信仰，对中国特色社会主义的信念，对实现中华民族伟大复兴中国梦的信心，厚植爱国主义情怀、发扬红色传统、传承红色基因、赓续红色血脉有重要意义。高校学生党员是学生中的骨干分子，学生党员队伍建设是高校党的建设的基础工程。因此，建设一支信念坚定、素质优良、规模适度、结构合理、纪律严明、作用突出的高校学生党员队伍是高校学生党员发展和教育管理服务工作重要的着力点，其中较为关键的便是加强对入党积极分子的教育、培养和考察。

材料通过调查某高职院校入党积极分子党史认知现状，主要包括党史了解程度、党史学习动机、党史学习主动性和兴趣、党史学习途径和党史知识学习效果等方面，更加直观地了解入党积极分子党史学习教育情况，为推进高校党史学习教育常态化长效化提供一定的理论依据。

## 二、对高职院校入党积极分子党史认知情况的调查

1. 调查问卷设计。通过文献查阅，资料收集，自行设计大学生党史认知情况调研问卷，问卷包括基本信息和党史认知情况等两个部分。

2. 被试选择。方便取样，选取某高校院校入党积极分子372名，作为被调查对象。

3. 数据收集与处理。通过问卷星发放问卷400份，共回收有效问卷400份，删除答题时间少于50秒的数据，最终有效数据372份。其中男生18人，女生354人；大一8人，大二311人，大三53人；家庭所在地为城镇114人，农村258人；学生干部186人，非学生干部186人。所有数据采用SPSS18.0进行分析。

## 三、结果与分析

1. 党史了解程度：认为基本了解与非常了解党史的入党积极分子占比90.86%，认为不了解党史的占比0.54%，还有部分学生不太清楚是否了解党史。说明入党积极分子在一定程度上掌握了党史知识，但是仍存在学习空间。

2. 党史学习动机：学习党史为了提高政治素养占比62.63%，关心党和国家大事31.45%，个人职业发展需要占比3.76%，应付各类考试需要占比0.27%，个人兴趣占比1.88%。说明入党积极分子学习党史动机比较端正，但也存在其他动机，有待进一步引导。

3. 党史学习主动性和兴趣：在回答"如果不是必须，您是否会自主学习党史？"中，可能会或者一定会学习的占比99.46%，说明入党积极分子党史学习主动性较强。在问及"若有机会参加党史学习，您最感兴趣的是什么？"参观红色基地占比53.49%，观赏红色电影占比34.14%，听讲座占比5.11%，说明入党积极分子的党史学习兴趣主要集中在参观红色基地和观赏红色电影。在问及"您认为如何加强党史教育"中，调查结果也体现了学生的党史学习兴趣点在参观红色基地和观赏红色电影，分别占比79.57%和54.03%。

4. 党史学习途径：入党积极分子学习党史主要通过学校政治理论课和党课的方式，占比59.68%；其次是通过影视作品，占比26.61%；网络学习途径占比11.02%。结果表明入党积极分子学习党史的途径丰富多样，而学校党史教育仍然是最重要的途径。同时在被问及"当网络上出现一些涉及党史的信息，您是否会点击查看？"时，每次都会的

占比18.55%，经常会的占比56.45%，偶尔会的占比24.46%。以上结果表明网络逐渐成为入党积极分子学习党史的重要途径。

5.党史知识学习效果：97.58%的入党积极分子认为学习党史提升了自己分析评价历史和现实问题的能力，说明党史学习有一定的成效。

通过结果分析本研究发现，入党积极分子党史认知情况良好，但也存在一些不足。入党积极分子在一定程度上掌握了党史知识，但是仍存在学习空间。党史学习动机比较端正，但也存在其他动机，有待进一步引导。党史学习主动性较强，党史学习兴趣主要集中在观赏红色电影和参观红色基地。党史学习教育途径丰富多样，而学校党史教育仍然是最重要的途径；另外参观红色基地、社会实践、观赏红色电影以及课堂讲授是学生认为最应该加强的党史教育方式。网络逐渐成为入党积极分子学习党史的重要途径。党史学习有一定的成效。

## 四、高职院校入党积极分子党史认知的提升策略

1.加强学校党史教育，抓牢课堂教学主阵地，推进党建＋课程育人。青少年正处于人生的"拔节孕穗期"，习近平总书记强调"要用好学校思政课这个渠道，推动党的历史更好进教材、进课堂、进头脑，发挥好党史立德树人的重要作用"。调查显示学校思想政治理论课仍然是入党积极分子学习党史的重要途径，但同时也是他们认为最应该加强的党史学习教育形式之一。因此，高校要抓牢思政理论课这个主渠道，开展党史、新中国史、改革开放史、社会主义发展史的学习教育，引导学生深刻认识红色政权来之不易、新中国来之不易、中国特色社会主义来之不易，深刻认识中国共产党为什么能、马克思主义为什么行、中国特色社会主义为什么好，做到知史爱党、知史爱国。在内容上，理清党史脉络，帮助入党积极分子形成认知体系；充分挖掘课程思政元素，讲好党史故事；契合学生需求，提供多元化党史学习素材。在方法上，要遵循思想政治工作基本规律、教书育人规律和大学生成长规律，努力推行"贴近式"教育，因材施教，做到因事而化、因时而进、因势而新。

2.遵循新时代大学生特点，充分利用网络，优化党史学习教育平台，推进党建＋网络育人。新时代大学生是网络的原住民，调查显示网络逐渐成为入党积极分子党史学习教育的重要途径。田仁来等学者认为"增强大学生党史学习教育获得感，必须充分适应和运用网络技术发展的潮流，在大历史观的引导下，将精炼、系统、权威的党史信息以符号化、智能化和图像化的形式传递给学生"。高校可以充分利用网络平台如"学习强国"、微信公众号、微博、抖音、B站等，同时注重挖掘和制作短视频等，以多视角、全

方位、体系化的形式加强党史学习教育，营造沉浸式党史学习教育氛围，调动学生党史学习教育的兴趣和激情，满足学生党史学习教育的需求。

3. 拓展与丰富党史学习教育社会实践，加强红色电影展和红色基地走访等党史学习教育形式，推进党建 + 实践育人。调查显示入党积极分子认为社会实践是党史学习教育最应该加强的形式，同时对红色电影展和红色基地走访等党史学习教育形式最感兴趣。因此，党史学习教育要将思政'小课堂'与社会'大课堂'结合起来，比如结合"永远跟党走 奋进新时代""追寻习近平总书记的足迹""理论宣讲"等社会实践活动，引导入党积极分子走进社区、街道、博物馆、科技馆、红色基地等，用好党的红色资源，讲好党的故事、革命的故事、英雄的故事，使学生乐意学、学得进、学得好，促使大学生在"思政社会大课堂"中厚植爱党、爱国、爱社会主义的情感，传承红色基因，赓续红色血脉。

## 参考文献

[1] 习近平. 在党史学习教育动员大会上的讲话 [J]. 求是，2021（7）.

[2] 习近平在省部级主要领导干部学习贯彻党的十九届六中全会精神专题研讨班开班式上发表重要讲话强调：继续把党史总结学习教育宣传引向深入 更好把握和运用党的百年奋斗历史经验 [N]. 人民日报，2022-01-12.

[3] 胡风霞，盛邦跃. 提升大学生党史学习教育实效性的四重维度 [J]. 学校党建与思想教育，2022（20）：38-40.

[4] 田仁来. 大学生党史学习教育获得感的生成逻辑与提升路径 [J]. 学校党建与思想教育，2022（17）：78-80.

# 培养红色文化与劳动教育相融合的技术技能型人才研究

张雪芬

**摘 要**：马克思主义中国化赋予了红色文化独特意识形态价值，红色文化也是对马克思主义中国化"两个结合"的生动诠释，并为马克思主义中国化注入文化活力。红色文化与劳动教育传承相结合的过程中，应注重理论与实践结合和互动，实现思想与行动的对接和转化，提升"本色接班人"在新时代所需的能力和素质，使其担当起为实现中华民族伟大复兴中国梦时代使命，同广大劳动人民奋斗在一起，自觉成为勇担时代大任的社会主义建设者和接班人。

**关键词**：红色文化；劳动教育；传承；高职教育；民族复兴

党的二十大报告指出："中国共产党为什么能，中国特色社会主义为什么好，归根到底是马克思主义行，是中国化时代化的马克思主义行。"在中国化的马克思主义指引下，中国共产党人经过百余年艰苦卓绝的奋斗，在革命、建设和改革、新时代每个历史时期的伟大实践之中取得了彪炳史册的成就。马克思主义中国化的百年历史演进充分证明了，"坚持把马克思主义基本原理同中国具体实际相结合，同中华优秀传统文化相结合"是开辟马克思主义中国化时代化新境界的重要路径。红色文化是中国共产党领导中国人民在革命、建设和改革的伟大实践中创造、积累的，是彰显党的性质和宗旨，体现人民和时代要求，凝聚各方力量的先进文化。

中国共产党领导是中国特色社会主义最本质的特征，决定了我们的教育必须把培养社会主义建设者和接班人作为根本任务，培养一代又一代拥护中国共产党领导和我国社会主义制度、立志为中国特色社会主义奋斗终身的有用人才。《国家职业教育改革实施方案》总体要求和目标是：大幅提升新时代职业教育现代化水平，为促进经济社会发展和提高国家竞争力提供优质人才资源支撑。当前，我们正朝着第二个百年奋斗目标前进，直面中华民族伟大复兴的时代使命，红色文化在继续中国式现代化的征程中需要持续发挥效能，在第二个百年目标奋斗中发挥时代独特魅力。全面推进中华民族伟大复兴新征程中，高职院校学生是"本色接班人"的主力军之一。劳动是人类社会实践的主要方式，劳动教育是学校立德树人、综合育人的有效途径，是我国教育体系的重要构成和社会主义建设事业的客观需要。根据国家发展的战略布局，学校要以培养全面发展的人才作为当今教育的发展目标。培养具有"崇尚劳动、热爱劳动、辛勤劳动、诚实劳动"精神的需要，加强马克思主义劳动观教育，需要将红色文化传承融入高职学生劳动教育全过程，是培养"本色接班人"的基本要求。

## 一、红色文化和高职院校劳动教育基本内涵与时代价值

### （一）红色文化的基本内涵与时代价值

红色文化是马克思主义中国化的重要理论与实践成果，是马克思主义同中华优秀传统文化相结合的具体文化表征。它的意涵、特征、功能及表现形式在推动马克思主义理论中国化中也具有重要作用。红色文化包含着坚定的理想信念、优良的革命作风、坚韧的精神品质，清晰地向世人展示了中国人民为实现民族富强而进行艰苦革命的历史脉络及民族精神。红色文化是以坚如磐石的理想信念、淬炼成钢的精神品质、百折不挠的英雄气概、敢于胜利的革命风范为主要内容并能够在接续传承中激发广大人民群众为实现中华民族伟大复兴而不懈奋斗的意识形态。将红色文化融入高职学生理想信念教育，是培养有理想、有担当的时代新人的需要，是增强大学生责任感和使命感的有效途径，对于增强高校思想政治教育实效性具有重要意义。习近平在庆祝中国共产党成立100周年大会上强调：新时代的中国青年要以实现中华民族伟大复兴为己任，增强做中国人的志气、骨气、底气，不负时代，不负韶华，不负党和人民的殷切期望！高职学生作为促进经济社会发展和提高国家竞争力提供优质人才资源、作为新时代发展的主力军，承担着重要的民族责任和历史使命，更需要坚定理想信念和传承红色文化。传承红色文化是理解中国共产党人的初心和使命的需要，是深入开展理想信念教育的需要，是培育和践行社会主义核心价值观的需要。

### （二）高职院校劳动教育的基本内涵与时代意义

在实现第二个百年奋斗目标和中华民族伟大复兴关键时期，存在部分青少年劳动意识不够强烈、劳动观念不够端正、劳动素养不够充足现状。新时代劳动教育价值观强

调劳动的时代价值和社会意义，即"辛勤劳动、诚实劳动、创造性劳动"的劳动理念，"培养高素质劳动者和技术技能人才"的教育目标，是新时代对劳动精神、劳动价值和劳动教育与时俱进的延伸与拓展。通过劳动实践教育可以让学生达到：在生活与学习中弘扬劳动理念、践行劳动精神，尊重劳动、崇尚劳动，懂得劳动最伟大、最崇高、最光荣的道理，在未来工作和生活中形成诚实劳动、辛勤劳动、创造性劳动的行动自觉。在劳动教育教学体系、学科体系及管理体系的建设过程中，高职院校应以此目标为抓手，完善劳动教育运行机制。劳动教育的内涵是实践课程与课堂教学、隐性教育与显性教育、虚拟教学与现实课程的相互融合与协同。劳动教育的内涵包括：通过现实课程与实践课程的融合，深化劳动理念、劳动价值观及劳动思想的培养，使高职院校更好地实现劳动教育的目标；通过隐性课程与显性课程的融合，丰富劳动教育的内容，使劳动教育与传统文化教育、思政教育融合起来，提高素质教育的质量；通过虚拟课程与现实课程的结合，拓宽劳动教育的广度，帮助学生深入到社会实践中，凸显高职院校劳动教育的价值和成果。高职院校深入开展劳动教育是深化产教融合、提升职业教育现代化水平、促进高质量就业创业和适应产业发展的不可或缺环节和内容，也是为浙江省"两个高水平"建设和"重要窗口"建设提供高素质技术技能人才的教育和教学内容之一。

## 二、实施劳动教育对传承红色文化的意蕴

### （一）劳动教育是宣教红色文化的重要阵地

艰苦奋斗是中国共产党的政治传统，是中国共产党红色文化的实践传承。实施红色文化传承，目的就是学习和弘扬红色文化，弘扬艰苦奋斗的精神，教育引导广大青年传承奋斗热情和奋斗精神，践行社会主义核心价值观所倡导的"爱国、敬业、诚信、友善"精神品质。而劳动教育是内化与弘扬劳动价值观的重要载体，是学生形成并塑造劳动价值观的基本途径，可以更好地、更有效地培养学生爱国、敬业等优秀品质，使学生成为社会主义现代化建设的接班人和建设者。在课堂教学与实践教学的层面上，把红色文化通过显性与隐性相结合的方式呈现在学生面前，使学生在劳动实践中内化艰苦奋斗、爱岗敬业等内容。

### （二）劳动教育是弘扬红色文化的重要媒介

红色文化的勤劳朴实、克勤克俭在中国共产党百年奋斗历史中一代代传承。用党史故事作为教育素材，弘扬红色文化，是劳动教育培养学生劳动价值观的根本，是高职教

育工作者植根于赞美人民、讴歌人民、服务人民、关怀人民，提升学生劳动素养的基本手段。用党史故事作为教育素材，可以帮助学生在形成良好劳动价值观、劳动情感及劳动文化的过程中，感受到红色文化所蕴含的人文美、思想美及艺术美，使中国悠久的传统文化和红色文化得到更好地弘扬和发展。用党史故事作为教育素材上，井冈山精神、延安精神、南泥湾精神、劳模精神、工匠精神和抗疫精神等所包含的历史故事，可以通过劳动教育把有关红色文化与先进文化有机地结合起来，使红色文化更契合我国社会主义的发展需求，使学生在劳动实践中吸收并内化先进文化，丰富劳动文化的意蕴，使劳动文化逐渐成为学生服务社会主义建设事业的根基。

### （三）劳动教育是传承红色文化的重要抓手

马克思经典理论认为：有意识地劳动是人类与其他动物最明显的区别。劳动创造人类、创造生活、创造美好。劳动的本质是人类获得生存的手段，同时也是社会个体凸显社会价值的抓手，只有劳动，人类在社会中的价值才能够得到真正彰显，才能更好地推动人类社会的全面发展。对职业院校学生进行劳动教育很有必要。有数据显示，当前职业院校学生70%来自农村，他们的父辈劳动了一辈子，其中很多家长让子女读书的最大原因是想让子女能够脱离体力劳动。这样的劳动观念和劳动态度对职业院校学生影响很巨大，职业院校要通过三年教育，使学生参与大量的职业实践活动而改变这种观念。在劳动教育的过程中，让学生切实明确红色文化中吃苦耐劳的内涵，厘清个体价值与社会价值的内在联系，从而肩负起报效祖国的历史责任，成为在民族独立、人民解放和国家富强、人民幸福的奋斗过程中形成的优秀劳动精神和奉献品质的优秀传承人才。

## 三、红色文化传承和劳动教育相融合的实践路径

社会主义是干出来的，新时代是奋斗出来的。在红色文化传承与劳动实践教育相结合的过程中，应注重理论与实践结合和互动，实现思想与行动的对接和转化，提升"本色接班人"在新时代所需的能力和素质，使其担当起为实现中华民族伟大复兴中国梦时代使命，在全面建设社会主义现代化国家、全面推进中华民族伟大复兴新征程中，同广大劳动人民奋斗在一起，自觉成为勇担时代大任的社会主义建设者和接班人。

1. 与马克思主义中国化实践相结合。马克思主义中国化是广大劳动人民在中国共产党领导下担当新时代奋斗者，实现自我解放和人类解放的实践成果。红色文化传承和劳动实践的开展还必须与马克思主义中国化结合起来。将红色文化传承和劳动实践与马克思主义基本原理紧密结合在一起，有利于引导"本色接班人"把握正确的方向、产生奋

斗创造美好生活行动认可、对中国共产党和马克思主义形成政治认同。红色文化传承和劳动实践与马克思主义中国化结合起来，其要义在于着力用马克思主义中国化的理论成果武装头脑、指导实践，提供以古鉴今、指导当下的重要支撑，赋予劳动特殊的时代意蕴。首先，引导学生通过原原本本学习马克思主义基本原理和马克思主义中国化理论，系统掌握马克思主义劳动实践论，掌握辩证唯物主义和历史唯物主义，形成科学的世界观和方法论，进而指导社会实践、志愿服务和专业实习等劳动实践。第二，通过对马克思主义中国化历史成就进行展示，如全面建成小康社会和脱贫攻坚决战胜利等，如两弹一星、神舟飞天、蛟龙入海、嫦娥探月、北斗组网、天眼巡空、天问探火等，让学生切实感受到中国共产党在红色文化引导下所取得的伟大成就。

2. 劳动实践与红色文化传承相结合。劳动实践是新时代党对培养高素质技术技能型人才的新要求，也是新时代中国特色社会主义教育的重要内容。劳动实践与红色文化传承相融合过程中，要引导高职学生在感悟红色文化过程中，明确劳动实践本身的意义所在和方向所指，自觉抵制各种不良社会思潮，认同并坚持马克思主义劳动观。劳动实践与红色文化融合教育能够引导高职学生正确认识劳动创造了人类、历史和美好生活的道理，准确把握德智体美劳全面发展的社会主义建设者和接班人所应拥有的劳动精神面貌，劳动价值取向以及对劳动实践能力的要求，全面增强理想信念，提高综合素质。例如，高职院校通过组织学生进行文明寝室、文明校园和文明典范城市创建等活动，通过劳动模范人物的采访过程中和非遗文化实践传承的过程中，在学生躬身劳动中培养其知恩懂德、热爱劳动、服务他人、奉献社会的精神品质，形成"劳动最光荣、劳动最崇高、劳动最伟大、劳动最美丽"的观念。

3. 与理想信念教育相结合。历史是最好的教科书，也是最好的清醒剂。百年未有之大变局更要求新时代教育者在红色文化传承中进一步深化劳动实践，同时在劳动实践中进一步丰富红色文化教育素材，不断加强学生的理想信念教育，坚决抵制错误社会思潮，增进思想自觉和行动自觉，以马克思主义为指引，经"实践—认识—再实践—再认识"往复循环，形成认识运动的不断飞跃。通过理想信念教育，让新时代"本色接班人"领悟中国共产党为什么"能"、马克思主义为什么"行"、中国特色社会主义为什么"好"。全面建设社会主义现代化国家、全面推进中华民族伟大复兴新征程，红色文化传承和劳动实践要能够与这些重要节点和重大契机结合起来，从而更加坚定"四个自信"。

4. 与劳动实践教育资源和载体相结合。立足当下，应引导"本色接班人"到社会实践尤其是社会劳动中感知历史发展的脉络，把握历史发展的实践逻辑。马克思在《关于费尔巴哈的提纲》中指出：人应该在实践中证明自己思维的真理性，及自己思维的现实性和力量，自己思维的此岸性。红色文化的教育需要引导"本色接班人"到劳动中加以感知和掌握，到人民群众中去体悟和践行，需要不断丰富载体和路径。一方面，通过鼓励"本色接班人"走进基层，走进乡村振兴一线、走入共同富裕一线，实地感受人民幸福、民族复兴和国家富强的实践，主动接触劳动群众，进行劳动实践。另一方面，通过挖掘、利用红色资源，组织"本色接班人"参观革命纪念馆，走访国家和民族奋斗历程中的见证者和奋斗者，讲述红色革命故事，提供既厚重又鲜活的学习素材。学校还可以通过组织专家宣讲、播放电影视频、开设情景党课、分享故事感悟、创建短视频作品等方式，赋予红色文化传承生动活泼、通俗易懂的形式。再者，利用"学习强国"、抖音、微信、B 站和小红书等发挥融媒体的传播特长，在学思践悟、学懂弄通，做实红色文化传承上狠下功夫，拓宽培养高职学生的实践路径。

5. 与学校教育的"三课堂"相结合。从"本色接班人"持续劳动实践时空维度来看，必须将红色文化传承教育和劳动实践纳入人才培养全过程，依托大中小学生不同时段的特点，不断丰富和拓展劳动实践融入红色文化传承教育，并在第一、第二和第三"三课堂"上全面实施。在第一课堂设立红色文化传承课程和劳动实践课程，按照必修课标准纳入考核过程，每学期专门设立一定的课时量。红色文化传承和劳动实践要进入课外实践活动，引导高职学生通过日常活动中的服务和生产劳动，丰富其劳动体验，提高其劳动能力。例如设立文明寝室创建月（创建周）、红色文化学习大比拼等，还可以采取专业技能竞赛月（竞赛周）、成果展示、项目实践等方式，激励学生深化对劳动创造一切价值、劳动创造人类历史的深刻理解。依托各类线上平台，深入开展红色文化知识宣传以及劳动实践主题宣传教育，形成较强的宣传和舆论效应，大力宣传身边劳模和大国工匠，彰显其特殊贡献和榜样精神。在校外建立劳动大师工作室、非遗文化传承工作室等劳动教育平台，并充分利用社会红色场馆，通过开展丰富多彩的红色文化活动，让红色文化活动成为高校校园文化鲜明特质，让红色文化实践体验活动成为学生向往和追求的劳动教育新时尚体验。

## 参考文献

[1] 佟坤达，林槟. 马克思主义中国化视域下红色文化的多重效用及实践进路[J]. 齐齐哈尔大学学报（哲学社会科学版），2023（1）：63-67.

[2] 陈晋. 红色文化是中国共产党人的鲜明政治标识[J]. 党建，2019（5）：16-17.

[3] 习近平. 在全国教育大会上发表重要讲话[N]. 人民日报，2018-09-11.

[4] 刘建伶. "双高"背景下的高职院校劳动教育实施路径探析[J]. 浙江工商职业技术学院学报，2022（1）：81-84.

[5] 盛春. "四史"教育和劳动教育相结合是培养本色接班人的基本要求[J]. 毛泽东邓小平理论研究，2020（11）：10-16.

[6] 邹佳卉. 红色基因融入大学生理想信念教育的价值及实现路径[J]. 决策探索，2021（11）：50-51.

[7] 胡雅静. 大学生理想信念教育中的红色基因传承研究[D]. 赣州：江西理工大学，2020.

[8] 习近平. 在同全国劳动模范代表座谈会时的讲话[N]. 人民日报，2013-04-28.

[9] 金根竹，张敏. 高职院校劳动教育的科学内涵及实践路径[J]. 黑龙江教师发展学院学报，2022（1）：65-67.

# 高职院校教师育人能力校本培养机制研究

## 章春苗

**摘　要**：教师是高职院校"工学结合、德技并修"育人机制的实施主体。系统构建教师育人能力校本培养机制，加强能力培养，提升教师育人能力，是教师队伍建设的重要责任。高职院校教师育人能力校本培养机制构建，包括系统化的师德师风教育制度、教师课程思政育人能力提升机制、基于全生涯育人的育人能力培养培训制度、校企协同育人激发机制、以业绩为导向的育人考核和评价制度。

**关键词**：德技并修；高职院校教师；育人能力；培养机制

中共中央办公厅、国务院办公厅《关于推动现代职业教育高质量发展的意见》提出"坚持立德树人、德技并修，推动思想政治教育与技术技能培养融合统一"，这是现代职业教育的首要工作要求。高职院校"工学结合、德技并修"的育人机制，其实施过程要系统构建教师育人能力校本培养机制，提升教师育人能力，提升教师队伍建设的水平。

## 一、基于德技并修的高等职业教育教师育人责任

### （一）"德技并修"是高质量高等职业教育人才培养的应有之义

职业教育作为一种类型教育，习近平总书记指出职业教育要"培养更多高素质技术技能人才、能工巧匠、大国工匠"。自20世纪90年代以来，高职院校迅猛发展，遵循高等职业教育教学规律和技术技能人才成长规律，落实立德树人根本任务，积极推进产教融合，德技并修，培养了一批社会经济发展急需的技术技能人才，形成了中国高等职业教育的特色。

德技并修，其含义是职业院校的人才培养须德技融合、寓德于技。职业教育法规定，"职业教育要使受教育者具备从事某种职业或者职业发展所需要的职业道德、科学文化与专业知识、技术技能等职业综合素质和行动能力"。职业教育具有职业性、社会性和实践性等显性特征，适应不断变化的社会经济发展的需要，以进行职业定向教育为基本特征来培养人，开展职业指导，它以学生获取理论知识为基础，强化实践教学和实践活动，提升技术技能，提升学生应用科学知识的能力和动手能力，同时对学生开展思想政治教育及综合能力的培养，挖掘潜能，发展个性，助其成长成才。职业教育发展提出德技并修，不仅是对职业教育人才培养模式的一种理想期待，而且是对现有职业教育人才培养模式的一种反思。

高职院校的育"德"，职业教育法明确"应当弘扬社会主义核心价值观，对受教育者进行思想政治教育和职业道德教育，培育劳模精神、劳动精神、工匠精神"。从高职院校学生全面性讲，体现在四个方面：一是"要在坚定理想信念上下功夫""要在厚植爱国主义情怀上下功夫""要在加强品德修养上下功夫""要在增长知识见识上下功夫""要在培养奋斗精神上下功夫""要在增强综合素质上下功夫"，使学生具备政治认同、法治意识、健全人格和公共参与等方面的核心政治素养；二是培植服务国家战略的使命，让学生面向国家社会经济发展以及传统产业转型升级，了解专业面向，立志成才。三是培植职业精神，教育必须与生产劳动和社会实践相结合，对学生进行劳模精神、劳动精神、工匠精神的培养，这是高等职业教育的重要责任；四是融入创新精神，充分展现学生的能动性，培养其创新意识和创新思维。

## （二）高职院校教师的育人责任

职业教育的育人功能早被中外职业教育家在职业教育实践中所赋予。杜威的"学校即社会"论，就针对当时时空背景阐述了"学校培养怎样的人"这一问题，也对中国近代职业教育产生了深刻影响，如黄炎培"职业教育就是通过教育的力量使人获得生活能力"，晏阳初"化农民与农民化"理论，陶行知认为职业教育是"生利主义""就业"的教育，体现了近代职业教育独特的社会价值和人文价值。

落实立德树人根本任务是新时代教育工作者的重要使命。"教师承担着传播知识、传播思想、传播真理的历史使命"，应成为"先进思想文化的传播者、党执政的坚定支持者、学生健康成长的指导者"。为此，高职院校教师要将铸魂育人贯穿到学校教育教学和学生成长成才的全过程，育人责任体现在以下几个方面。

1.课堂教学传授。除了思政课程，德育元素融入基础课、专业课教学中，让学生在潜移默化中提高自身的道德水平、职业素养，这是课程思政发挥铸魂育人功能的目标。

思政课程和课程思政，是老师面对面对学生进行思想道德、职业道德培养的主渠道。

2. 实践教学示范。专业实训课、岗位实习、技能比赛等是高职院校实践教学的主要渠道，并通过产教融合、校企合作，实现双元育人，把产业发展对职业岗位的关键要求融入教学之中，提高了学生职业胜任力，促进学生养成职业精神，符合德技并修的实践逻辑。

3. 实践活动指导。教师在创新创业教育、专业社团、志愿服务等实践活动中的方向把控和技能指导，培育了学生的创业意识、创新精神、创新创业能力，拓展了学生核心素养，贴近社会、了解社会。是教师实践育人的重要路径。

4. 校园文化熏陶。教师是校园文化的策划者、引领者、推动者。教师通过三课堂联动来传递校园文化、专业文化，通过文化活动，达到文化润心的目标，坚定了学生的文化自信。

5. 学生管理渗透。老师兼任了大量的学生管理工作，如担任班主任、兼职辅导员等，基于职业院校的学生生源特点、学习习惯、网络爱好和心理特征，调动学生在自我管理方面的积极性、主动性、创造性，教师有操不完的心。

## 二、教师育人能力提升的内在要求

### （一）高职院校教师提升育人能力的必要性

贯彻"育训结合、德技并修"的育人要求，结合教育教学开展政治思想品德与职业道德教育，教师普遍存在育人能力恐慌的问题。提升"德技并修"的育人意识，提升育人能力，是高职院校教师的任务。

1. 育人先育己的思想自觉。自觉加强政治理论学习，深入学习习近平关于教育的讲话精神，深刻理解国家发展战略，了解社会经济发展态势，夯实育人的思想政治基础。自觉践行高等学校教师职业行为规范，这是提升自身修养、示范学生的基础。加强职业教育理论学习和实践，提升思政素养和教学能力，提高育人能力。

2. 与增强育德修技的融合意识同向而行。针对高职学生成才特点，高职院校教师要有能力把育德、修技融入专业教学、实践教学和实践活动指导全过程，主动培养学生的思想品德和职业道德，培植服务国家战略的使命。教师要总结专业知识背后的价值理念，增强课程思政建设执行能力，提升育人效度。

3. 双元育人的能力本位。双元育人是职业教育的特征之一，把立德树人融入"做中学、学中做"，着力培养职业能力和职业精神，需要教师的实践教学和实践活动指导有针对性。通过产教融合、校企合作，有助于教师与行业接轨，通过双向支持，在行业企业一线得到实践机会并提升自身能力，使自身专业水平和育人能力的提升。

4.创新育人手段的前提条件。教师丰富育人内涵，从"人人出彩"的目标出发，研究学生并挖掘学生的可塑造性，让学生认识到自己具有获得成功的潜能，提高正面心理经验，增强自信心，燃起学生自我成长的激情。这是教师创新育人手段，提高育人水平的逻辑起点。

### （二）高职院校教师育人能力结构

教师的育人能力本质上是教育职业能力的主要组成，是教师的基础能力。居于"德技并修"育人导向，高职院校教师对育人能力的内涵要有充分认识，有针对性的予以提升。

1.认识和研究学生的能力。这是教师的基础性能力，即教师要了解学生共性特点，也要了解思想品德、心理素质、性格特征等情况，正视学生动手能力强、对技术技能专注力强的优点，改革传统的教育教学模式，根据生源的多元性以及学生综合素质的差异性，因材施教，创造性地管理学生，让学生成长成才。

2.示范学生的能力。这是教师育人的内生性能力，体现了教师的对待岗位职责和情感态度。身教重于言教，教师的政治态度、行为规范对学生身心发展的影响力不容小觑。高职院校教师突出的职业特质、职业精神等方面，学生潜移默化。

3.课程思政的能力。这是教师的创造性能力。"高职课程有独特属性，体现高职课程技术应用性和铸魂育人性相结合的特点"，教师把育德、修技融入专业教学全过程，整合思政教学资源，创新教学方法，有效提高学生获得知识和技能的可迁移性，重视学生的体验和获得感。

4.指导学生的能力。这是高职院校教师的增强性能力，教师自觉践行实践育人，改进和创新指导方法，通过理论知识的实践应用，培养学生的思辨能力，深化对职业精神、创新精神的领悟，提升学生的核心素养和社会责任感，并内化为学生的自我成长需求。

5.管理学生的能力。这是一种融合性能力，包括组织能力、沟通能力、心理疏导能力、情绪管控能力等。针对高职院校生源的多元性和综合素质的差异性，育人要与培养学生的职业性结合起来，注重分层分类管理，过程化与人性化相结合，刚柔并济，严慈结合。

## 三、健全教师育人能力校本培养机制

完善教师育人能力提升的政策供给，激发教师专业发展内驱力，构建育人能力培养的机制，是"工学结合、德技并修"的育人机制的关键环节。

1.构建系统的师德师风教育制度。高职院校教师育人能力的第一标准就是师德师风。以《新时代高校教师职业行为十项准则》为依据，建立师德师风长效机制，提升教师修养，提升示范学生的能力。要建立和完善师德师风教育制度，让教师内化于心，外化于行；加强优秀教师弘扬制度建设，增强教师教书育人的责任感和荣誉感；完善师德师风考核制度，准确评价全体教师的师德表现；把师德师风建设贯穿于学校教育教学和学生管理工作，将师德师风与文化建设结合起来，形成良好氛围。

2.健全基于教师全生涯育人的育人能力培养培训制度。（1）建立培训制度。一是完善政治理论学习制度，包括教师理想信念教育和师德师风教育，提升做学生"四个引路人"的能力。二是加强职业教育理论培训，更新职业教育的观念，丰富育人理念。三是分层分类分专题、多途径育人能力培训，有的放矢，提升理论水平，丰富育人手段，提升学生管理能力和研究学生的能力。（2）构建培养机制。加强顶层设计，出台扶植政策，与学工队伍融合发展。搭建能力提升平台，如实施导师制、项目实践制，设立育人专项研究课题，提升知识综合运用能力，提高教师核心竞争力。（3）完善实践育人的政策保障。学生的职业技能比赛、创新创业教育、社会实践（志愿服务）、学生专业社团以及教师的技能工作室等实践育人载体，都是高职院校教师指导实践活动的重要工作，学校要以制度鼓励教师积极主动承担，让教师在实践教学中得到提升。（4）搭建文化育人平台。教师是校园文化的策划者、施行者。发掘校史、校训、景观建筑等蕴藏的文化资源，建设好校本文化育人阵地，推进企业文化融入专业文化等等，学校鼓励教师创新并提供条件和制度保障，必将提高文化育人效度。

3.构建基于德技融合的教师课程思政育人能力提升机制。高职院校程思政贯通了教学体系（包括专业、课程、教材）、实践体系以及管理体系，提倡"德技融合"，教师是二者融合的关键环节。一是建立课程思政育人能力培训制度，将课程思政纳入教师岗位培训，推进教师的思政素养和教学能力培训，强化德技融合和教学创新。二是健全科学多元的课程思政建设体系和评价机制，突出"育训结合"的实训课程建设，推进课程思政科学化、标准化建设，提升建设水平。三是加强资源平台建设，加强教学资源整合。

4.建立校企协同育人激发机制。高等职业教育强调产教融合、校企合作，实施双元育人。一要完善教师专业实践管理制度。教师专业实践，目的在于促进教师关注行业和专业发展，关注职业发展和社会人才需求趋势，熟悉本行业领域的最新技术、技能、理念。为校企合作、产学研合作建立桥梁纽带，为行业企业提供智力支持，推进双元育人。这是一项提升教师实践能力和育人能力的重要制度。二要搭建实践育人共同体。搭建实践育人平台，实施现代学徒制、订单班等教学模式，建立协同育人机制，互兼互聘的双师团队，让学生在真实的生产环境下实训、实习，使学生贴近产业、认知行业，接受企业文化的熏陶。同时，教师将企业文化贯通到课程理论教学和实训实践之中，知行合一，让学生了解行业产业的发展现状与趋势，了解企业文化，对接岗位需求。

5. 建立以业绩为导向的育人考核和评价制度。一要加强课外育人工作考核。为激励教师主动将三课堂的育人工作有机结合，加强对课外育人实际贡献的有效评价，实行课外育人工作考核。这种育人效果评价是对教师育人能力的"结果评价"和实践检验，体现育人工作的多元性和丰富性。考核应成为教师专业技术职务评聘与续聘、岗位聘任、评奖评先的依据之一。二要发挥激励的评价导向。激发教师以专业素养驱动育人，发挥评价的激励作用。一方面是树立标杆，弘扬爱岗敬业、乐于奉献的优良师德。另一方面开展"优秀班主任"和"师德先进个人"等评选，激发广大老师的育人潜能，致力于育人工作。

## 参 考 文 献

[1] 习近平. 习近平著作选读（第二卷）[M]. 北京：人民出版社，2023.

[2] 中华人民共和国中央人民政府网. 中华人民共和国职业教育法 [EB/OL].（2022-04-21）[2024-03-10]. https://www.gov.cn/xinwen/2022-04/ 21/content_5686375.htm.

[3] 庄西真. 新时代职业教育德技并修的逻辑意蕴 [J]. 中国职业技术教育，2019（4）：21-24.

[4] 中华人民共和国中央人民政府网. 中共中央 国务院关于全面深化新时代教师队伍建设改革的意见 [EB/OL].（2018-01-31）[2024-03-10]. https://www.gov.cn/zhengce/2018-01/31/content_5262659.htm.

[5] 王建洲，杨润勇. 高职教师育人能力评价标准构建研究 [J]. 职业技术教育，2022（6）：13-19.